Der österreichische Handel 2004

Peter Voithofer/Ernst Gittenberger

Der österreichische Handel 2004

Daten – Fakten – Analysen

Wissenschaftliche Mitarbeit:
Karin Gavac
Bettina Fischbacher

Gastbeitrag:
Peter Schnedlitz

zu zitieren:
Voithofer, Peter/Gittenberger, Ernst (2005):
Der österreichische Handel 2004 – Daten-Fakten-Analysen.
Wien, Frankfurt: Peter Lang Verlag

PETER LANG
Frankfurt am Main · Berlin · Bern · Bruxelles · New York · Oxford · Wien

Bibliografische Information Der Deutschen Bibliothek
Die Deutsche Bibliothek verzeichnet diese Publikation in der Deutschen Nationalbibliografie; detaillierte bibliografische Daten sind im Internet über <http://dnb.ddb.de> abrufbar.

ISBN 3-631-53805-7

www.peterlang.de

Vorwort

Die Studie „Perspektiven für den österreichischen Handel“[1], die im Jahr 2003 unter maßgeblicher Mitwirkung der KMU FORSCHUNG AUSTRIA entstanden ist, war Anlass, eine regelmäßig erscheinende Publikation über den Handel zu erstellen.

Beabsichtigt ist mit dieser Publikation „Der österreichische Handel – *Daten, Fakten, Analysen*“, die aller Voraussicht nach nun regelmäßig erscheinen wird, eine umfassende Darstellung der österreichischen Handelslandschaft sowohl auf makro- als auch meso- bzw. mikroökonomischer Ebene zu geben.

Auf der makroökonomischen Ebene werden die volkswirtschaftlichen Einflussgrößen, die auf den Handel einwirken, dargestellt und analysiert. Zu diesen zählen insbesondere auch sozioökonomische Entwicklungen und Änderungen wesentlicher rechtlicher Rahmenbedingungen. Weiters wird die volkswirtschaftliche Bedeutung des Handels mittels aktueller Daten analysiert. Den Abschluss der volkswirtschaftlichen Analysen bildet ein internationaler Vergleich, speziell mit dem EU-Raum.

Auf der meso- bzw. mikroökonomischen Ebene wird aufbauend auf aktuellen Strukturdaten die konjunkturelle, wie auch die betriebswirtschaftliche Situation des Handels analysiert. Das Konsumentenverhalten spielt hier naturgemäß eine zentrale Rolle.

Die Konzeption der Studie hat sowohl den Anspruch die Handelsforschung zu bereichern, als auch als „Praktikerlektüre“ zu dienen. Die übersichtliche Form soll einerseits einen raschen Überblick über die österreichische Handelslandschaft ermöglich, aber andererseits auch bei intensiverer Beschäftigung detaillierte Einblicke gewähren.

Zu großem Dank sind wir den wissenschaftlichen Mitarbeiterinnen der KMU FORSCHUNG AUSTRIA Karin Gavac und Bettina Fischbacher verpflichtet, die uns bei der Erstellung der vorliegenden Studie unterstützt haben.

Für den Gastbeitrag bedanken wir uns bei Peter Schnedlitz, Inhaber des Lehrstuhls für Handel und Marketing an der Wirtschaftsuniversität Wien.

Peter Voithofer, Ernst Gittenberger

---

[1] Die Studie „Perspektiven für den österreichischen Handel“ wurde im Auftrag der Bundessparte Handel der Wirtschaftskammer Österreich erstellt

Inhaltsverzeichnis

Tabellenverzeichnis

Grafikverzeichnis

Vorbemerkung

Die Studie basiert sowohl auf aktuellem statistischen Datenmaterial anerkannter Institutionen als auch auf Sonderauswertungen der KMU FORSCHUNG AUSTRIA – Bilanz-, Konjunktur- und Regionaldatenbank sowie auf Primärerhebungen der KMU FORSCHUNG AUSTRIA, die in diesem Rahmen erstmals veröffentlicht werden.

Die umfassende Darstellung der österreichischen Handelslandschaft erfolgt - wo möglich und zweckmäßig - differenziert nach den großen Handelsbereichen Einzelhandel, Großhandel sowie Kfz-Wirtschaft.

Die Branchensystematik für den Einzel- und Großhandel und der Kfz-Wirtschaft folgt, sofern nicht anders angegeben, der auf europäischer Ebene gültigen NACE-Gliederung bzw. der darauf basierenden nationalen Fassung ÖNACE 2003. Der Einzelhandel (ÖNACE 52) wird definiert als Einzelhandel (ohne Handel mit Kraftfahrzeugen) und Reparatur von Gebrauchsgütern. Der Großhandel (ÖNACE 52) setzt sich zusammen aus Handelsvermittlung und Großhandel (ohne Handel mit Kraftfahrzeugen) und die Kfz-Wirtschaft (ÖNACE 50) umfasst die Bereiche Kraftfahrzeughandel, Instandhaltung und Reparatur von Kraftfahrzeugen und Tankstellen.

Zusammenfassung[2]

Im österreichischen Handel sind im Jahr 2004 fast 74.000 Unternehmen tätig. Innerhalb der marktorientierten Wirtschaft sind rd. 29 % aller Unternehmen dem Handel zuzurechnen, wobei mehr als die Hälfte der Handelsbetriebe im Einzelhandel tätig ist. Der Anteil der Handelsunternehmen an der gesamten Volkswirtschaft (gemessen an der Unternehmenszahl) liegt in Österreich unter dem Durchschnitt der EU-25-Länder.

Die Daten nach Beschäftigtengrößenklassen zeigen, dass der Einzelhandel – trotz der höchsten Konzentration[3] – am kleinbetrieblichsten strukturiert ist. Mehr als 90 % der Einzelhandelsunternehmen haben weniger als zehn Beschäftigte, während im Großhandel der Anteil der Kleinunternehmen bei 86 %, in der Kfz-Wirtschaft bei 80 % liegt. Im EU-Durchschnitt ist der Handel noch kleinbetrieblicher strukturiert als in Österreich.

Bei Betrachtung der Lebenszyklus-Phasen eines Unternehmens zeigt sich, dass die Gründungshäufigkeit im Handel im Vergleich der gewerblichen Wirtschaft am höchsten ist. Jede dritte Neugründung betraf im Jahr 2003 ein Handelsunternehmen, hier besonders im Direktvertrieb. Andererseits steht ein Viertel der österreichischen Handelsbetriebe in der Dekade 2004 - 2013 vor der Herausforderung der Unternehmensnachfolge. Damit ist die Betroffenheit des Handels von dieser Thematik größer als in der österreichischen Gesamtwirtschaft. In 504 österreichischen Groß- und Einzelhandelsunternehmen wurde im Jahr 2003 ein Insolvenzverfahren eröffnet.

Den Konsument/innen sind im Jahr 2003 rd. 54.300 Einzelhandelsgeschäfte mit einer Verkaufsfläche von gesamt rd. 15.390.000 m² für Ihren Einkauf zur Verfügung gestanden. Darunter befinden sich 142 Einkaufszentren (inkl. Fachmarktzentren und dem Factory Outlet Center Parndorf), die über eine kumulierte Verkaufsfläche von rd. 1,9 Mio m² verfügen. Im europäischen Vergleich liegt die durchschnittliche Verkaufsfläche pro Einwohner mit rd. 1,9 m² hinter der Schweiz an zweiter Stelle.

Die hohe Konzentration im österreichischen Einzelhandel zeigt sich durch den hohen Filialisierungsgrad: Mehr als jedes dritte Geschäft in den 13 analysierten Einzelhandelsbranchen wird von einer Einzelhandelskette mit Filialsystem betrieben. Zunehmend an Bedeutung gewinnen weiters Franchise-Systeme und

---

2 Auf Quellenabgaben wurde in der Zusammenfassung auf Grund einfacherer Lesbarkeit verzichtet. Die Literatur- bzw. Datenquellen sind in den entsprechenden Kapiteln angeführt.

3 gemessen am Marktanteil der größten Unternehmen

Online-Shopping sowie diskontorientierte Handelsbetriebe, die mit rd. 4.300 Geschäften und mit einer Gesamtverkaufsfläche von rd. 1,8 Mio m^2 am heimischen Markt präsent sind.

Der Handel ist mit rd. 530.000 unselbstständig Beschäftigten der zweitgrößte Arbeitgeber innerhalb der marktorientierten Wirtschaft. Rd. 11 % der Handelsbetriebe bilden rd. 18.300 Lehrlinge aus. Der Handel ist damit nach „Gewerbe und Handwerk“ der zweitgrößte Wirtschaftsbereich in der Lehrlingsausbildung.

Die Teilzeitbeschäftigung spielt im Handel - und hier insbesondere im Einzelhandel - eine immer größere Rolle. Im Jahr 2001 waren im Einzelhandel fast 41 % der unselbstständig Beschäftigten weniger als 40 Stunden pro Woche tätig. Der Anteil der geringfügig Beschäftigten steigt ebenfalls kontinuierlich an, wobei die Dynamik schwächer als bei den Teilzeitbeschäftigten ausfällt. Im Jahresdurchschnitt 2003 waren knapp 41.000 Personen arbeitslos gemeldet, welche zuletzt im Handel tätig waren. Mehr als die Hälfte davon war dem Einzelhandel zuzurechnen.

Verglichen mit dem Durchschnitt der 25 EU-Länder sind in Österreich anteilsmäßig zwar weniger Unternehmen jedoch mehr unselbstständig Beschäftigte im Handel zu finden. Dies zeigt wiederum, dass die heimischen Handelsunternehmen im Durchschnitt mehr Mitarbeiter/innen beschäftigten als im Durchschnitt der EU-25.

Der österreichische Handel erwirtschaftete im Jahr 2002 rd. 35 % des Gesamtumsatzes der marktorientierten Wirtschaft und ist somit gemessen an diesem Indikator, wie auch schon bei der Anzahl der Unternehmen, der größte Sektor. Im Jahr 2003 erzielten die Handelsbetriebe einen Umsatz von fast € 159 Mrd. Die Bedeutung des Handels liegt in Österreich gemessen am Umsatzanteil an der marktorientierten Wirtschaft höher als im EU-25-Durchschnitt.

Im Einzelhandel konnte 2003 ein durchschnittlicher Jahresumsatz von rd. € 2.830 pro Quadratmeter Verkaufsfläche erzielt werden. Im europäischen Vergleich weist der österreichische Einzelhandel auf Grund der hohen Verkaufsfläche pro Einwohner eine geringere Flächenproduktivität auf.

Insgesamt erreichte der österreichische Handel im Jahr 2002 eine Wertschöpfung von rd. € 23 Mrd und erzielte somit den zweithöchsten Anteil der Bruttowertschöpfung zu Faktorkosten an der marktorientierten Wirtschaft. Wie bei den Umsätzen, ist auch der Anteil der Bruttowertschöpfung innerhalb der marktorientierten Wirtschaft in Österreich höher als im Durchschnitt der EU-25.

Der Handel war im Jahr 2001 die größte Umsatzsteuerquelle des Staates. Dies zeigt die wichtige Bedeutung des Handels für das nationale Steueraufkommen, da auf die Umsatzsteuer mehr als ein Viertel der gesamten Steuereinnahmen entfällt.

Die Tatsache, dass rd. 71 % der Produkte des gesamten Warenkorbs, welche zur Berechnung des Verbraucherpreisindex erhoben werden, aus dem Handel stammen, zeigt die hohe Bedeutung des Handels. D. h., dass wesentliche Preisveränderungen im Handel eine deutliche Auswirkung auf die Inflationsrate und somit auf die österreichische Wirtschaft hätten. In den letzten Jahren - auch vor, während und nach der Euro-Umstellung – sind die Verbraucherpreise im Einzelhandel weniger stark gestiegen als die allgemeine Inflationsrate. Damit leistet der Einzelhandel einen wesentlichen Beitrag zur Geldwertstabilität.

Die Umsatzrentabilität, d. i. der Gewinn (vor Ertragssteuern) in Prozent des Umsatzes, betrug im Bilanzjahr 2002/03 im österreichischen Handel rd. 1,5 %. Im sektoralen Vergleich war die Ertragskraft der Großhandelsbetriebe mit rd. 1,8 % - wie in den vergangenen Jahren - am stärksten, während der Einzelhandel und die Kfz-Wirtschaft unter dem Gesamtdurchschnitt des Handels lagen.

Nur rd. 54 % der heimischen Handelsbetriebe erzielten ein positives Betriebsergebnis. Während der Anteil der Betriebe, die ein negatives Betriebsergebnis aufweisen, im Großhandel bei rd. 37 % und in der Kfz-Wirtschaft bei rd. 48 % liegt, schreiben rd. 52 % der Einzelhandelsbetriebe rote Zahlen.

Im Durchschnitt der österreichischen Handelsunternehmen wird mit einer Eigenkapitalquote von rd. 21 % gerade der betriebswirtschaftliche (Mindest-) Richtwert von 20 % erreicht. Die Großhandelsbetriebe übertreffen mit rd. 24 % Eigenkapitalquote diesen Wert; der Einzelhandel weist eine Eigenkapitalquote von rd. 17 %, die Kfz-Wirtschaft durchschnittlich rd. 15 %.

Rd. 40 % aller Handelsunternehmen sind buchmäßig überschuldet, d.h., diese Betriebe haben mehr Fremdkapital als Vermögen im Betrieb. Dies trifft für rd. 47 % der Einzelhandelsbetriebe, für rd. 44 % der Kfz-Betriebe und für rd. 28 % der Großhandelsbetriebe zu.

Die Großbetriebe mit mehr als € 100 Mio Jahresumsatz erzielen im Einzel- und Großhandel sowie der Kfz-Wirtschaft bei den wesentlichen Indikatoren (wie z. B. Umsatzrentabilität und Eigenkapitalquote) überdurchschnittliche Ergebnisse. Dies ermöglicht den Großbetrieben einen größeren Handlungsspielraum im Vergleich zu den Klein- und Mittelbetrieben.

Im Vergleich zu anderen Wirtschaftssektoren zeigt sich, dass der Handel z. B. bei der Umsatzrentabilität hinter den „Wirtschaftsdienstleistungen" und der

„Sachgütererzeugung“ liegt und auch eine geringere Eigenkapitalquote als die Sektoren „Sachgütererzeugung“ und „Verkehr“ aufweist.

Im Vergleich zu ausgewählten europäischen Ländern zeigt sich, dass der Gewinn aus normaler Geschäftstätigkeit (in Prozent des Nettoumsatzes) im österreichischen Einzelhandel hinter den Ländern Frankreich und Italien, jedoch vor den Niederlanden, Portugal und Belgien liegt. Im Großhandel und der Kfz-Wirtschaft ist der Gewinn in Prozent vom Nettoumsatz in den Niederlanden höher.

Im Zeitraum Jänner bis September 2004 konnten die österreichischen Einzelhändler/innen das Vorjahresniveau nominell knapp übertreffen (+0,2 %). Die durchschnittlichen Preissteigerungen lagen weiterhin bei rd. 1,1 % und damit deutlich unter der für 2004 prognostizierten Inflationsrate von 2,1 %. Real bedeutet dies für den Einzelhandel ein Umsatzminus von 0,9 %. Geschäfte in Einkaufszentren hatten die relativ beste Umsatzentwicklung aller Standortlagen. Filialisten konnten als einzige Vertriebsform das Umsatzergebnis des Vorjahres übertreffen. In den EU-25-Staaten konnte im Vergleich in den Monaten Jänner bis August 2004 eine positive Umsatzentwicklung verzeichnet werden. In der Eurozone zeigt sich ein ähnliches bzw. etwas schlechteres Bild als in den EU-25-Ländern.

Die Unternehmen des österreichischen Großhandels (inkl. Handelsvermittlung) konnten im I. Halbjahr 2004 ein nominelles Umsatzplus von 2,5 % gegenüber dem Vorjahr erzielen. Real, d. h. unter der Berücksichtigung des Preiseffekts, bedeutet dies ein Umsatzminus von 1,4 %.

Die Kfz-Wirtschaft verzeichnete im I. Halbjahr 2004 nominelle Umsatzsteigerungen von 2,1 % gegenüber dem Vorjahr. Real kam es zu einer Stagnation. Die Zulassungen von Kraftfahrzeugen nahmen im Zeitraum Jänner bis September gegenüber dem Vergleichszeitraum des Vorjahres deutlich zu, wobei das Wachstum bei den Neuzulassungen höher war als bei den Gebrauchtzulassungen.

Die sozioökonomischen Gegebenheiten einer Nation (z. B. Haushaltsgröße, Durchschnittsalter der Bevölkerung, etc.) haben maßgeblichen Einfluss auf die Situation und Entwicklung des Einzelhandels. Im Jahr 2004 zählt Österreich rd. 8,1 Mio Einwohner/innen. Betrachtet man die Altersstruktur der österreichischen Bevölkerung, zeigt sich eine eindeutige Entwicklung: Das Durchschnittsalter der Österreicher/innen nimmt kontinuierlich zu. Bis zum Jahr 2031 werden bereits mehr als 32 % der Bevölkerung 60 Jahre und älter sein (im Jahr 2001 waren es rd. 21 %). Hierbei entspricht die Altersstruktur der österreichischen Bevölkerung dem europäischen Durchschnitt. Betrachtet man die Bevölkerungsentwicklung in den österreichischen Stadtregionen, kann festgestellt werden, dass sich durchschnittlich immer mehr Personen in Außenregionen niederlassen.

Österreich zählte im Jahr 2001 rd. 3,3 Mio Haushalte, rd. ein Drittel davon waren Singlehaushalte. Der Trend zu Singlehaushalten wird auch weiterhin anhalten. Die steigende Anzahl an Einpersonenhaushalten spiegelt sich auch in der sinkenden Durchschnittsgröße der österreichischen Haushalte wider.

Die sozioökonomischen Bereiche Bildungsniveau und Beschäftigungsquote zeigen in Österreich folgendes Bild: Der Großteil der österreichischen Bevölkerung (rd. 69 %) hatte im Jahr 2003 als höchsten Bildungsabschluss eine Pflichtschule oder Lehre vorzuweisen; rd. 8 % - dieser Anteil ist in den letzten 20 Jahren deutlich gestiegen - verfügten über einen Universitäts- oder (Fach-)Hochschulabschluss. Rd. 57 % aller über 15-jährigen Einwohner/innen Österreichs gingen 2003 einer Beschäftigung nach. Im Jahr 2001 arbeitete jeder zweite Erwerbstätige nicht in der Wohngemeinde. Die österreichische Beschäftigungsquote liegt deutlich über dem Durchschnitt der EU-25-Länder.

Auch die Mobilität der Bevölkerung hat Auswirkungen auf die Handelslandschaft, denn sie ist ein entscheidender Einflussfaktor für die Wahl des Einkaufsortes. Einen wichtigen Indikator für den Mobilitätsgrad stellt der Pkw-Bestand dar. Per 31. Dezember 2003 waren in Österreich rd. 4,1 Mio Pkw und Kombi angemeldet, das entspricht 1,22 Pkw pro Haushalt.

Bei der Wahl der Einkaufsstätte zeigt sich, dass mehr als ein Viertel der Österreicher/innen mindestens einmal pro Woche in einem Einkaufszentrum einkauft, weitere rd. 16 % alle 2 - 3 Wochen und ein Fünftel einmal im Monat. In Einkaufsstraßen kaufen die Österreicher/innen tendenziell seltener ein, am häufigsten werden Geschäfte in Streulagen frequentiert, wo vor allem die kurzfristige Bedarfsdeckung (z.B. Einkauf von Lebensmitteln) erfolgt. Das wichtigste Kriterium bei der Wahl des Geschäftes ist für die Konsument/innen das Preis-Leistungs-Verhältnis, gefolgt von Preis und Beratung. Rd. 1,9 Mio Österreicher/innen über 14 Jahren haben bereits via Internet eingekauft (Stand: I. Quartal 2004). Im Durchschnitt tätigen die Online-Shopper/innen drei Käufe pro Monat und geben dafür im Quartal rd. € 200 aus.

Das monatliche Brutto-Einkommen der Bevölkerung ist ein entscheidender Faktor für die Höhe der Konsumausgaben. Der Median des monatlichen Brutto-Einkommens der Österreicher/innen lag 2003 bei rd. € 1.950. Rd. 25 % der Österreicher/innen stand ein monatliches Brutto-Einkommen von bis zu € 1.356 zur Verfügung; ein Viertel verfügte über mehr als € 2.655.

Die Sparquote der privaten Haushalte wird nach Prognosen im Jahr 2004 bei rd. 8,5 % liegen. Der Marktwert der finanziellen Vermögenswerte der privaten

Haushalte erreichte zum Jahresende 2003 rd. € 303,9 Mrd. Dem gegenüber stehen rd. 4.500 Insolvenzverfahren von privaten Haushalten im Jahr 2003 und eine Armutsgefährdungsquote von rd. 12 % im Jahr 2001.

Die nominelle Kaufkraft ist in Österreich im Zeitraum 2001 bis 2003 um rd. 5,1 % gestiegen und damit stärker als der Durchschnitt der Verbraucherpreise (rd. +3,1 %). Die Bevölkerung mit der höchsten Kaufkraft wohnt nach wie vor in und um die Bundeshauptstadt sowie in den regionalen Ballungszentren. Im Vergleich zu ausgewählten europäischen Ländern liegt die Kaufkraft der Österreicher/innen auf dem Niveau von Deutschland und den Niederlanden und somit im „oberen" Drittel.

Die einzelhandelsrelevanten Konsumausgaben sind im langfristigen Vergleich anteilsmäßig rückläufig und können mit rd. 30 % der Gesamtausgaben beziffert werden. Die Ausgabenbereitschaft ist im I. Quartal 2004 tendenziell geringfügig gesunken.

Die meisten Zahlungen von Privaten am POS (=Point of Sale) sind nach wie vor Barzahlungen: Rd. 80 % der Transaktionen und rd. 70 % vom Umsatz. Bargeldlose Zahlungen gewinnen jedoch immer mehr an Bedeutung. 2003 wurden in Österreich nahezu € 160 Mio bargeldlose Transaktionen mit Bankomat-/Maestrokarten abgewickelt, wobei an 79.000 Bankomatkassen ein Volumen von über € 8 Mrd bewegt wurde.

Eine besondere Rolle spielen im Einzelhandel die Anlasskäufe, für die die Konsument/innen im Jahr rd. € 2,4 Mrd ausgeben. Der größte Teil entfällt hierbei mit rd. € 1,9 Mrd auf Weihnachten, gefolgt von Ostern (rd. € 188 Mio) und Muttertag (rd. € 134 Mio), wobei nicht alle Ausgaben in den Handel fließen.

Ein Trend in die „andere" Richtung stellt das anhaltende Phänomen Diskont dar. Billig einkaufen ist nicht mehr mit negativen Assoziationen verbunden, sondern wird zunehmend als schick bezeichnet. Über zwei Drittel der Österreicher/innen kaufen bei Diskonter ein, wobei die Einkaufshäufigkeit von Branche zu Branche sehr unterschiedlich ist: Während rd. 81 % der Konsument/innen beim Einkauf im Lebensmittelhandel zumindest gelegentlich zum Diskonter gehen, ist es z. B. im Schuh- und Lederwarenhandel etwa die Hälfte.

Die Bedeutung der Touristen für den österreichischen Einzelhandel zeigt der Brutto-Tourismusumsatz der internationalen Touristen aus Nicht-EU-Staaten im Jahr 2003 von rd. € 243,1 Mio. Die Durchschnittsausgaben betrugen dabei rd. € 244. Für Wien geht man von handelsrelevanten Ausgaben der Tagesgäste, Urlauber/innen, Kongress- und Geschäftsreisenden von rd. € 330 Mio im Jahr 2002 aus.

Der Fokus der rechtlichen Rahmenbedingungen der vorliegenden Studie liegt auf der Neuregelung der Ladenöffnungszeiten. Die Nutzung der verlängerten Öffnungszeiten steigt stetig an: Während im Oktober 2003 rd. 13 % der Konsument/innen am Abend einkauften, waren dies im Jänner 2004 bereits rd. 18 %. Zu den verlängerten Öffnungszeiten wird am häufigsten im Lebensmitteleinzelhandel eingekauft. Besonders beliebt ist das Shopping zu den neuen Öffnungszeiten in Wien, wobei die Sonntagsöffnung auch für die Wiener/innen kein Thema ist.

Die Sichtweise der Einzelhandelsunternehmen zum Thema Öffnungszeiten wird in der vorliegenden Studie exemplarisch anhand der Situation in Wien dargestellt: Hier zeigt sich in eine Polarisierung zwischen nicht filialisierten und filialisierten Einzelhandelsunternehmen. Nicht filialisierte Unternehmen sind mit den Öffnungszeiten nicht zufrieden, weil die Regelungen aus Sicht dieser Unternehmen zu liberal ausgefallen sind. Hingegen zeigen sich die filialisierten Unternehmen nicht zufrieden weil die neuen Bestimmungen weiterhin zu restriktiv sind. Die Tatsache, dass in den ersten Monaten nach Inkrafttreten der neuen Verordnung (August 2003) v. a. Einkaufszentren und filialisierte Einzelhandelsketten die verlängerten Öffnungszeiten nutzten, könnte die Konzentration im Handel weiter verstärken. Positive Auswirkungen auf den Umsatz bzw. Ertrag konnten in den ersten Monaten nach Inkrafttreten der neuen Öffnungszeiten nur vereinzelt festgestellt werden.

Unmittelbar betroffen von den geänderten Öffnungszeiten waren zum Zeitpunkt der Erhebung (November 2003) insgesamt rd. die Hälfte der Angestellten im Wiener Einzelhandel – rd. 40 % sind davon bereits betroffen, knapp 10 % werden in naher Zukunft davon betroffen sein. Dies wirkt sich auf alle Bereiche (z. B. Privatleben, Tagesablauf, Freizeit, Familiensituation, Kinderbetreuung) aus, wobei diese Auswirkungen mehrheitlich als negativ eingestuft werden.

Die Entwicklung des österreichischen Handels ist einerseits bedingt von volkswirtschaftlichen und rechtlichen Rahmenbedingung, sowie von sozioökonomischen Veränderungen und von brancheninternen Entwicklungen. Der Handel und hier besonders der Einzelhandel befindet sich in einer Umbruchphase. Dies zeigt sich sowohl in einem fortschreitenden Konzentrationsprozess als auch in Veränderungen im Konsumentenverhalten.

Der Handel wird auch in Zukunft einen wichtigen Stellenwert in der österreichischen Wirtschaft innehaben – insbesondere dann, wenn man sich die weitere Entwicklung zur Dienstleistungsgesellschaft (mit einer rückläufigen Bedeutung der Sachgüterproduktion) vergegenwärtigt.

1 Die österreichische Handelslandschaft

- **Anzahl der Unternehmen im Handel: rd. 73.800**
  - Handel ist gemessen an der Anzahl der Unternehmen der größte Wirtschaftsbereich
- **Viele Neugründungen im nicht-stationären Handel (v. a. Direktvertrieb)**
- **Anteil der Übergabefälle von Handelsunternehmen 2004 – 2013: rd. 25 %**
- **Einzelhandel: Geschäfte rd. 54.300 / Verkaufsfläche rd. 15,4 Mio m²**
- **Anhaltende Dynamik in folgenden Bereichen:**
  - Einkaufszentren
  - Online-Shopping
  - Diskontorientierte Betriebe

1.1 Handelsunternehmen

Im Folgenden werden die Struktur und die Entwicklung der österreichischen Handelslandschaft sowie dessen Bedeutung innerhalb der gesamten österreichischen Wirtschaft dargestellt. Dies beinhaltet auch die Themen Unternehmensneugründungen, -nachfolgen sowie Insolvenzen.

1.1.1 Anzahl der Unternehmen

Im Jahr 2004 sind die meisten Unternehmen (rd. 29 %) innerhalb der marktorientierten Wirtschaft dem Handel zuzurechnen, wobei mehr als die Hälfte der Handelsbetriebe bzw. 16 % der Unternehmen insgesamt im Einzelhandel tätig sind. Der – gemessen an der Anzahl der Unternehmen – geringsten Anteil innerhalb des Handels fällt auf die Kfz-Wirtschaft.[4]

---

[4] Quellen: KMU FORSCHUNG AUSTRIA, 2004/Statistik Austria, 2004

Grafik 1 Anteil der Unternehmen in Prozent der marktorientierten Wirtschaft* in ausgewählten Sektoren, 2004**

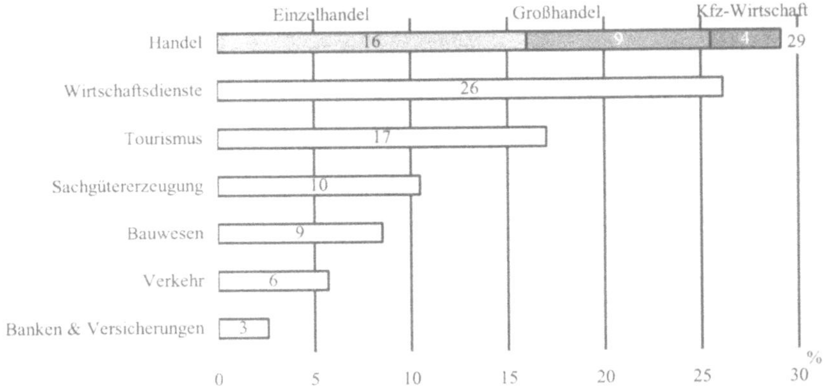

* ohne Land- und Forstwirtschaft und persönliche Dienstleistungen (genauer: Abschnitte C - K der ÖNACE)
** Hochrechnung der KMU FORSCHUNG AUSTRIA
Quellen: KMU FORSCHUNG AUSTRIA, Statistik Austria

2004 gibt es im österreichischen Handel fast 74.000 Unternehmen. Im Einzelhandel ist die Anzahl der Betriebe seit 2002 kontinuierlich gesunken. Im Jahresvergleich 2003/04 betrug der Rückgang 1,4 %. Im Großhandel und in der Kfz-Wirtschaft konnte nach einem Rückgang zwischen 2002 und 2003 im Jahr 2004 ein Anstieg verzeichnet werden.[5]

Tabelle 1 Anzahl der Unternehmen im Handel, 1995 – 2004

	1995	2002	2003*	2004*	VÄ in % 2003/04
Einzelhandel	37.506	41.813	41.113	40.547	-1,4
Großhandel	19.176	24.328	24.012	24.064	0,2
Kfz-Wirtschaft	7.849	9.209	9.144	9.200	0,6
Handel	64.531	75.350	74.269	73.811	-0,6

* Hochrechnung der KMU FORSCHUNG AUSTRIA
Quellen: Statistik Austria, KMU FORSCHUNG AUSTRIA

Eine genauere Betrachtung des Einzelhandels im Jahr 2003 zeigt, dass die meisten Unternehmen (jeweils rd. 9 %) im Lebensmittel- (rd. 3.800 Betriebe)

5 Quellen: KMU FORSCHUNG AUSTRIA, 2004/Statistik Austria, 2004

und Bekleidungshandel (rd. 3.700) tätig sind. Eine große Anzahl an Betrieben gibt es auch im Bereich Bau- und Heimwerkerbedarf (inkl. Farben und Lacke) sowie im Möbel und Elektroeinzelhandel.[6]

Grafik 2 Anzahl der Unternehmen ausgewählter Einzelhandelsbranchen, 2003*

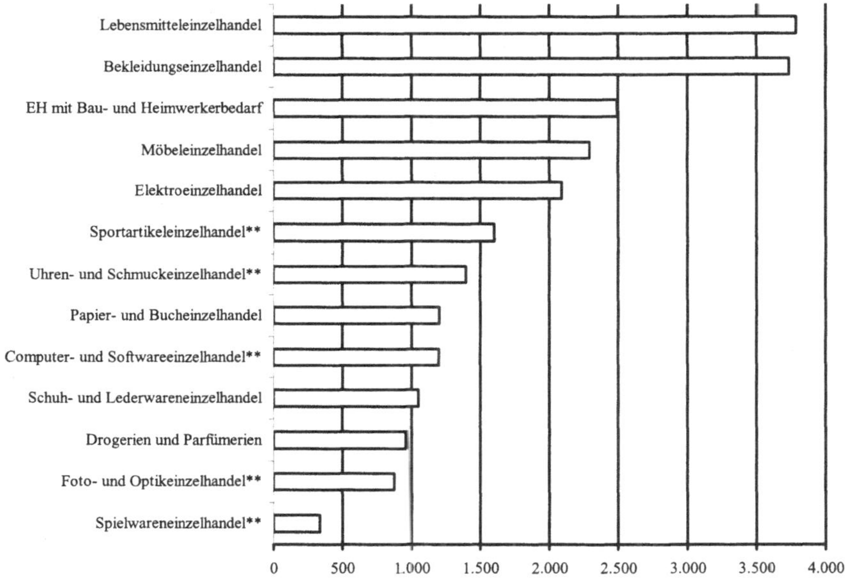

* Hochrechnung der KMU FORSCHUNG AUSTRIA
** Betriebe lt. KMU FORSCHUNG AUSTRIA - Regionaldatenbank; die andere Daten sind eine Unternehmenshochrechnung der KMU FORSCHUNG AUSTRIA
Quellen: KMU FORSCHUNG AUSTRIA, Statistik Austria

Eine Betrachtung der Unternehmen nach Größenklassen zeigt, dass der Einzelhandel – trotz der höchsten Konzentration[7] – sehr kleinbetrieblich strukturiert ist. Gemessen am Umsatz oder an den Beschäftigten sieht dies komplett konträr aus. Während rd. 47 % der Beschäftigten im Einzelhandel in Großbetrieben (über 250 Mitarbeiter/innen) beschäftigt sind[8], haben mehr als 90 % der Einzelhandelsunternehmen weniger als zehn Beschäftigte. Die Anzahl dieser Klein-

6 Quellen: KMU FORSCHUNG AUSTRIA, 2004/Statistik Austria, 2004

7 gemessen am kumulierten Marktanteil der größten Handelsunternehmen

8 Siehe Kapitel 2: Der Handel als Arbeitgeber

unternehmen ist weiterhin rückläufig, während die Zahl der Großunternehmen mit 250 und mehr Beschäftigten konstant bleibt.

Im Großhandel liegt der Anteil der Kleinunternehmen bei 86 %, in der Kfz-Wirtschaft bei 80 %. Der höchste Anteil an Mittel- und Großbetrieben (ab 50 Beschäftigte) ist mit 3 % im Großhandel zu finden.[9]

Grafik 3 Anteil der Unternehmen nach Beschäftigtengrößenklassen in Prozent der Unternehmen insgesamt, Einzel- und Großhandel sowie Kfz-Wirtschaft, 2004*

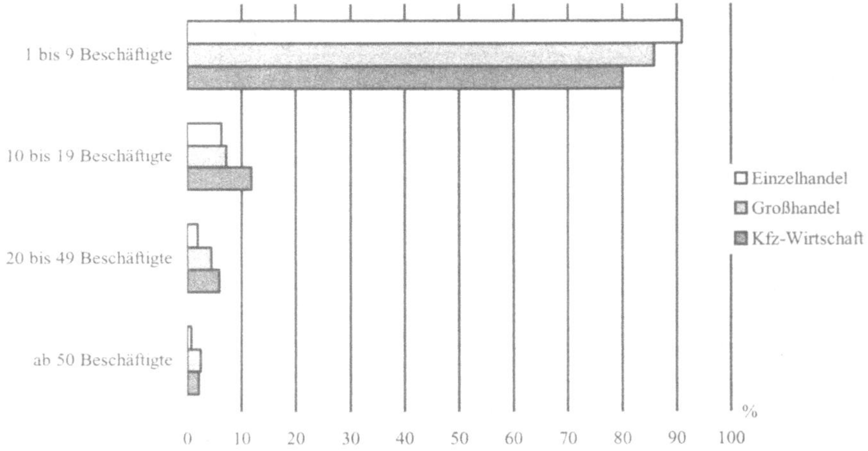

* Hochrechnung der KMU FORSCHUNG AUSTRIA
Quellen: KMU FORSCHUNG AUSTRIA, Statistik Austria

1.1.2 Neugründungen

Im Jahr 2003 betraf jede dritte Neugründung innerhalb der Gewerblichen Wirtschaft ein Handelsunternehmen. Somit war die Gründungshäufigkeit im Handel am höchsten. Sowohl die Anzahl der Neugründungen als auch deren Anteil ist verglichen mit den anderen Sparten seit 2001 im Handel am stärksten gestiegen.[10]

---

9 Quellen: KMU FORSCHUNG AUSTRIA, 2004/Statistik Austria, 2004

10 Quelle: Wirtschaftskammer Österreich, 2004

Grafik 4 Anteil der Unternehmensneugründungen in Prozent der Gewerblichen Wirtschaft nach Sparten, 2001 - 2003*

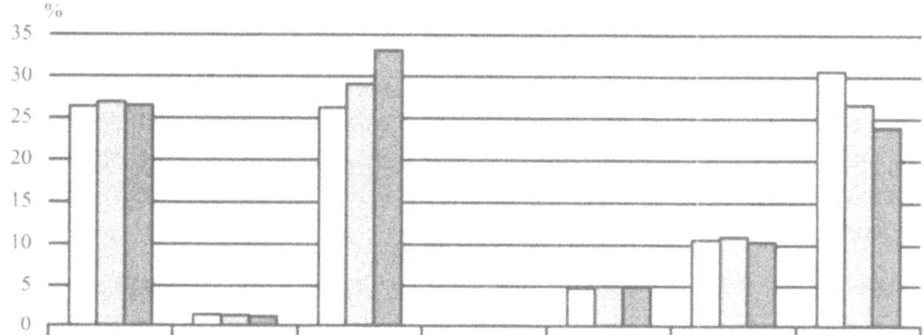

	Gewerbe & Handwerk	Industrie	Handel	Bank & Vers.	Transport & Verkehr	Tourismus & Freizeitw.	Information & Consulting
2001	26,4	1,3	26,3	0,01	4,7	10,6	30,7
2002	26,9	1,2	29,1	0,1	5,0	11,0	26,7
2003*	26,5	1,1	33,1	0,03	4,9	10,4	24,0

* vorläufiger Wert
Gliederung nach Systematik der Wirtschaftskammer Österreich
Quelle: Wirtschaftskammer Österreich

Der Anstieg ist in erster Linie auf den Direktvertrieb zurückzuführen. Im Jahr 2003 entfiel ein Viertel der Gründungen im Handel auf diesen Bereich. Zwischen 2002 und 2003 kam es dabei zu einem Zuwachs um fast 50 %. Weiters handelte es sich im Jahr 2003 bei fast 13 % der Neugründungen um Handels- und Versicherungsagenten. Dies zeigt, dass ein großer Teil der Unternehmensgründungen den nicht-stationären Handel betreffen.

Tabelle 2 Unternehmensneugründungen in ausgewählten Bereichen des nicht-stationären Handels, 2002 und 2003

	2002	2003*	VÄ in %
Direktvertrieb	1.526	2.282	49,5
Handelsagenten	605	622	2,8
Versicherungsagenten	681	566	-16,9

* vorläufige Daten
Quelle: Wirtschaftskammer Österreich

1.1.3 Unternehmensnachfolgen

Unter einer Unternehmensübergabe bzw. -nachfolge wird der Übergang des Eigentums an einem Unternehmen auf eine andere Person oder Unternehmung verstanden, wobei das ursprüngliche Unternehmen weiterhin wirtschaftlich tätig ist. Die Unternehmensnachfolge kann dabei innerhalb der Familie, durch Management-Buy-Out oder durch Weitergabe an externe Dritte erfolgen. Die Übergabe kann im Vorfeld geplant werden oder auf Grund eines unvorhersehbaren Ereignisses (z. B. Tod, Unfall oder Krankheit des ursprünglichen Unternehmers) notwendig werden.

In der Dekade 2004 bis 2013 ergibt sich im Handel[11] ein Übergabepotenzial von rd. 15.200 Klein- und Mittelbetrieben. Unter Ausschluss der aus betriebswirtschaftlichen Gründen nicht übergabetauglichen Untenehmen[12] stehen rd. 14.200 Handelsbetriebe vor der Herausforderung, eine Unternehmensnachfolge zu meistern. Dies entspricht einem Viertel der österreichischen Handelsunternehmen.

Betrachtet man den Anteil der zur Übergabe anstehenden Unternehmen für die verschiedenen Wirtschaftsbereiche, ist der Verkehr von der Thematik am stärksten betroffen. Der Handel folgt hinter dem Gewerbe und Handwerk an dritter Stelle und liegt somit über dem Durchschnitt der Gewerblichen Wirtschaft. Innerhalb des Handels ist der Anteil der Übergabefälle im Handel mit Arzneiwaren, Drogeriewaren, Chemikalien und Farben sowie im Foto-, Optik- und Medizinproduktehandel am höchsten.

Eine erfolgreiche Bewältigung dieser Herausforderung ist wichtig für die Erhaltung und Sicherung von Arbeitsplätzen. Im Zeitraum 2004 bis 2013 trifft dies auf rd. 110.000 unselbstständig Beschäftigte in Klein- und Mittelbetrieben des Handels zu. Österreichweit sind rd. 440.000 Arbeitsplätze von der gegenständlichen Thematik betroffen bzw. rd. 25 % der Beschäftigten der Gewerblichen Wirtschaft.

Die meisten Unternehmensnachfolgen in Österreich (rd. 60 %) finden im Familienkreis statt, wenngleich der Anteil der Unternehmensübertragungen außerhalb der Familie kontinuierlich ansteigt. Primärer Anlass ist der Generationenwechsel, also die Erreichung des pensionsfähigen Alters des Übergebers.

---

11 Der Handel wird hier nach Systematik der Wirtschaftskammer Österreich definiert.

12 Unter aus betriebswirtschaftlich nicht übergabetauglichen Unternehmen werden solche verstanden, die nachhaltig (über einen Zeitraum von 3 Jahren) sowohl ein hohes negatives Eigenkapital (das Fremdkapital übersteigt das vorhandene Vermögen um mindestens 20 %) ausweisen als auch hohe Verluste (jährlicher Verlust > 5 % des Umsatzes) erzielen.

Ursachen für das Scheitern von Unternehmensnachfolgen liegen primär in der mangelhaften Planung (in nur einem Fünftel der Fälle wird eine konkrete Planung vorgenommen), der Nichtinanspruchnahme von externer Beratung sowie der mangelnden Erfahrung der Nachfolger/innen (dies bezieht sich primär auf Berufserfahrung im betreffenden Unternehmen).[13]

Grafik 5 Anteil der Übergabefälle im Zeitraum 2004 – 2013 nach Sparten in Prozent der Unternehmen insgesamt

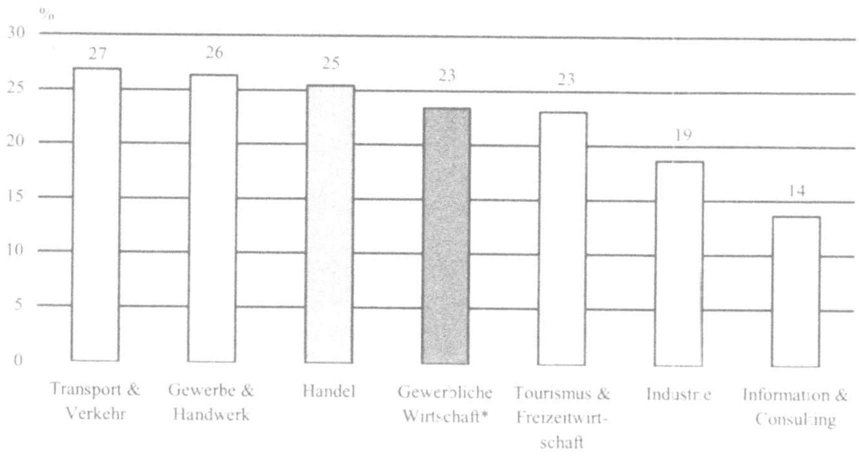

* ohne Banken und Versicherungen
Gliederung nach Systematik der Wirtschaftskammer Österreich
Quelle: KMU FORSCHUNG AUSTRIA

Kleinstbetriebe mit weniger als fünf Mitarbeiter/innen sind von der Thematik der Unternehmensnachfolge besonders stark betroffen. Einpersonenunternehmen sind in der Berechnung nicht inkludiert, da eine derartige Unternehmensnachfolge vom Charakter her eher als Neugründung zu sehen ist.[14]

---

13 Quelle: Österreichisches Institut für Gewerbe- und Handelsforschung, 2003

14 Quelle: KMU FORSCHUNG AUSTRIA, 2004

Grafik 6 Anzahl der Übergabefälle im Zeitraum 2004 – 2013 nach Beschäftigtengrößenklassen, Gewerbliche Wirtschaft und Handel

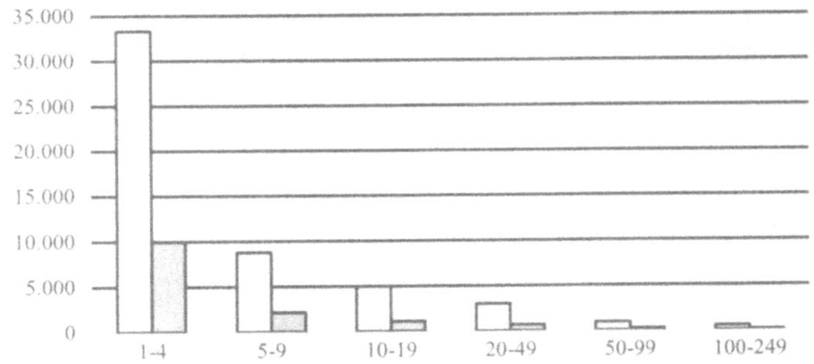

	1-4	5-9	10-19	20-49	50-99	100-249
Gewerbliche Wirtschaft	33.300	8.800	5.000	3.000	900	500
Handel	10.000	2.150	1.100	650	200	100

Gliederung nach Systematik der Wirtschaftskammer Österreich
Quelle: KMU FORSCHUNG AUSTRIA

1.1.4 Insolvenzen

Im Jahr 2003 wurde in 504 österreichischen Groß- und Einzelhandelsunternehmen ein Insolvenzverfahren eröffnet. Eine hohe Zahl an Insolvenzen betraf insbesondere den Handel mit Maschinen und Metall (55), Textilien und Leder (51), Lebens- und Genussmittel (41) sowie Elektronische Datenverarbeitung (41). Im Vergleich zum Vorjahr ist die Zahl der eröffneten Insolvenzen um rd. 7 % zurückgegangen.

251 Konkursanträge wurden mangels Masse abgewiesen, was einen deutlichen Anstieg gegenüber dem Vorjahr bedeutet, in dem allerdings der tiefste Wert seit 2001 erreicht wurde.

Hauptursache für Insolvenzen sind innerbetriebliche Fehler. Weiters können unternehmerische Fahrlässigkeit (wie wenige Kenntnisse über Markt- und Wettbewerbsverhältnisse) sowie Kapitalmangel als häufige Fehlerquellen genannt werden.

Tabelle 3 Anzahl der Insolvenzen im Handel (inkl. Kfz-Handel), 2000 – 2003

	2000	2001	2002	2003	VÄ in % 2002/03
Eröffnete Insolvenzen	501	539	542	504	-7,0
Mangels Masse abgewiesene Konkursanträge	455	284	216	251	16,2
Gesamtinsolvenzen	956	823	758	755	-0,4

Quelle: Kreditschutzverband von 1870

Rd. 17 % der im Jahr 2003 eröffneten Insolvenzen betrafen ein Handelsunternehmen. Dies bedeutet den geringsten Anteil seit 2000. Der Anteil der abgewiesenen Konkursanträge ist von einem sehr niedrigen Wert im Jahr 2002 auf 9,3 % im Jahr 2003 gestiegen.[15]

Grafik 7 Anteil der Insolvenzen im Handel in Prozent der Insolvenzen insgesamt, 2000 - 2003

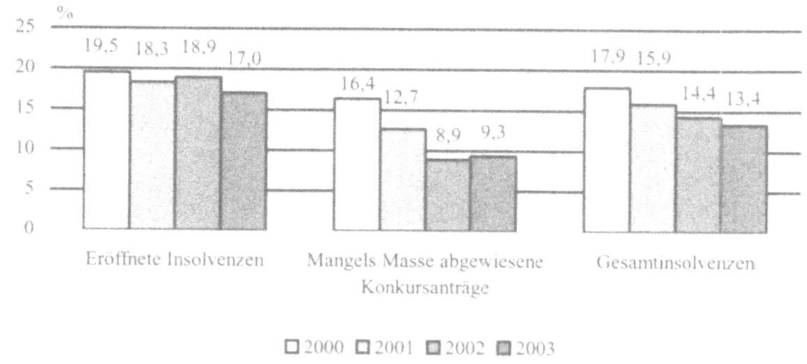

Quelle: Kreditschutzverband von 1870

15 Quelle: Kreditschutzverband von 1870, 2004

1.2 Einzelhandelsgeschäfte

Im Folgenden wird die Struktur und die Entwicklung der österreichischen Einzelhandelslandschaft anhand der Indikatoren „Anzahl der Geschäfte“ und „Verkaufsfläche“ dargestellt. Die Datenbasis bildet hier die KMU FORSCHUNG AUSTRIA – Regionaldatenbank. Die Auswertungen stellen neben dem Einzelhandel insgesamt, 13 Einzelhandelbranchen sowie die sonstigen Einzelhandelsbranchen[16] im Überblick dar. Darüber hinaus erfolgt eine Analyse der Entwicklung der Einkaufszentren.

1.2.1 Anzahl der Geschäfte

Den Konsument/innen standen im Jahr 2003 rd. 54.300 Einzelhandelsgeschäfte für ihren Einkauf zur Verfügung. Gegenüber der Vorjahresperiode bedeutet dies einen Anstieg um rd. 2 % bzw. um rd. 1.100 Geschäfte. Die höchste Anzahl an Geschäften weist im Vergleich der 13 ausgewählten Einzelhandelsbranchen der Lebensmitteleinzelhandel auf, gefolgt vom Bekleidungseinzelhandel. Die höchsten Zuwächse an Geschäften verzeichneten im Jahresvergleich 2002 – 2003 die Branchen Bekleidungseinzelhandel, Drogerien/Parfümerien, Papier- und Bucheinzelhandel und Sportartikeleinzelhandel. Zu einem Rückgang der Geschäfte ist es vor allem im Uhren- und Schmuckeinzelhandel, im Schuh- und Lederwareneinzelhandel und im Lebensmitteleinzelhandel gekommen.[17]

---

16 Zu den sonstigen Einzelhandelsbranchen zählen u.a. der Einzelhandel mit Obst, Fleisch, Fisch, Backwaren, Tabakwaren, Textilien, Brennstoffen, Waffen, Blumen, Antiquitäten und Apotheken.

17 Quelle: KMU FORSCHUNG AUSTRIA - Regionaldatenbank, 2004

Tabelle 4 Anzahl der Geschäfte im Einzelhandel* nach Branchen, 2003

	Anzahl der Geschäfte**
Lebensmitteleinzelhandel	6.300
Bekleidungseinzelhandel	6.400
EH mit Bau- und Heimwerkerbedarf	3.600
Drogerien und Parfümerien	2.900
Möbeleinzelhandel	2.800
Schuh- und Lederwareneinzelhandel	1.900
Uhren- und Schmuckeinzelhandel	1.700
Elektroeinzelhandel	1.900
Sportartikeleinzelhandel	1.800
Papier- und Bucheinzelhandel	1.700
Foto- und Optikeinzelhandel	1.500
Computer- und Softwareeinzelhandel	1.200
Spielwareneinzelhandel	400
*sonstige Einzelhandelsbranchen****	*20.200*
Einzelhandel	54.300

* ohne: Einzelhandel nicht in Verkaufsräumen und Reparatur von Gebrauchsgütern)
** gerundete Werte
*** Einzelhandelsbranchen nicht in obigen enthalten (z.B.: Apotheken, Einzelhandel mit Tabakwaren; Blumen; Obst; etc.)
Quelle: KMU FORSCHUNG AUSTRIA - Regionaldatenbank

1.2.2 Verkaufsfläche

Die Verkaufsfläche im österreichischen Einzelhandel ist im Jahr 2003 gegenüber dem Vorjahr um rd. 1,6 % bzw. um rd. 240.000 m² auf insgesamt rd. 15.390.000 m² gestiegen. Dies zeigt das anhaltende Flächenwachstum im österreichischen Einzelhandel, das vor allem auf die Expansionsstrategie filialisierter Einzelhandelsunternehmen zurückzuführen ist, während die Zahl der nicht-filialisierten Geschäfte bzw. deren kumulierter Verkaufsfläche weiterhin rückläufig ist.

Untersuchungen in Deutschland bestätigen die Entwicklung, dass sich das Flächenwachstum durch die Expansionsstrategien von Filialketten - trotz des von Experten konstatierten bereits bestehenden Verkaufsflächenüberhanges - weiter fortsetzen wird.[18] Hier hat der Versuch, über eine Flächenexpansion Marktanteile auszuweiten, zu Überkapazitäten geführt. Die Folge davon ist, dass bereits einige Konzerne eine Reihe von qualitativ schlechten Standorten unter dem zunehmenden Fixkostendruck wieder schließen.[19]

In Relation zur Einwohnerzahl ergibt sich in Österreich eine durchschnittliche Verkaufsfläche im Einzelhandel von rd. 1,9 m² pro Einwohner/in. Im Vergleich zu ausgewählten europäischen Ländern zeigt sich deutlich, dass Österreich hinsichtlich der Verkaufsfläche je Einwohner im Spitzenfeld liegt.[20]

---

[18] Quelle: Ernst & Young, 2003

[19] Quelle: Oehme, 2001

[20] Quelle: KMU FORSCHUNG AUSTRIA – Regionaldatenbank, 2004

Grafik 8 Verkaufsfläche pro Einwohner/in in ausgewählten europäischen Ländern in m², 2003

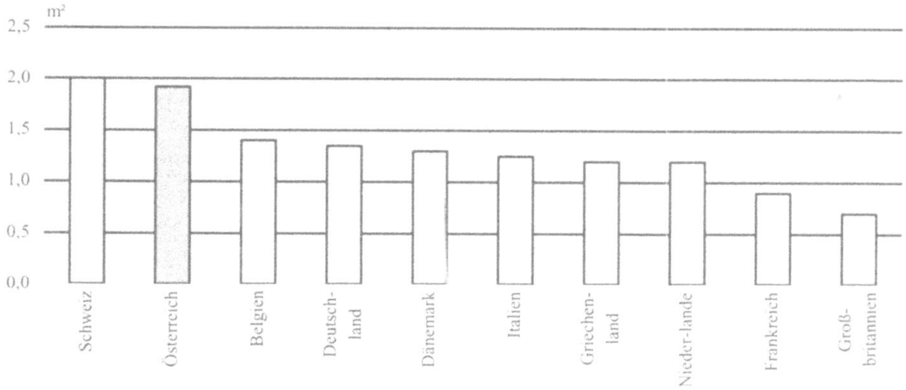

Quellen: KMU FORSCHUNG AUSTRIA – Regionaldatenbank: Wert für Österreich / Metro AG, Gesellschaft für Markt- und Absatzforschung: Werte für ausgewählte europäische Länder

Rein rechnerisch ergibt sich im österreichischen Einzelhandel eine durchschnittliche Verkaufsfläche von rd. 280 m² pro Geschäft. Differenziert nach Branchen weist der Einzelhandel mit Bau- und Heimwerkerbedarf mit rd. 1.280 m² die höchste durchschnittliche Verkaufsfläche pro Geschäft auf, gefolgt vom Möbeleinzelhandel (rd. 820 m²). Auch der Lebensmitteleinzelhandel und der Sportartikeleinzelhandel verfügen mit rd. 430 m² bzw. rd. 390 m² über eine, in Relation zum Einzelhandelsdurchschnitt, überdurchschnittliche Verkaufsfläche.[21]

[21] Quelle: KMU FORSCHUNG AUSTRIA - Regionaldatenbank, 2004

Grafik 9 Durchschnittliche Verkaufsfläche pro Geschäft im Einzelhandel* nach Branchen in m², 2003

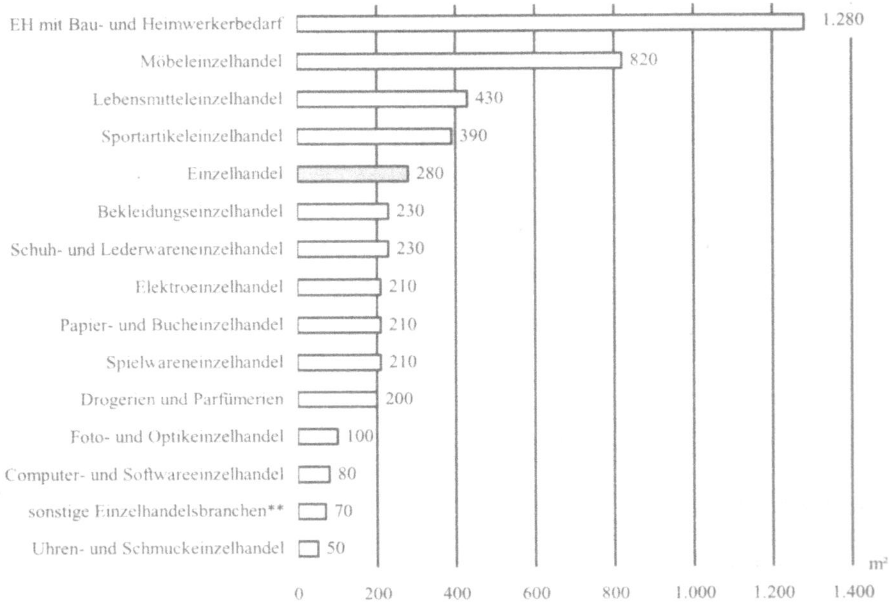

* ohne Einzelhandel nicht in Verkaufsräumen und Reparatur von Gebrauchsgütern
** Einzelhandelsbranchen nicht in obigen enthalten
Quelle: KMU FORSCHUNG AUSTRIA - Regionaldatenbank

1.2.3 Einkaufs- und Fachmarktzentren

In der letzten Dekade ist eine hohe Dynamik bei Einkaufszentren feststellbar. Dies bezieht sich sowohl auf die Anzahl der Einkaufszentren als auch auf die Verkaufsfläche sowie den Marktanteil (gemessen an der einzelhandelsorientierten Kaufkraft der Österreicher/innen). Wesentliche Erfolgsfaktoren der Einkaufs- und Fachmarktzentren sind die Verfügbarkeit von Parkmöglichkeiten, der vielfältige Branchenmix, das Entertainment-Angebot und diverse "soft facts" (wie Ambiente, Übersichtlichkeit, etc.).

Die folgenden Daten über die Entwicklung der österreichischen Einkaufszentren stammen von der Beratungsgesellschaft „Standort + Markt“:

Als „Einkaufszentrum" wird ein einheitlich geplantes und geführtes, von einer größeren Zahl selbstständiger Einzelhandels-, Dienstleistungs- und Gastronomiebetriebe besetztes Objekt verstanden, wobei folgende Mindestgröße und Mindestbetriebszahlen festgelegt wurden:

- 4.000 m² vermietbare Fläche sowie mindestens 20 Betriebe, oder
- 4.000 m² vermietbare Fläche sowie mindestens zehn Betriebe, sofern zumindest zwei Magnetbetriebe aus unterschiedlichen Branchen vorhanden sind.

Bei Fachmarktzentren wurde die Mindest-Fachmarktzahl mit fünf Fachmärkten oder fachmarktähnlichen Betrieben festgesetzt, ohne dass allfällige kleinflächige Betriebe, wie z. B. Imbissstände oder kleinere Fachgeschäfte, mitgezählt wurden.

Ende 2003 bestanden in Österreich 142 Einkaufszentren (inkl. Fachmarktzentren und dem Factory Outlet Center Parndorf), die über eine gemeinsame Verkaufsfläche von 1,9 Mio m² verfügten. In den Einkaufszentren gab es rd. 5.200 Geschäfte (inkl. Leerstehungen), in denen rd. 45.000 Mitarbeiter/innen tätig waren. Insgesamt konnten rd. 358 Mio Besucher begrüßt werden. Der Gesamtumsatz der Einkaufszentren lag bei rd. € 7,5 Mrd. Seit 1995 ist in allen unten angeführten Indikatoren eine steigende Dynamik feststellbar.

Tabelle 5 Entwicklung der Einkaufszentren (inkl. Fachmarktzentren), 1995 - 2003

	1995	1999	2003
Anzahl der Einkaufszentren	84	120	142
Anzahl der Geschäfte	3.017	4.115	5.194
Verkaufsfläche in m²	1.038.964	1.480.260	1.892.500
Umsatz in € Mio	3.679	5.755	7.453

Quelle: Standort + Markt

Grafik 10 zeigt den kontinuierlichen Anstieg der Verkaufsfläche und des Umsatzes der Einkaufszentren zwischen den Jahren 1995 und 2004, wobei der Umsatzzuwachs höher ausfiel. Verglichen mit 1995 fielen die Erlöse im Jahr 2003 mehr als doppelt so hoch aus. Die Verkaufsfläche wuchs im gleichen Zeitraum um mehr als 80 %. Der Marktanteil der Einkaufszentren ist von 9,3 % (1995) auf 16,7% der einzelhandelsorientierten Kaufkraft der Österreicher/innen im Jahr 2003 gestiegen.[22]

---

[22] Quelle: Standort + Markt, 2004

Grafik 10 Entwicklung der Verkaufsfläche und des Umsatzes der Einkaufszentren, 1995 – 2003 (Index: 1995 = 100)

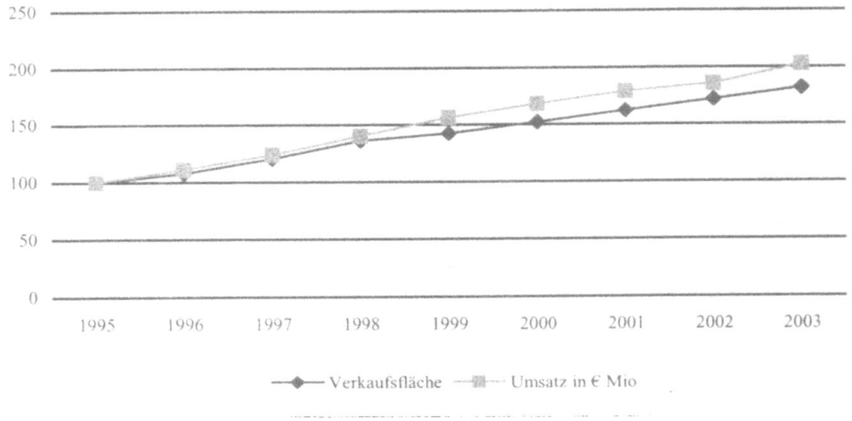

Quelle: Standort + Markt

Innenstädte konnten im Jahr 2002 auf Grund der Dynamik der Einkaufszentren an der Stadtgrenze immer weniger Kaufkraft binden. Dabei zeigt sich, dass v. a. die großen Städte (wie Wien, Graz oder Salzburg) zunehmend an Frequenz verlieren.[23] Klassische Einkaufszentren in verbauten Gebieten sind hingegen oft ein Attraktivitätspunkt innerhalb einer Geschäftsstraße, wodurch die in den Agglomerationen angesiedelten Einzelhändler/innen von den Zentren profitieren.

[23] Quelle: Infrapool, 2003

1.3 Vertriebstypen im Einzelhandel

Im Folgenden wird die österreichische Einzelhandelslandschaft anhand unterschiedlicher Vertriebstypen analysiert. Der Fokus liegt hierbei nicht in der Aufzählung bzw. Darstellung aller Typen, sondern auf aktuellen Erkenntnissen der relevantesten Themenbereiche, wie Filialisierungsgrad, Franchise, Online-Shopping und Diskonter bzw. diskontorientierte Betriebe.

1.3.1 Filialisierungsgrad

Der Filialisierungsgrad gibt den Anteil der Filialen[24] an den gesamten Geschäften an und stellt somit einen wichtigen Indikator für die Struktur bzw. die Konzentration im österreichischen Einzelhandel dar.

Im Durchschnitt der ausgewählten 13 Einzelhandelsbranchen betrug der Filialisierungsgrad im Jahr 2003 rd. 37 %. Das bedeutet, dass rd. 37 % aller Geschäfte auf Filialen entfallen; oder anders ausgedrückt, dass mehr als jedes dritte Geschäft im österreichischen Einzelhandel von einer Einzelhandelskette mit Filialsystem betrieben wird. Franchise-Geschäfte bzw. Kooperationen sind hier nicht berücksichtigt.

Den höchsten Filialisierungsgrad und somit die höchste Konzentration an filialisierten Geschäften weist die Einzelhandelsbranche Drogerien und Parfümerien (rd. 81 %) auf, gefolgt vom Lebensmitteleinzelhandel (rd. 50 %) und vom Foto- und Optikeinzelhandel (rd. 49 %).[25]

---

24 Filialisten sind Betriebe, die mindestens eine weitere Verkaufsstelle an einer von der Zentrale verschiedenen Adresse betreiben. Franchisegeber und Zentralen von Kooperationen und Verbundgruppen gelten nicht als Filialisten.

25 Quelle: KMU FORSCHUNG AUSTRIA – Regionaldatenbank, 2004

Grafik 11 Filialisierungsgrad* im Einzelhandel** nach Branchen in Prozent der gesamten Geschäfte, 2003

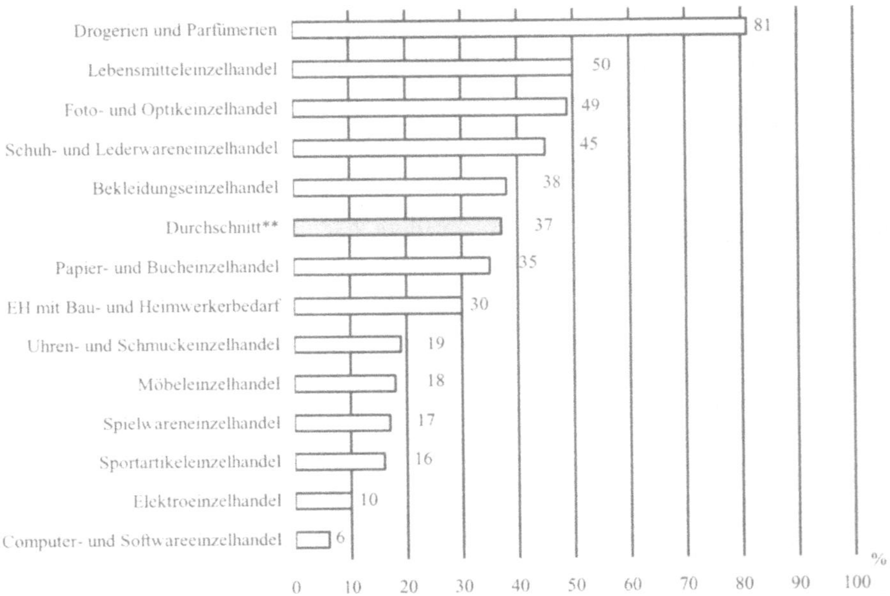

** Durchschnitt der angeführten 13 Einzelhandelsbranchen
Quelle: KMU FORSCHUNG AUSTRIA - Regionaldatenbank

1.3.2 Franchise-Systeme

Ein Franchise-System ist eine Absatzorganisation, die durch eine hierarchische Arbeitsteilung gekennzeichnet ist: Ein Franchise-Geber ist zuständig für die Planung, Durchführung und Kontrolle eines bestimmten Betriebstyps, und meist mehrere Franchise-Nehmer übernehmen unter der Leitung, Anleitung, und unter dem Namen des Franchise-Gebers den Vertrieb eines Produktes, eines Sortiments und/oder einer Dienstleistung und führen den Betrieb selbstständig.

Ihre Partnerschaft begründen Franchise-Geber und -Nehmer durch einen Franchise-Vertrag. Darin sind u. a. die Rechte und Pflichten jedes Vertragspartners sowie die Leistungsvergütung (Franchise-Einstiegsgebühr und laufenden Gebühren) für die Systemnutzung geregelt.[26]

Der Unterschied zu freiwilligen Ketten oder Einkaufsgenossenschaften besteht in der höheren Intensität der vertraglich vereinbarten Zusammenarbeit. Darüber hinaus ist bei Franchise-Systemen der Beratungs- und Betreuungsdienst wesentlich stärker ausgeprägt.[27]

Die drei klassischen Formen des Franchising sind das Produktions-, Dienstleistungs- und Vertriebs-Franchising. Letzteres stellt die bereits am längsten am Markt vertretene Form dar. Da es dabei im Wesentlichen um den Absatz und Vertrieb einzelner Produkte geht, ist der Handel dieser Kategorie zuzuordnen. Das Vertriebs-Franchising stellt – gemessen an der Anzahl der Franchise-Nehmer – den größten Anteil am Franchise-Markt in Österreich dar.

Das erste Franchise-System wurde im Jahr 1896 in Amerika von Coca-Cola gegründet. Zuvor hatte bereits die Nähmaschinenfabrik Singer ihre Rechte an „Hausierer“ verkauft, unter ihrem Namen tätig zu werden, und somit ein so genanntes „Trade Name Franchising“ installiert.

1929 entstanden die ersten Franchise-Systeme in Europa. Heute gehört Franchising zu den wichtigsten Marktstrategien unseres Wirtschaftszeitalters, und es ist mit einer weiteren, sehr dynamischen Entwicklung zu rechnen. Vom Österreichischen Franchise-Verband wird der österreichische Franchise-Gesamtumsatz für 2002 auf rd. € 3 Mrd geschätzt.

Im Jahr 2002 zählte man in ganz Europa rd. 4.200 Franchise-Systeme mit rd. 1,5 Mio Arbeitsplätzen. Die Zuwachsraten im Vergleich zu 2001 betrugen rd. 5 % bei den Franchise-Systemen und rd. 10 % bei den Arbeitsplätzen.

Waren in den späten 80er Jahren, als sich Franchising in Österreich durchzusetzen begann, 45 Franchise-Systeme mit 500 Franchise-Nehmern registriert, so gab es Ende 2002 bereits 330 Systeme, die mit mehr als 4.700 Franchise-Nehmern ihr Konzept umsetzten. Von diesen 330 Systemen entfielen 132 auf die Kategorie Vertriebs-Franchising mit insgesamt 2.380 Franchise-Nehmern. Das klassische Vertriebs-Franchising, das bereits mit relativ großen Systemen am Markt präsent ist (z. B. Palmers, OMV), zählt also knapp 40 % aller Franchise-Systeme bzw. rd. 51 % aller Franchise-Nehmer.[28]

---

26 Quelle: Österreichischer Franchise-Verband, 2004

27 Quelle: Tietz, 1993

28 Quelle: Österreichischer Franchise-Verband, 2004

Grafik 12 Entwicklung der Anzahl der Franchise-Nehmer (FN), 1992 - 2002*

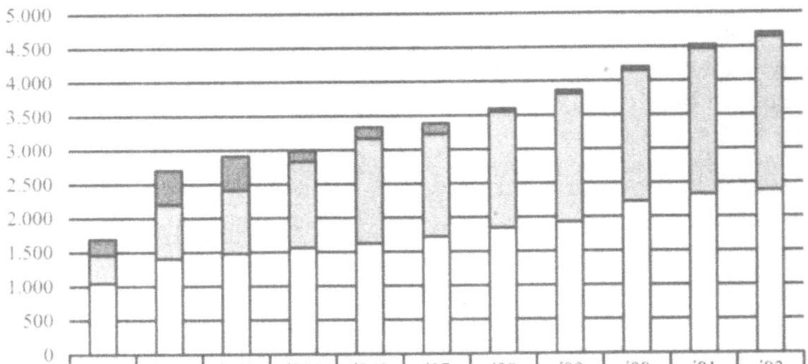

	'92*	'93*	'94*	'95*	'96*	'97	'98	'99	'00	'01	'02
FN-Produktion	236	500	500	160	160	163	46	50	50	55	58
FN-Dienstleistung	413	800	930	1.270	1.550	1.510	1.710	1.890	1.930	2.145	2.262
FN-Vertrieb	1.044	1.400	1.480	1.560	1.620	1.717	1.840	1.925	2.220	2.325	2.380

FN-Vertrieb FN-Dienstleistung FN-Produktion

* Die Zahlen bis 1996 sind Hochrechnungen. Die Zahlen ab 1997 sind die tatsächlichen, bei den Franchise-Gebern in einer Umfrage erhobenen.
Quelle: Österreichischer Franchise-Verband

Im österreichischen Einzelhandel sind Franchise-Systeme vor allem in der Bekleidungs-Branche sowie im Papier- und Bucheinzelhandel zu finden.

Der Erfolg von Franchise-Systemen liegt u. a. in der Abgrenzung zwischen den Vertragspartnern. Der Franchise-Nehmer bleibt selbstständig und hat im Rahmen des Vertrages alle Möglichkeiten, durch eigene Initiative den Geschäftserfolg auszubauen.[29]

[29] Quelle: Tietz, 1993

Die Stärken des Franchise sehen rd. 70 befragte Franchise-Geber in Österreich hauptsächlich im Konzept bzw. im bereits sehr erprobten System. Weiters zählen die Marke und die Unterstützung (Know how) der Franchise-Nehmer zu den wichtigsten Erfolgsfaktoren. Bei den Schwächen können vor allem die unterschiedlichen Vorstellungen von Franchise-Geber und –Nehmer genannt werden.[30]

1.3.3 Online-Shopping

Der Handel im/via Internet muss neben den herkömmlichen Handelsfunktionen wie Sortiments-, Logistik-, Beratungs-, Werbe- und Kreditfunktion im Internet noch zusätzliche Aufgaben erfüllen. Zu diesen zählen:

- Verbundenheit: Vorhandensein von Webseiten
- Interaktion: Die Kommunikation über das Internet kann zweiseitig gestaltet werden
- Sicherheit: Internetnutzer sind zumeist sehr an Sicherheitsmaßnahmen, die den Betrug oder Missbauch ausschließen, interessiert[31]

Die Mehrzahl der österreichischen stationären Einzelhandelsunternehmen verwendet primär das Internet als Kommunikationskanal und weniger als Distributionskanal. Dies zeigt sich deutlich im Prozentsatz der Einzelhandelsunternehmen, die über eine Homepage verfügen, im Vergleich zu denen, die über das Internet Waren (und Dienstleistungen) vertreiben.

Rd. 65,5 % der österreichischen Einzelhandelsunternehmen (mit mehr als neun Beschäftigten) verfügte im Jahr 2002 über eine eigene Homepage. Dies bedeutet eine Steigerung um rd. 6,4 %-Punkte gegenüber der Vorjahresperiode.

---

30 Quelle: Müllner, 2003

31 Quelle: Kotzab/Madlberger, 2002

Das Gesamtvolumen des Internethandels der österreichischen Einzelhandelsunternehmen mit über neun Beschäftigten kann im Jahr 2002 mit rd. 1,3 % des Umsatzes beziffert werden. Genutzt wurde das Internet 2002 von rd. 7,1 % dieser Einzelhandelsunternehmen[32] zum Verkauf von Waren und Dienstleistungen. Rd. ein Drittel dieser Unternehmen erzielte rd. 2 % der Gesamtumsatzerlöse via Internethandel, rd. 2 % mehr als 50 %.[33]

Grafik 13 Anteil der Einzelhandelsunternehmen*, die einen Teil ihrer Umsatzerlöse via Internetverkäufe** erzielen, 2002

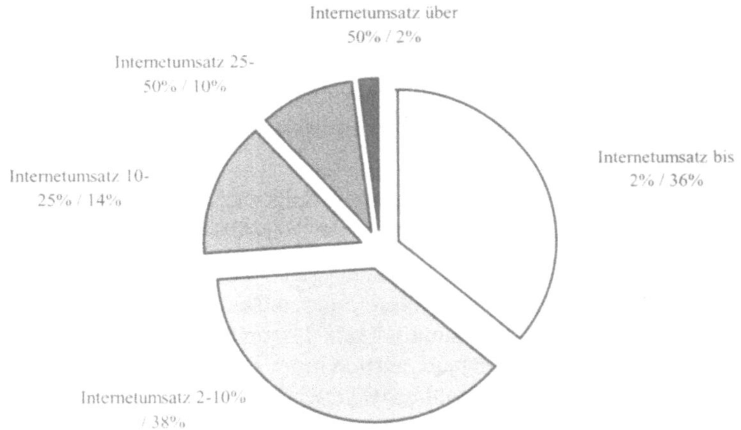

* Internet-Verkäufer, die mind. 1 % ihrer Umsatzerlöse via Internet erzielen
** Internetumsatz = Anteil des Umsatzes via Internethandel in Prozent des Gesamtumsatzes
Quelle: Statistik Austria

Rd. 26 % der gesamten Verkäufe (wertmäßig) via Internet werden mit anderen Unternehmen (B2B) abgewickelt und rd. 74 % gehen an Endkonsument/innen (B2C). Rd. 86 % des Gesamtvolumens (wertmäßig) der Internetverkäufe im österreichischen Einzelhandel geht an Käufer/innen in Österreich. Weitere rd. 12 % werden an Kund/innen in den (vormals) EU-15-Staaten verkauft und rd. 1,5 % ins restliche Ausland.[34]

32 Als „Internet-Verkäufer" wurden in der Untersuchung der Statistik Austria nur jene Unternehmen verstanden, die mind. 1 % ihrer Umsätze im Internet erzielten / bzw. die Stichprobe wurde auf Einzelhandelsunternehmen mit über 9 Beschäftigten eingeschränkt.

33 Quelle: Statistik Austria, 2003

34 Quelle: Statistik Austria - E-Commerce, 2003

Schwierigkeiten treten beim Internet-Verkauf für die Einzelhandelsunternehmen insbesondere im Bereich Distribution auf. Unternehmen, die nicht-digitalisierbare Produkte via Internet anbieten, müssen die bestellten Waren zu den Haushalten der Konsument/innen liefern bzw. liefern lassen. Dieser komplexe und kostenintensive Prozess kann zu zwei wesentlichen Problemen führen: Erstens muss der Einzelhandel hier Logistikfunktionen erfüllen, die sonst Konsument/innen freiwillig und unentgeltlich ausführen. Dazu zählen das Kommissionieren, das Verpacken bzw. die Verpackung und die Hauszustellung der Waren. Zweitens werden Liefergebühren von den Konsument/innen teilweise nicht akzeptiert. In Österreich erfolgt die Zustellung zu den Konsument/innen zumeist durch spezielle Logistikanbieter, da die Online-Verkäufe vielfach nicht in entsprechender Zahl und Menge vorliegen bzw. an einzelne Haushalte versendet werden muss. Dies könnte vielfach durch den hauseigenen Fuhrpark nicht ökonomisch bewältigt werden.[35]

1.3.4 Diskonter bzw. diskontorientierte Betriebe

Diskont bzw. Discount wird in der Handelsbetriebslehre unterschiedlich definiert, je nachdem, ob Handelsbetriebe, Vertriebstypen oder Segmente des Sortiments mit Diskont in Verbindung gebracht werden. Discounting wird als eine strategische Unternehmenskonzeption gesehen, die

- auf ein begrenztes Angebotsfeld und die für den Kundennutzen zentralen Leistungskompetenzen zugeschnitten ist,
- den Kund/innen als wesentlich empfundene, dauerhafte Preisvorteile bieten und
- die ihrerseits auf dem konsequenten Umsetzen von Grundregeln der Kostenführerschaft beruhen.[36]

Eine Diskontstrategie baut nicht alleine auf eine aggressive Preispolitik auf, sondern umfasst die folgenden Prinzipien:

---

[35] Quelle: Kotzab/Madlberger, 2002

[36] Quelle: Diller, 1999

Grafik 14 Prinzipien des Discounting

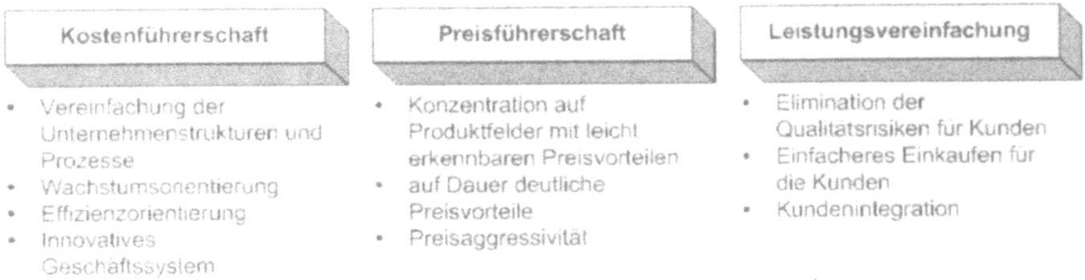

Quelle: Diller, Haas, Hausruckinger, 1997

Die Umsetzung dieser Prinzipien gilt als idealtypische Sichtweise des Discounting. Um die Ziele des konsequenten Wachstums und der Perfektionierung der betrieblichen Prozesse als Diskonter zu erreichen, erfordert dies einen überwiegenden und kombinierten Einsatz dieser drei Strategieelemente sowie operative Marketing- bzw. Logistikmaßnahmen. Vermutet werden kann, dass Discounting-Elemente jedoch in allen Handelsbranchen Anwendung finden.

Tatsächlich entsteht hier eine Abgrenzungsproblematik. Vielmehr kann man eher von discount-orientierten Betriebstypen sprechen, die sich selektiv Discounting-Elementen bedienen, z. B. im Bereich der Preis- oder Sortimentspolitik.[37] Die Anwendung des Discounting auf eine aggressive Preisstrategie zu reduzieren, würde die Bedeutung der Diskonter und der diskontorientierten Betriebe unterschätzen.

[37] Quelle: KMU FORSCHUNG AUSTRIA/Wirtschaftsuniversität Wien/Wirtschaftskammer Österreich/Institut für höhere Studien, 2003

Bei den diskontorientierten Vertriebstypen handelt es sich in der Regel um filialisierte Einzelhandelsunternehmen, da die Discountstrategie für den klassischen selbstständigen Einzelhändler als ungeeignet angesehen wird. Auf Grund der konsequenten Niedrigpreisorientierung ist es notwendig, hohe Einkaufsvolumina zu realisieren, um günstige Einkaufskonditionen zu bekommen. Auf der anderen Seite muss eine hohe Stückzahl abgesetzt werden, da die Spannen im Diskontbereich sehr gering sind. Auf Grund dessen bleibt die Umsetzung der Diskontstrategie zumeist Filialsystemen vorbehalten.[38]

Vorreiter der Diskontstrategie ist der Lebensmitteleinzelhandel. Im Jahr 2003 konnten rd. 16 % aller Lebensmitteleinzelhandelsgeschäften Diskonter zugeordnet werden. Dies entspricht rd. 1.000 Geschäften, die eine Verkaufsfläche von insgesamt rd. 560.000 m² aufwiesen. Die durchschnittliche Verkaufsfläche der Diskonter im Lebensmitteleinzelhandel war 2003 mit rd. 560 m² größer als im Branchendurchschnitt (rd. 430 m²).[39]

Im Jahr 2002 erreichten die Diskonter im Lebensmitteleinzelhandel einen Marktanteil von rd. 26 %. Die Entwicklung zeigt einen jährlich steigenden Marktanteil zulasten der traditionellen Betriebstypen.[40] Im europäischen Vergleich erzielten die Diskonter 2003 nach einer Schätzung in Deutschland den höchsten Marktanteil (rd. 39 %), während die Bedeutung der Diskonter im Lebensmitteleinzelhandel beispielsweise in den Niederlanden, in Spanien oder in Frankreich deutlich geringer ist.[41] Der im Vergleich zu Deutschland niedrigere Diskontanteil im österreichischen Lebensmitteleinzelhandel ist auch eine Folge der größeren Preisaggressivität der Super- und Verbrauchermärkte und der verstärkte Einsatz von Eigenmarken als Preiseinstiegslage.[42]

---

38 Quelle: Liebmann/Zentes, 2001

39 Quelle: KMU FORSCHUNG AUSTRIA – Regionaldatenbank, 2004

40 Quelle: AC Nielsen, 2003

41 Quelle: Elsevier Food International, 2002

42 Quelle: Bernstein/Maurer/Horx, 2002

Grafik 15 Marktanteil der Diskonter im europäischen Lebensmitteleinzelhandel in Prozent, 1999 - 2003

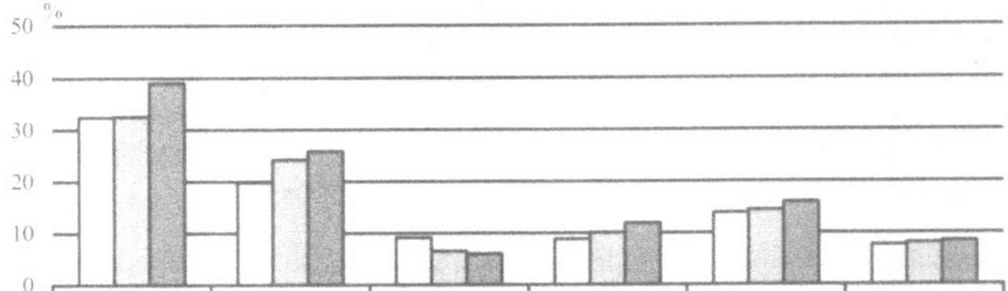

	Deutschland	Österreich*	Großbritannien	Spanien	Niederlande	Frankreich
1999	32,4	19,8	9,2	8,9	13,9	7,7
2001	32,6	24,3	6,5	10,1	14,5	8,1
2003**	39,0	25,9	6,0	12,0	16,0	8,5

* Quelle: AC Nielsen
** Schätzungen; Werte für Österreich beziehen sich auf das Jahr 2002
Quelle: Elsevier Food International, 2002

Mit dem Begriff Diskonter wird in erster Linie der Lebensmitteleinzelhandel verbunden. Discounting findet jedoch auch auf anderen Märkten statt.[43] Diskonter sind mittlerweile in allen Branchen vertreten und erzeugen so einen Gewöhnungseffekt bei den Konsument/innen.[44]

Im Zuge von Expertengesprächen, durchgeführt von der KMU FORSCHUNG AUSTRIA, konnten 40 Unternehmen im österreichischen Einzelhandel identifiziert werden, die Diskontelemente in ihrer Unternehmensstrategie aufweisen. Diese Unternehmen waren 2003 mit rd. 4.300 Geschäften und mit einer Gesamtverkaufsfläche von rd. 1,8 Mio m² am heimischen Markt präsent. Das entspricht rd. 8 % der Geschäfte im Einzelhandel und rd. 12 % der gesamten Verkaufsfläche.

43 Quelle: Haas, 2000

44 Quelle: Bernstein/Maurer/Horx, 2003

Der Vergleich zur Vorjahresperiode zeigt, dass die Diskonter im österreichischen Einzelhandel weiter auf dem Vormarsch sind. Die Zahl der diskontorientierten Geschäfte ist gegenüber 2002 um rd. 250 Geschäfte gestiegen. Die Verkaufsfläche der Diskonter verzeichnete einen Anstieg um rd. 5,1 % bzw. rd. 87.000 m^2, während der Einzelhandel insgesamt in dieser Periode „nur“ einen Anstieg der Verkaufsfläche um rd. 1,6 % aufwies. Dies zeigt deutlich die Expansionsstrategie der Diskonter im österreichischen Einzelhandel.[45]

Begünstigt hat den „Aufstieg“ der Diskonter das veränderte Konsumentenverhalten[46] der letzten Jahre. Der Einkauf beim Diskonter ist „in“ geworden. Das Image hat sich gewandelt vom „Groschenzähler“ zum „Smart Shopper“. Der Preis wird bei den Konsument/innen als Kriterium zur Einkaufsstättenwahl wichtiger beurteilt als z. B. Beratung oder räumliche Nähe.[47]

Das kontinuierliche Wachstum der Diskonter ist auf die interne Effizienz auf Grund des totalen Kostenmanagements in den Bereichen Einkauf, Logistik, Store Operations, Marketing und Verkauf zurückzuführen. Standardisierte Abläufe und eine hohe Effektivität sowie ein kleines Sortiment, das für die Kund/innen als übersichtlich und kompetent gesehen wird, zeichnen die Diskonter, speziell im Lebensmitteleinzelhandel, aus. Diskonter sind darüber hinaus in der Lage rasch auf Konsumentenwünsche zu reagieren.[48]

Neben den bereits bestehenden Diskontvarianten Soft- und Harddiskont, die in dieser Ausprägung hauptsächlich im Lebensmitteleinzelhandel zu finden sind, kann in den nächsten Jahren mit folgenden Diskontvarianten gerechnet werden, die im Einzelhandel verstärkt auftreten werden:

---

45 Quelle: KMU FORSCHUNG AUSTRIA-Regionaldatenbank, 2004

46 Siehe Kapitel 7: Die Nachfrageseite im Einzelhandel

47 Quelle: Markant Market Research, 2003

48 Quelle: Beinstein/Maurer/Horx, 2002

Grafik 16 Zukünftige Diskontvarianten*

„Zukünftige" Diskontvarianten

Lean-Discount

- Reduktion des Ladenlayouts auf das Allernotwendigste
- Keine Regale – die Waren wird im aufgeschnittenen Karton angeboten
- Minimale Heizung/Belüftung, Betonboden, etc.
- Begrenzte Öffnungszeiten
- Geringe Anzahl von Kassen
- Auffüllung neuer Ware über Nacht

Techno-Discount

- Kaum Personal
- Spanne: 8 % - 10 %
- Verkaufsfläche: 200 m^2 - 400 m^2
- Franchise-System
- Trockensortimente aus dem Food-Bereich, größere Drogeriewaren, Elektrokleingeräte, PCS, Fotoartikel, Do-it-yourself-Sortimente, Schnelldreher aus anderen Bereichen

Factory Outlets

- Bekannte Markenartikel
- Oft 2. und 3. Qualität
- Oft im Branchenmix konzentriert
- Oft gemeinsame Werbung

Online-Discount

- Kommissionierte Ware für Selbstabholer
- Großdistributoren ohne Ladenartikel (mit täglicher Auslieferung)

Automatenstraßen

- durch Chip-Karten initiierte „offene" Läden ohne Personal
- letztlich für alle tragbare, „kleinkörperliche" Ware ohne Verfallsdatum
- bei Tankstellen, nebenan von Food Discountern, an allen hochfrequentierten Standorten

* Diskontvarianten, die in Zukunft verstärkt im Einzelhandel auftreten werden
Quelle: Eggert, 2001

Unterschiedlichste Ausprägungen von Diskonter werden den Anteil des Niedrigpreissegmentes weiterhin auf einem hohen Niveau halten. Die Diskonter gelten zwar als die erfolgreichste Betriebsform der 90er-Jahre, aber jede erfolgreiche Betriebsform hat bisher irgendwann eine Marktsättigung erreicht. Im Vergleich zu Deutschland zeigt sich in Österreich jedoch eine deutlich geringere Durchdringung des Einzelhandelmarktes mit Diskonter.

Diskonter werden weiter im Vormarsch bleiben und die Preisstrategie (Discount) wird den Handel in Zukunft wesentlich intensiver als heute beherrschen.[49] Dabei wird die weitere Marktdurchdringung der Diskonter in einzelnen Branchen auch in Zukunft von der Akzeptanz der Konsument/innen abhängen.

Als Reaktion auf die Entwicklung der Diskonter kann eine konsequente Kundenorientierung ausgemacht werden.[50] Der Fachhandel, als Gegenstück zum Diskonter, muss den Kund/innen vermitteln, dass hinter einer Ware nicht nur der Preis, sondern auch ein Wert steckt. Dieses Ziel gilt es vor allem aus Sicht des Mittelstandes zu verfolgen.[51]

1.4 Internationaler Vergleich

Im Folgenden wird die Bedeutung des österreichischen Handels – gemessen an der Anzahl der Unternehmen – mit den 25 EU-Ländern verglichen.

Grafik 17 zeigt, dass der Anteil der Handelsunternehmen in Österreich geringer ist als im Durchschnitt der EU-25. Dass Österreich eine Tourismusdestination ist, zeigt sich am überdurchschnittlich hohen Anteil der Tourismusbetriebe.

---

[49] Quelle: Eggert, 2003

[50] Quelle: Diller, 2003

[51] Quelle: Reinshagen, 2003

Grafik 17 Anteil der Unternehmen in Prozent der marktorientierten Wirtschaft (ohne Kredit- und Versicherungswesen)*, Österreich und EU-25, 2001

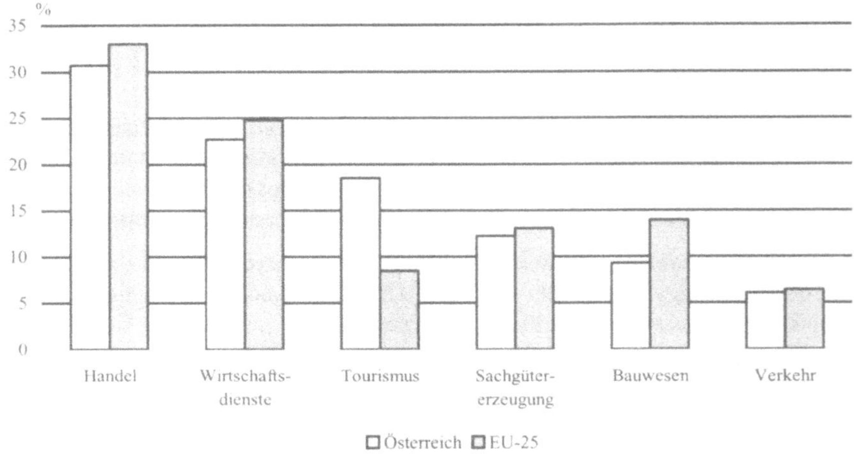

* ohne Land- und Forstwirtschaft und persönliche Dienstleistungen (genauer: Abschnitte C - K der ÖNACE)
Quelle: Eurostat

Betrachtet man die Handelsunternehmen nach Beschäftigtengrößenklassen, so ist der Handel im EU-Durchschnitt kleinbetrieblicher strukturiert als in Österreich.[52]

52 Quelle: Eurostat, 2003

Wie auch in Österreich spielt der Einzelhandel in der gesamten EU-25 eine große Rolle, wenngleich dessen Bedeutung in Österreich unter der des EU-Schnitts liegt. Hingegen kommt dem Großhandel in Österreich eine größere Bedeutung zu als im EU-Durchschnitt.

Grafik 18 Anteil der Unternehmen des Einzelhandels, Großhandels bzw. der Kfz-Wirtschaft in Prozent am Handel insgesamt, Österreich und EU-25, 2001

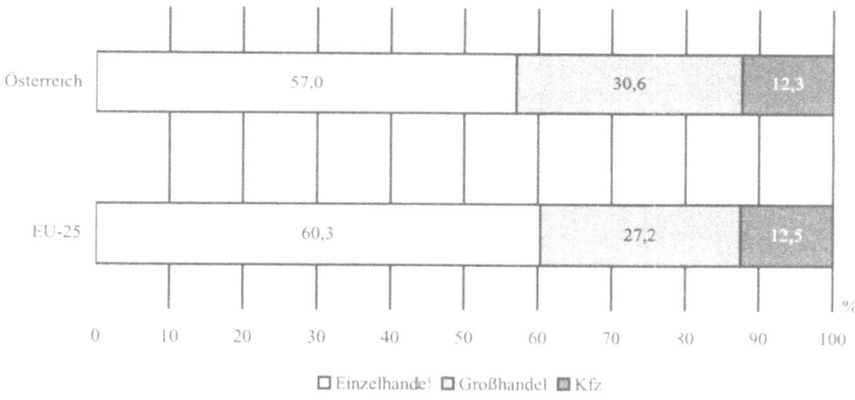

Quelle: Eurostat

2 Der Handel als Arbeitgeber

- **Anzahl der unselbstständig Beschäftigten im Handel: rd. 527.000**
  - Der Handel ist der zweitgrößte Arbeitgeber in Österreich
  - Rd. 47 % der Handelsangestellten in Großbetrieben beschäftigt
- **Anzahl der Lehrlinge: rd. 18.300**
  - Rd. 11 % der Handelsbetriebe bilden Lehrlinge aus
- **Teilzeitbeschäftigung und Anteil der geringfügig Beschäftigten im Handel nimmt zu**
- **Anzahl der vorgemerkten Arbeitslosen (vormals im Handel tätig): rd. 41.000**
- **Monatliches Brutto-Medianeinkommen im Handel: rd. € 1.700**

Im Folgenden wird die Arbeitsmarktsituation und -entwicklung im Handel beschrieben. Dabei wird auf die Anzahl der unselbstständig Beschäftigten, der Arbeitskräftereallokation sowie auf die Themen Teilzeitbeschäftigung, Einkommen und Arbeitslosigkeit eingegangen. Am Ende des Kapitels folgt ein internationaler Vergleich.

2.1 Anzahl der unselbstständig Beschäftigten

Der Handel ist der zweitgrößte Arbeitgeber innerhalb der marktorientierten Wirtschaft. Im Jahr 2004 sind 24 % der unselbstständig Beschäftigten im Handel tätig. Der höchste Anteil entfällt mit rd. 27 % auf die Sachgütererzeugung.

Betrachtet man den Handel nach den drei Bereichen, zeigt sich, dass im Einzelhandel gleich viele Arbeitnehmer/innen beschäftigt sind wie im Großhandel und der Kfz-Wirtschaft zusammen. Der Anteil des Einzelhandels an den Handelsunternehmen insgesamt ist jedoch höher.[53] Dies ist darauf zurückzuführen, dass im Einzelhandel im Durchschnitt weniger Mitarbeiter/innen je Betrieb beschäftigt sind als in den anderen Handelsbereichen.[54]

---

53 Siehe Kapitel 1: Die österreichische Handelslandschaft

54 Quellen: KMU FORSCHUNG AUSTRIA, 2004/Statistik Austria, 2004

Grafik 19 Anteil der unselbstständig Beschäftigten in Prozent der marktorientierten Wirtschaft* in ausgewählte Sektoren, 2004**

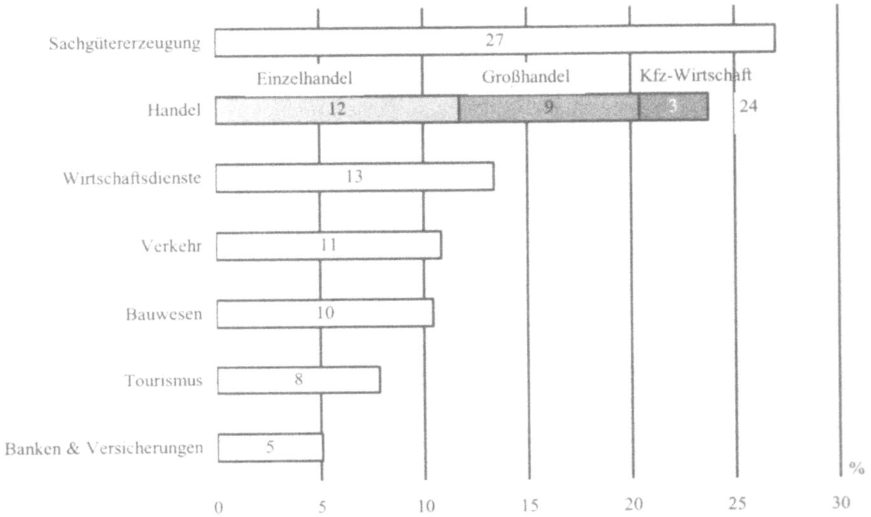

* ohne Land- und Forstwirtschaft und persönliche Dienstleistungen (genauer: Abschnitte C - K der ÖNACE)
** Hochrechnung der KMU FORSCHUNG AUSTRIA
Quellen: KMU FORSCHUNG AUSTRIA, Statistik Austria

Im Jahr 2004 sind im Handel fast 527.000 unselbstständig Beschäftigte tätig. Zwischen 2003 und 2004 ist es in allen Handelsbereichen zu einem Anstieg um etwa 1 % gekommen. Am relativ höchsten war der Zuwachs im Einzelhandel. Da die Anzahl der Unternehmen in diesem Handelszweig gleichzeitig gesunken ist, deutet dies auf einen Anstieg der durchschnittlichen Betriebsgröße hin.[55]

---

55 Quellen: KMU FORSCHUNG AUSTRIA, 2004/Statistik Austria, 2004/Hauptverband der österreichischen Sozialversicherungsträger, 2004

Tabelle 6 Anzahl der unselbstständig Beschäftigten im Handel, 1995 – 2004

	1995*	2002	2003**	2004**	VÄ in % 2003/04
Einzelhandel	220.125	257.396	257.256	260.605	1,3
Großhandel	183.496	191.283	190.909	192.749	1,0
Kfz-Wirtschaft	68.700	74.372	72.752	73.430	0,9
Handel	472.321	523.051	520.917	526.784	1,1

* Im Jahr 1995 bezogen sich die Beschäftigtendaten auf den Stichtag 31.12. ; geringfügig Beschäftigte waren in der Statistik nicht enthalten. Seit 2002 werden alle Beschäftigten im Jahresdurchschnitt ausgewiesen.
** Hochrechnung der KMU FORSCHUNG AUSTRIA
Quellen: Statistik Austria, KMU FORSCHUNG AUSTRIA, Hauptverband der österreichischen Sozialversicherungsträger

Während im Einzelhandel etwa zwei Drittel aller unselbstständig Beschäftigten Frauen sind, überwiegt im Großhandel, und insbesondere in der Kfz-Wirtschaft, der Anteil an Männer deutlich.[56]

Tabelle 7 Anteil der unselbstständig Beschäftigten in Prozent nach Geschlecht im Handel, 2004

	Männer	Frauen
Einzelhandel	32,1	67,9
Großhandel	58,5	41,5
Kfz-Wirtschaft	75,8	24,2

Quelle: Hauptverband der österreichischen Sozialversicherungsträger

Grafik 20 zeigt die Aufteilung der Handelsangestellten nach Alter und Geschlecht. Der größte Teil der Arbeitnehmer/innen ist naturgemäß in der Altersgruppe zwischen 25 und 44 Jahre. Im Bereich der jüngeren Beschäftigten (unter 25 Jahre) liegt der Anteil vor allem in der Kfz-Wirtschaft bei den Männern, aber auch im Einzelhandel (deutlich) über dem Durchschnitt. Bei den Arbeitnehmer/innen ab 45 Jahren ist der Anteil im Großhandel am höchsten.

[56] Quelle: Hauptverband der österreichischen Sozialversicherungsträger, 2004

Grafik 20 Anteil der unselbstständig Beschäftigten in Prozent nach Geschlecht und Alter im Handel, 2002

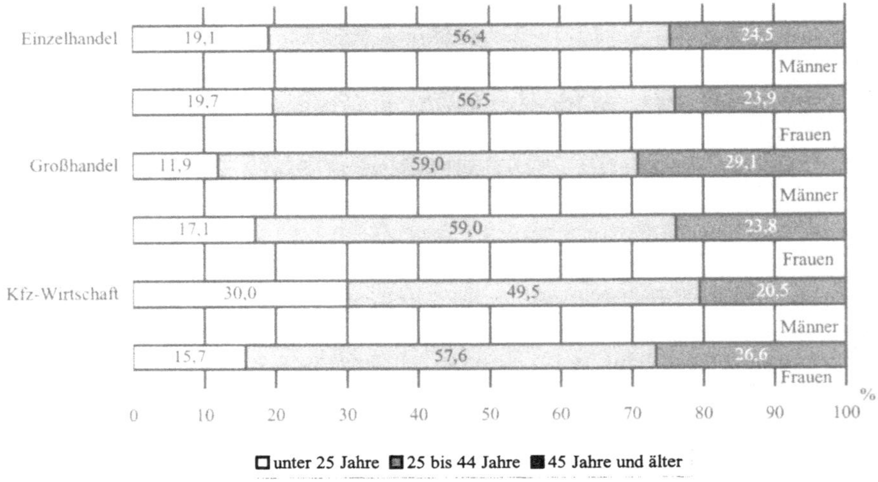

Quelle: Österreichisches Institut für Wirtschaftsforschung

Tabelle 8 zeigt die Verlagerungen der Arbeitskräfte (so genannte Worker Flows) im Handel. Diese berechnen sich aus den Zugängen und Abgängen von Personen aus Beschäftigungsverhältnissen und sind im Handel vergleichsweise hoch. Im Durchschnitt der Jahre 1995 bis 2002 wurden im Einzelhandel 104 % des Bestandes an Beschäftigtenverhältnissen jährlich gewechselt. Am vergleichsweise geringsten ist der Umschlag an Arbeitskräften in der Kfz-Wirtschaft. Insgesamt sind im Handel insbesondere sehr große Unternehmen von einer sehr hohen Arbeitskräftereallokation gekennzeichnet.[57]

[57] Quelle: Österreichisches Institut für Wirtschaftsforschung, 2004

Tabelle 8 Arbeitskräftereallokation im Handel in Prozent der unselbstständig Beschäftigten, jährlicher Durchschnitt 1995 – 2002

	Zugänge	Abgänge	Arbeitskräftereallokation
Einzelhandel	52,2	51,8	104,0
Großhandel	46,5	46,2	92,7
Kfz-Wirtschaft	36,8	36,5	73,2

Quelle: Österreichisches Institut für Wirtschaftsforschung

2.2 Beschäftigung nach Unternehmensgrößenklassen

Wie in Kapitel 1 „Die österreichische Handelslandschaft" beschrieben, sind im österreichischen Einzelhandel Kleinunternehmen vorherrschend. Der Großteil der unselbstständig Beschäftigten ist allerdings in Großbetrieben tätig: Rd. 47 % der Mitarbeiter/innen sind bei Unternehmen mit mehr als 250 Beschäftigten tätig.

Auch im Großhandel überwiegt der Anteil der Beschäftigten in größeren Betrieben: Mehr als die Hälfte (rd. 54 %) ist in Unternehmen mit mind. 50 unselbstständig Beschäftigten tätig bzw. rd. 26 % in Betrieben ab 249 Beschäftigten.

In der Kfz-Wirtschaft hingegen ist der Großteil der unselbstständig Beschäftigten (rd. 63 %) in kleinen Unternehmen (unter 50 Mitarbeitern) tätig. Nur rd. 15 % sind in Großbetrieben (mit ab 250 Beschäftigten) zu finden.[58]

[58] Quellen: KMU FORSCHUNG AUSTRIA, 2004/Statistik Austria, 2004

Grafik 21 Anteil der unselbstständig Beschäftigten nach Beschäftigtengrößenklassen in Prozent der unselbstständig Beschäftigten insgesamt, Einzel- und Großhandel sowie Kfz-Wirtschaft, 2004*

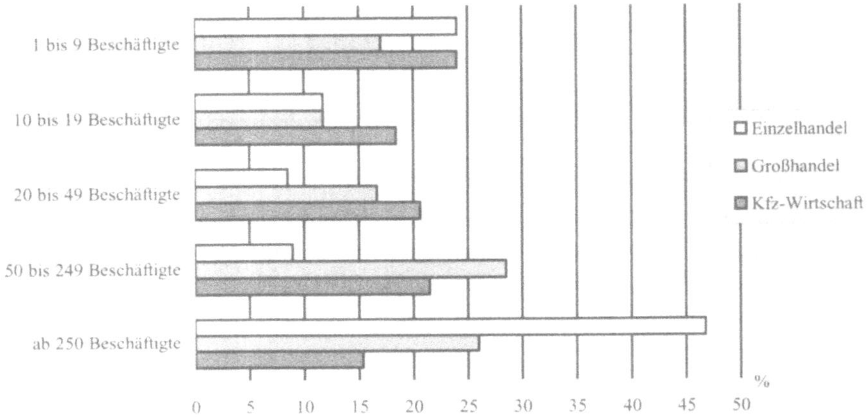

* Hochrechnung der KMU FORSCHUNG AUSTRIA
Quellen: KMU FORSCHUNG AUSTRIA, Statistik Austria

2.3 Beschäftigung im Einzelhandel nach Branchen

Der Lebensmitteleinzelhandel ist sowohl gemessen an der Anzahl der Unternehmen[59] als auch bei den Beschäftigtenzahlen (knapp 61.000 unselbstständig Beschäftigte im Jahr 2003) die größte Einzelhandelsbranche. Der Abstand zu den hier dargestellten Einzelhandelsbranchen ist jedoch bei den Arbeitnehmer/innen deutlich größer als bei der Anzahl der Unternehmen. Dies ist darauf zurückzuführen, dass im Lebensmitteleinzelhandel im Durchschnitt mehr Mitarbeiter/innen je Betrieb tätig sind als in den anderen Bereichen.[60]

---

59 Siehe Kapitel 1: Die österreichische Handelslandschaft

60 Quellen: KMU FORSCHUNG AUSTRIA, 2004/Statistik Austria, 2004

Grafik 22 Anzahl der unselbstständig Beschäftigten in ausgewählten Einzelhandelsbranchen, 2003*

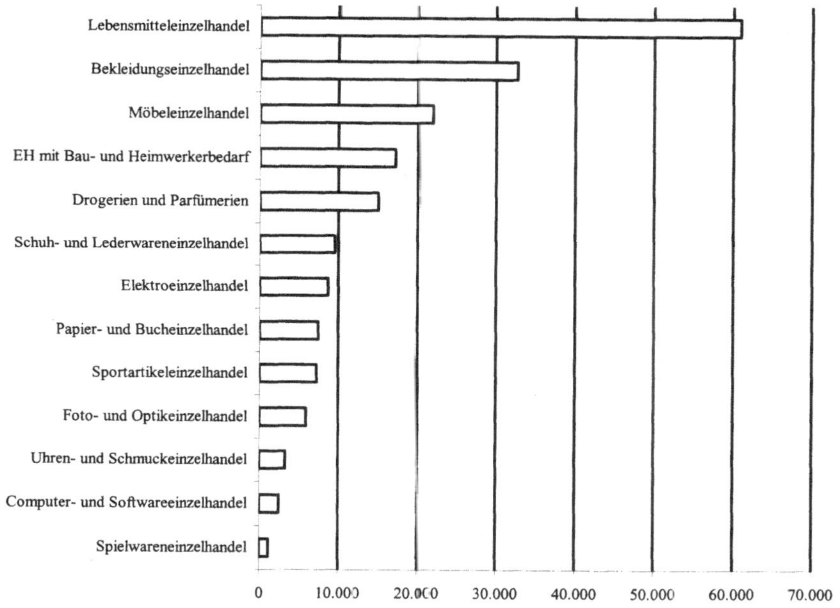

* Hochrechnung der KMU FORSCHUNG AUSTRIA
Quellen: KMU FORSCHUNG AUSTRIA, Statistik Austria

2.4 Lehrlinge

Der Anteil der Lehrbetriebe an den Handelsbetrieben geht kontinuierlich zurück. Im Jahr 2003 bildeten lediglich rd. 11,2 % der Handelsbetriebe Lehrlinge aus. Im Jahr davor waren es noch rd. 12 %.

Die Zahl der Lehrlinge lag im Handel im Jahr 2003 bei rd. 18.300, das entspricht rd. 16 % der Lehrlinge der Gewerblichen Wirtschaft. Der Handel ist damit hinter dem Gewerbe und Handwerk (53 % der Lehrlinge) der zweitgrößte Wirtschaftsbereich in der Lehrlingsausbildung.

Verglichen mit 2002 ist sowohl die Anzahl der Lehrlinge insgesamt als auch jene der Lehrlinge im 1. Lehrjahr zurückgegangen.[61]

Tabelle 9 Anzahl der Lehrlinge im Handel, 2002 und 2003

	2002	2003	Anteil* 2003 in %	VÄ in %
Lehrlinge	18.884	18.310	16,4	-3,0
Lehrlinge im 1. Lehrjahr	6.256	5.938	16,7	-5,1

* an der Gewerblichen Wirtschaft
Quellen: Wirtschaftskammer Österreich, KMU FORSCHUNG AUSTRIA - Regionaldatenbank

Die langfristige Entwicklung der Lehrlingsnachfrage seit 1970 zeigt im Handel einen deutlicheren Abwärtstrend als im Durchschnitt der Gewerblichen Wirtschaft. Zwischen 1995 und 2000 kam es allerdings zu einem Anstieg im Handel und bis 2004 dürfte die Lehrlingsnachfrage wieder in etwa auf dem Niveau von 1995 liegen.[62]

61 Quelle: Wirtschaftskammer Österreich, 2004

62 Quelle: Arbeitsmarktservice Österreich, 2003

Grafik 23 Entwicklung der Lehrlingsnachfrage* im Handel (Index: 1970=100), 1970 – 2004

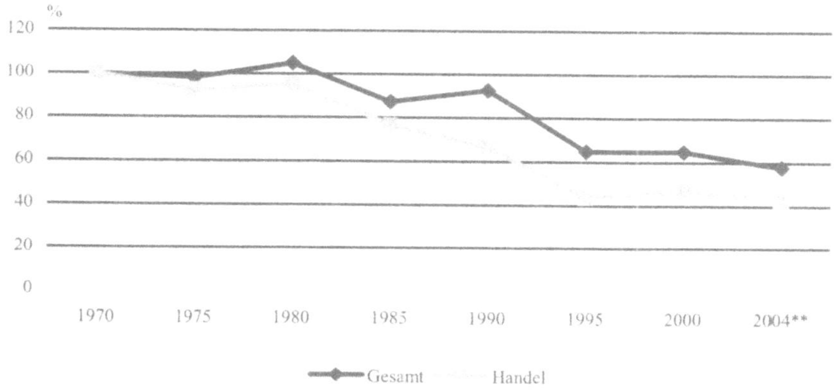

* Lehrlinge im 1. Lehrjahr + Lehrstellensuchende am Jahresende
** Prognose
Quelle: Arbeitsmarktservice Österreich

Rd. 13.900 Lehrlinge erlernten im Jahr 2003 den Beruf „Einzelhandelskaufmann/frau" (Einfachlehren), d. s. rd. 12 % der Lehrlinge der Gewerblichen Wirtschaft. Gegenüber dem Vorjahr bedeutet dies einen Rückgang von mehr als 3 %. Rd. 95 % der Lehrlinge dieses Berufsbildes werden in Handelsbetrieben ausgebildet. Insgesamt wird der Beruf stark von der weiblichen Bevölkerung dominiert (72 % der Lehrlinge).

Rd. 1.500 Personen bzw. 1,3 % der Lehrlinge (Einfachlehren) der Gewerblichen Wirtschaft ließen sich im Jahr 2003 als „Großhandelskaufmann/frau“ ausbilden, was einem Rückgang von 4,6 % gegenüber dem Vorjahr entspricht. 57 % der Lehrlinge in diesem Bereich waren männlich.[63]

2.5 Teilzeitbeschäftigung[64]

Die Teilzeitbeschäftigung spielt im Handel und hier insbesondere im Einzelhandel eine immer größere Rolle. Im Jahr 2001[65] waren im Einzelhandel fast 41 % der unselbstständig Beschäftigten weniger als 40 Stunden pro Woche tätig, was eine Steigerung um mehr als 7 %-Punkte gegenüber 1999 bedeutet. Im Großhandel und der Kfz-Wirtschaft ist der Anteil der Teilzeitbeschäftigten geringer. Doch auch in diesen beiden Handelsbereichen ist gegenüber 1999 ein Anstieg feststellbar.

Grafik 24 Anteil der Teilzeitbeschäftigten (inkl. geringfügig Beschäftigten) in Prozent der unselbstständig Beschäftigten im Handel, 1999 – 2001

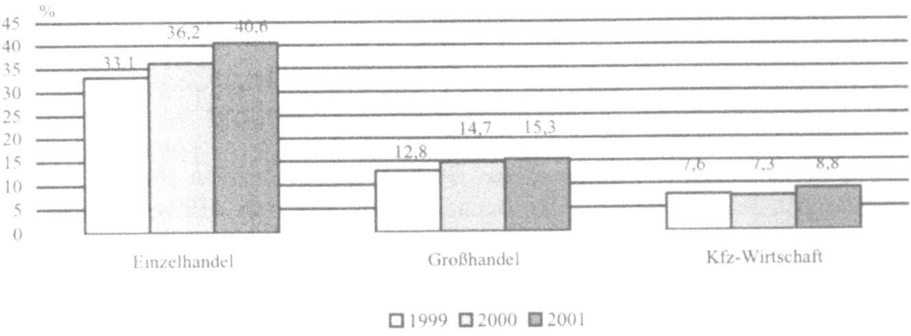

Quelle: Statistik Austria

---

63 Quelle: Wirtschaftskammer Österreich, 2004

64 Als Teilzeitbeschäftigte gelten unselbstständig Beschäftigte, deren normale Arbeitszeit kürzer als die reguläre (kollektivvertraglich festgelegte volle Normalarbeitszeit) ist. Darunter sind alle Formen der Teilzeitarbeit zu verstehen (wie z. B. Halbtagsbeschäftigung, Beschäftigung an einem, zwei oder drei Tagen in der Woche usw.) sowie geringfügig Beschäftigte (Entgelt liegt unter der Geringfügigkeitsgrenze). Nicht einbezogen sind zeitweilig Vollbeschäftigte sowie Personen, die wegen Urlaub, Krankheit oder aus sonstigen Gründen vorübergehend keine volle Arbeitszeit erreichten (Definition: Statistik Austria).

65 Aktuellere Daten der Leistungs- und Strukturerhebung der Statistik Austria lagen zum Zeitpunkt der Fertigstellung noch nicht vor.

Die Verteilung der Teilzeitbeschäftigten nach Arbeitszeitintervallen zeigt, dass die meisten Personen zwischen 12 und 24 Stunden/Woche arbeiten. Im Einzelhandel ist der Anteil am geringsten, in der Kfz-Wirtschaft am höchsten. Innerhalb der drei Handelszweige hat die Kfz-Wirtschaft anteilsmäßig die wenigsten Arbeitnehmer/innen, die weniger als 12 Stunden/Woche ihrer Beschäftigung nachgehen.

Tabelle 10 Anteil der Teilzeitbeschäftigten* nach Arbeitszeitintervallen in Prozent im Handel, II. Quartal 2002

	bis 11 Stunden/Woche	12 bis 24 Stunden/Woche	25 bis 34 Stunden/Woche
Einzelhandel	13	47	40
Großhandel	13	51	36
Kfz-Wirtschaft	6	52	43

* Teilzeitbeschäftigt sind lt. dieser Definition jene Personen, welche weniger als 35 Stunden/Woche arbeiten.
Quellen: Statistik Austria (Mikrozensus), Österreichisches Institut für Wirtschaftsforschung

Innerhalb der betrachteten Einzelhandelsbranchen lag der Anteil der Teilzeitbeschäftigten bei den Drogerien und Parfümerien, dem Lebensmittel- sowie dem Schuh- und Lederwareneinzelhandel bei über 50 %. Seit 1999 hat die Teilzeitbeschäftigungsquote in den in Grafik 25 angeführten Branchen zugenommen.[66]

[66] Quelle: Statistik Austria, 2004

Grafik 25 Anteil der Teilzeitbeschäftigten (inkl. geringfügig Beschäftigten) in Prozent der unselbstständig Beschäftigten, in ausgewählten Einzelhandelsbranchen, 2001

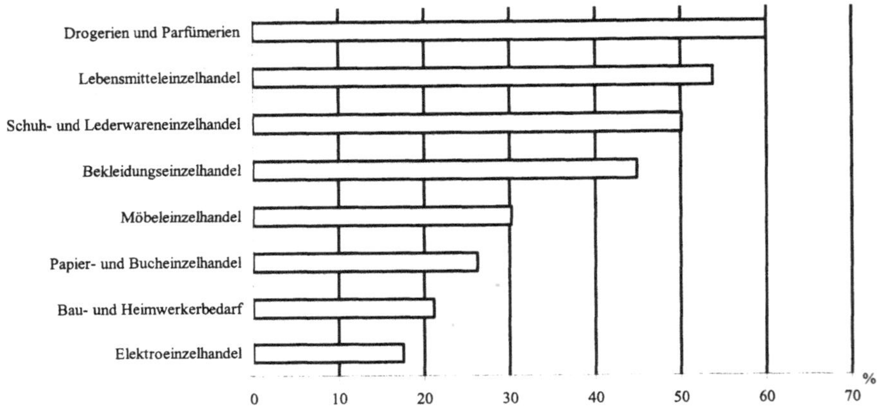

Quelle: Statistik Austria

Der Anteil der geringfügig Beschäftigten[67] stieg zwischen 2000 und 2004 kontinuierlich an. Die Dynamik war jedoch schwächer als bei den Teilzeitbeschäftigten insgesamt. Auch hier ist der Prozentsatz im Einzelhandel am höchsten, wobei die Quote bei den Frauen deutlich höher liegt als bei den Männern.[68] Insgesamt ist die Quote an Teilzeitbeschäftigten bei den 25 bis 44-jährigen Frauen in allen Handelsbereichen am höchsten.[69]

Tabelle 11 Anteil der geringfügig Beschäftigten in Prozent der unselbstständig Beschäftigten im Handel, 2000 – 2004

	2000	2001	2002	2003	2004
Einzelhandel	10,0	10,2	10,3	10,5	10,6
Großhandel	6,1	6,2	6,2	6,3	6,5
Kfz-Wirtschaft	4,6	4,7	4,8	5,0	5,3

Quelle: Hauptverband der österreichischen Sozialversicherungsträger

67 Darunter werden jene Personen verstanden, bei denen der monatliche Bruttoverdienst höchstens € 316,19 beträgt.

68 Quelle: Hauptverband der österreichischen Sozialversicherungsträger

69 Quelle: Österreichisches Institut für Wirtschaftsforschung, 2004

2.6 Einkommen der Handelsangestellten

Im Jahr 2003 lag das durchschnittliche monatliche Medianeinkommen im Handel bei etwas mehr als € 1.700 und war damit geringer als jenes der Gesamtwirtschaft. Der Verdienst der Frauen war dabei niedriger und lag stärker unter dem Niveau der Gesamtwirtschaft als jenes der Männer. Dies ist vor allem auf die hohe Teilzeitbeschäftigung bei Frauen zurückzuführen. Im Durchschnitt der letzten vier Jahre ist das Einkommen im Handel gesamt sowie bei den Männern etwas stärker gestiegen als in der Gesamtwirtschaft.[70]

Grafik 26 Median des monatlichen Brutto-Einkommens* in €, Handel und Gesamtwirtschaft, 2003

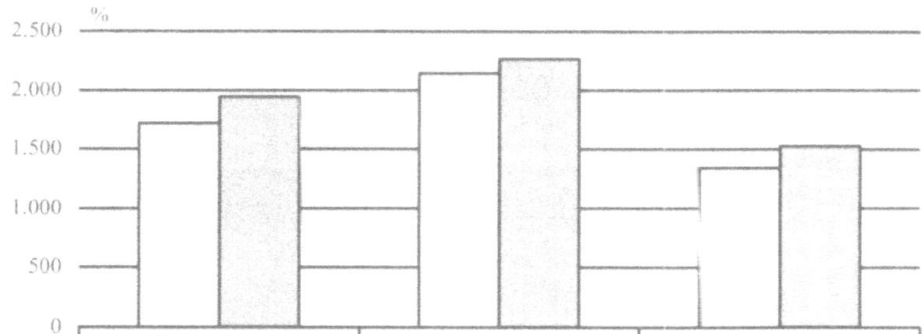

	Arbeiter/Angestellte**	Männer	Frauen
☐ Handel	1.718	2.148	1.346
☐ Gesamtwirtschaft	1.944	2.273	1.528

* Mittleres Monatseinkommen (einschließlich Sonderzahlungen, 12x jährlich)
** ohne Lehrlinge und geringfügig Beschäftigte
Quelle: Hauptverband der österreichischen Sozialversicherungsträger

Grafik 27 zeigt, dass das unterdurchschnittliche Lohnniveau im Handel auf den Einzelhandel zurückzuführen ist. In diesem Bereich lagen die Löhne und Gehälter im Jahr 2000 bei fast drei Viertel der voll-sozialversicherungsrechtlich Beschäftigten unter dem monatlichen Medianeinkommen der Gesamtwirtschaft. Fast zwei Drittel davon verdienten sogar weniger als € 1.147,13 (= unteres Quartil). Dies ist auf die hohe Teilzeitquote im Einzelhandel zurückzuführen, welche niedrigere Monatseinkommen bedingt.

[70] Quelle: Hauptverband der österreichischen Sozialversicherungsträger, 2004

Im Großhandel verdiente im Jahr 2000 mehr als die Hälfte der Arbeitnehmer/innen zumindest das Medianeinkommen der Gesamtwirtschaft. Auch in der Kfz-Wirtschaft lag dieser Anteil bei fast 50 %. Hier ist der Anteil der Beschäftigten in den untersten 25 % (unteres Quartil) der Einkommen in Österreich am geringsten.[71]

Grafik 27 Verteilung der monatlichen Bemessungsgrundlage nach Quartilen* bei voll-sozialversicherungsrechtlich Beschäftigten im Handel, 2000

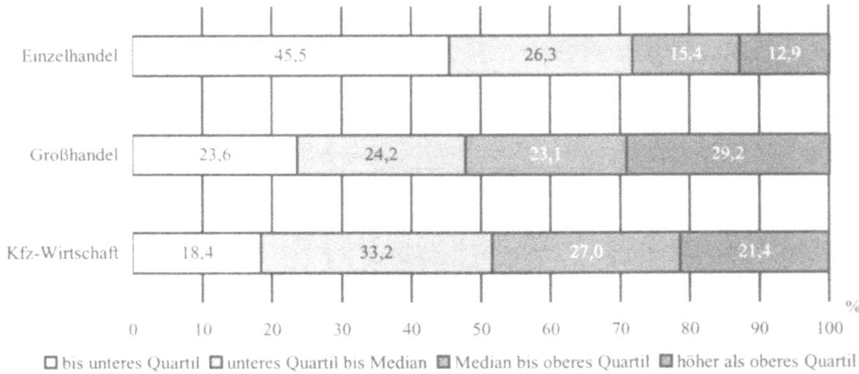

* Quartilsgrenzen: Unteres Quartil: € 1.147,13, Median: € 1.596,38, Oberes Quartil: € 2.156,86
Quelle: Österreichisches Institut für Wirtschaftsforschung

71 Quelle: Österreichisches Institut für Wirtschaftsforschung, 2004

2.7 Anzahl der vorgemerkten Arbeitslosen

Im Jahresdurchschnitt 2003 waren knapp 41.000 Personen arbeitslos gemeldet, die zuletzt im Handel tätig waren. Mehr als die Hälfte davon ist dem Einzelhandel zuzurechnen. Gegenüber dem Vorjahr kam es zum höchsten prozentuellen Anstieg bei den Arbeitslosen der Kfz-Wirtschaft.

Im Zeitvergleich der Jahre 2000 bis 2003 ist die Anzahl der vorgemerkten Arbeitslosen im Handel kontinuierlich angestiegen.

Tabelle 12 Anzahl der vorgemerkten Arbeitslosen, die im Jahresdurchschnitt zuletzt in Einzelhandels-, Großhandels- sowie Kfz-Betrieben beschäftigt waren, Jahresdurchschnitt 2000 - 2003

	2000	2001	2002	2003	VÄ in % 2002/03
Einzelhandel	19.813	20.314	22.781	23.205	1,9
Großhandel	11.294	11.265	12.818	12.847	0,2
Kfz-Wirtschaft	3.769	3.922	4.701	4.848	3,1
Handel	34.876	35.501	40.300	40.901	1,5

Quelle: Arbeitsmarktservice Österreich

Der Anteil der Arbeitslosen (die zuletzt in Handelsbetrieben beschäftigt waren) an den Arbeitslosen insgesamt, hat im Zeitraum 2000 bis 2003 entweder leicht abgenommen (Einzel- und Großhandel) oder ist in etwa gleich geblieben (Kfz-Wirtschaft). Bei gleichzeitigem Anstieg der arbeitslosen Personen bedeutet dies, dass die Zunahme in der Gesamtwirtschaft noch höher ausfiel als in den Handelsbrachen. Wie bereits erwähnt, entfällt der größte Anteil der Arbeitssuchenden innerhalb des Handels auf den Einzelhandel.[72]

[72] Quelle: Arbeitsmarktservice Österreich, 2004

Grafik 28 Anteil der Arbeitslosen, die zuletzt in Einzelhandels-, Großhandels- sowie Kfz-Betrieben beschäftigt waren an den Arbeitslosen insgesamt in Prozent, Jahresdurchschnitt 2000 - 2003

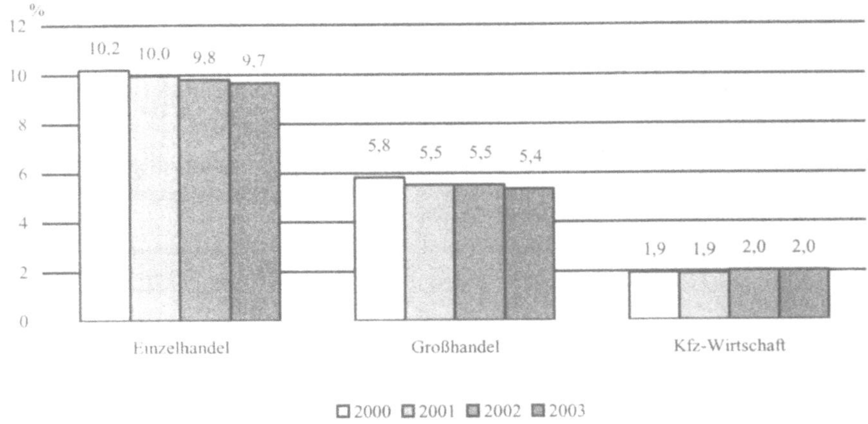

Quelle: Arbeitsmarktservice Österreich

Rd. 40 % der im Jahresdurchschnitt 2003 vorgemerkten Arbeitslosen des Handels verfügten ausschließlich über einen Pflichtschulabschluss. Der Anteil jener Personen, welche eine Lehre als höchste Bildung vorweisen konnten, lag zwischen rd. 39 % (Großhandel) und mehr als 50 % (Kfz-Wirtschaft). Das Ausbildungsniveau der Arbeitslosen im Handel ist somit geringer als jenes der Erwerbstätigen, wo rd. ein Drittel[73] entweder eine Pflichtschule oder eine Lehre erfolgreich absolviert hat.[74]

---

73 Quelle: Biffl, 2001

74 Quelle: Arbeitsmarktservice Österreich, 2004

Grafik 29 Aufteilung der Arbeitslosen, die zuletzt in Einzelhandels-, Großhandels- sowie Kfz-Betrieben beschäftigt waren nach höchster abgeschlossener Bildung in Prozent, Jahresdurchschnitt 2003

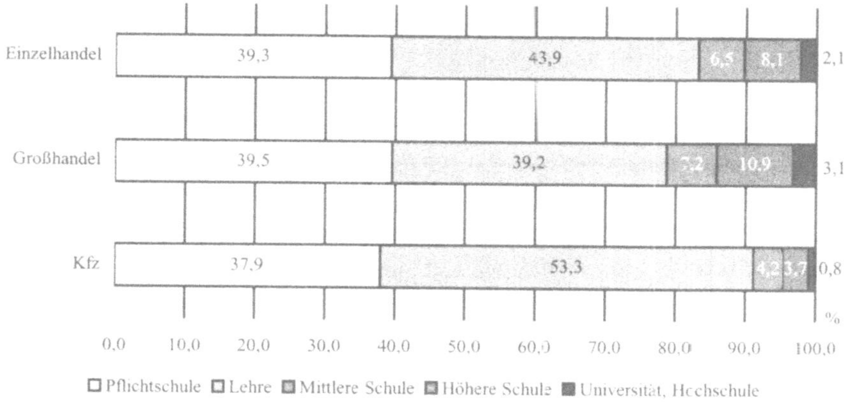

Quelle: Arbeitsmarktservice Österreich

2.8 Internationaler Vergleich

Verglichen mit dem Durchschnitt der 25 EU-Länder sind in Österreich anteilsmäßig zwar weniger Unternehmen[75], jedoch mehr unselbstständig Beschäftigte im Handel tätig. Dies zeigt wiederum, dass die heimischen Handelsunternehmen im Durchschnitt mehr Mitarbeiter/innen beschäftigten als der Durchschnitt der 25-EU-Länder.

[75] Siehe Kapitel 1: Die österreichische Handelslandschaft

Der größte Arbeitgeber ist, sowohl in Österreich als auch im EU-Durchschnitt, die Sachgütererzeugung, wobei der Anteil bei den 25 EU-Ländern höher ist als in Österreich.

Grafik 30 Anteil der unselbstständig Beschäftigten in Prozent der marktorientierten Wirtschaft (ohne Kredit- und Versicherungswesen)*, Österreich und EU-25, 2001

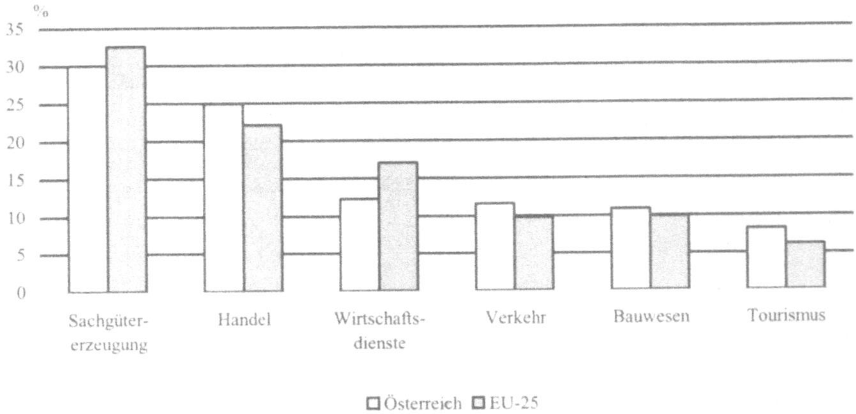

* ohne Land- und Forstwirtschaft und persönliche Dienstleistungen (genauer: Abschnitte C - K der ÖNACE)
Quelle: Eurostat

Wie schon bei der Betrachtung der Unternehmen zeigt auch der Vergleich der Beschäftigtenzahlen die etwas größere Bedeutung des österreichischen Großhandels innerhalb der Handelsbereiche. Der Einzelhandel spielt in Österreich eine geringere Rolle als im europäischen Durchschnitt, die Kfz-Wirtschaft eine geringfügig größere.[76]

Grafik 31 Anteil der unselbstständig Beschäftigten des Einzelhandels, Großhandels bzw. der Kfz-Wirtschaft in Prozent am Handel insgesamt, Österreich und EU-25, 2001

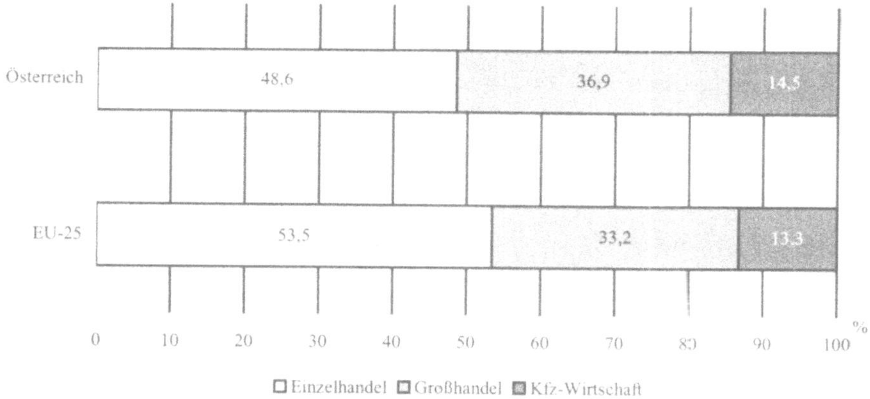

Quelle: Eurostat

[76] Quelle: Eurostat, 2004

3 Der Output des Handels

- **Umsatz (netto) im Handel 2003: rd. € 159 Mrd**
  - Entspricht rd. 35 % des Umsatzes der marktorientierten Wirtschaft
- **Flächenproduktivität im Einzelhandel 2003: rd. € 2.830/m²**
- **Handel erwirtschaftet 17 % der Bruttowertschöpfung der marktorientierten Wirtschaft**
- **Handel ist größte Umsatzsteuerquelle des Staates**
- **Preiserhöhung im Einzelhandel geringer als allgemeine Inflationsrate**

Im folgenden Kapitel wird die Outputseite des Handels anhand des Umsatzes, der Bruttowertschöpfung zu Faktorkosten sowie des Anteils am Steuereinkommen betrachtet. Zudem wird die Bedeutung des Handels auf die Entwicklung der Verbraucherpreise dargestellt.

3.1 Umsatz

Der österreichische Handel erwirtschaftete im Jahr 2002 rd. 35 % des Gesamtumsatzes der marktorientierten Wirtschaft[77] und ist somit gemessen an diesem Indikator, wie auch schon bei der Anzahl der Unternehmen[78], der größte Sektor. Der Großteil davon entfiel auf den Großhandel (rd. 60 % des Handels bzw. mehr als ein Fünftel der marktorientierten Wirtschaft). Der Anteil des Einzelhandelsumsatzes betrug mit rd. 9 % in etwa gleich viel wie jener der Wirtschaftsdienste. Die Kfz-Wirtschaft stellt – wie bei der Anzahl der Unternehmen und der Beschäftigten – den kleinsten Handelsbereich dar.

Der zweitgrößte Anteil am Gesamtumsatz der marktorientierten Wirtschaft entfiel im Jahr 2002 mit rd. 26 % auf die Sachgütererzeugung, welche der größte Arbeitgeber[79] der marktorientierten Wirtschaft ist.[80]

---

[77] Ohne Land- und Forstwirtschaft und persönliche Dienstleistungen (genauer: Abschnitte C – K der ÖNACE)

[78] Siehe Kapitel 1: Die österreichische Handelslandschaft

[79] Siehe Kapitel 2: Der Handel als Arbeitgeber

[80] Quelle: Statistik Austria, 2004

Grafik 32 Anteil des Umsatzes (netto) in Prozent der marktorientierten Wirtschaft* in ausgewählten Sektoren, 2002

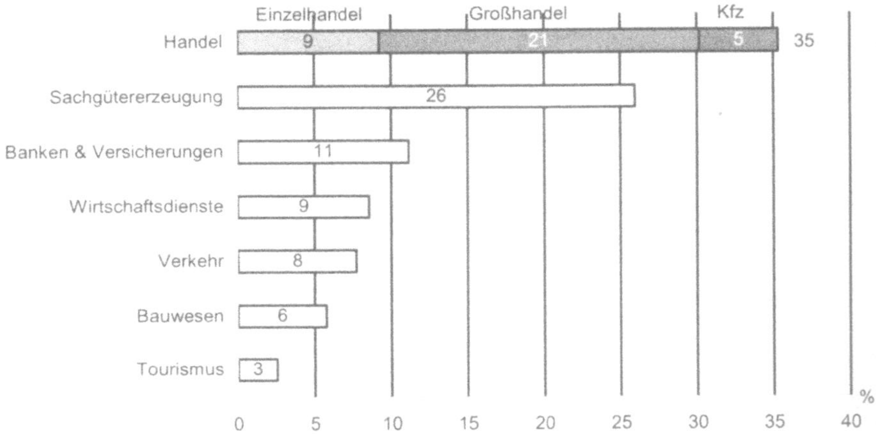

* ohne Land- und Forstwirtschaft und persönliche Dienstleistungen (genauer: Abschnitte C - K der ÖNACE)
Quelle: Statistik Austria

Die österreichischen Handelsbetriebe erzielten im Jahr 2003 einen Umsatz von fast € 159 Mrd. Zwischen 2002 und 2003 konnten in allen Handelsbereichen Umsatzsteigerungen beobachtet werden. In der Kfz-Wirtschaft war die Entwicklung am dynamischsten (+4,5 %). Der Einzelhandel erreichte hingegen mit 0,4 % die geringsten nominellen Zuwächse.

Tabelle 13 Umsatz (netto) in € Mio im Handel, 1995 – 2003

	1995	2002	2003*	VÄ in % 2002/03
Einzelhandel	32.222	40.731	40.894	0,4
Großhandel	69.092	92.147	94.266	2,3
Kfz-Wirtschaft	17.518	22.729	23.752	4,5
Handel	118.832	155.607	158.912	2,1

* Hochrechnung der KMU FORSCHUNG AUSTRIA
Quellen: Statistik Austria, KMU FORSCHUNG AUSTRIA

Wie bereits in Kapitel 2 „Der Handel als Arbeitgeber“ erwähnt, sind trotz der an der Verteilung der Unternehmen nach Größenklassen gemessenen kleinbetrieblichen Struktur der österreichischen Handelslandschaft, und insbesondere des Einzelhandels, die meisten Beschäftigten in diesem Sektor in filialisierten Großunternehmen (ab 250 Beschäftigten) tätig. Auch der höchste Umsatz (rd. 46 % im Jahr 2002) wird in dieser Betriebsgrößenklasse erwirtschaftet.

Im Großhandel und der Kfz-Wirtschaft wurde im Jahr 2002 der größte Anteil der Erlöse von Betrieben mit 50 bis 249 Beschäftigten erzielt und somit in jener Größenklasse, wo auch die meisten Arbeitnehmer/innen tätig waren.

Grafik 33 Anteil des Umsatzes (netto) nach Beschäftigtengrößenklassen in Prozent des Umsatzes insgesamt, Einzel- und Großhandel sowie Kfz-Wirtschaft, 2002

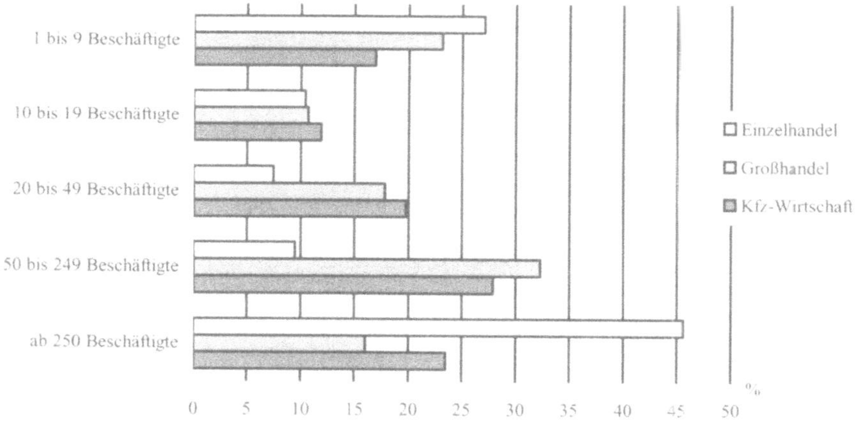

Quelle: Statistik Austria

Knapp ein Drittel des gesamten Einzelhandelsumsatzes 2003 wurde im Lebensmitteleinzelhandel erwirtschaftet. Der zweithöchste Anteil der hier betrachteten Branchen entfiel – mit bereits großem Abstand – auf den Bekleidungseinzelhandel (rd. 17 %), gefolgt vom Möbeleinzelhandel (rd. 11 %) und dem Einzelhandel mit Bau- und Heimwerkerbedarf (knapp 9 %).[81]

[81] Quellen: KMU FORSCHUNG AUSTRIA, 2004/Statistik Austria, 2004

Grafik 34 Umsatz (netto) ausgewählter Einzelhandelsbranchen in € Mio, 2003*

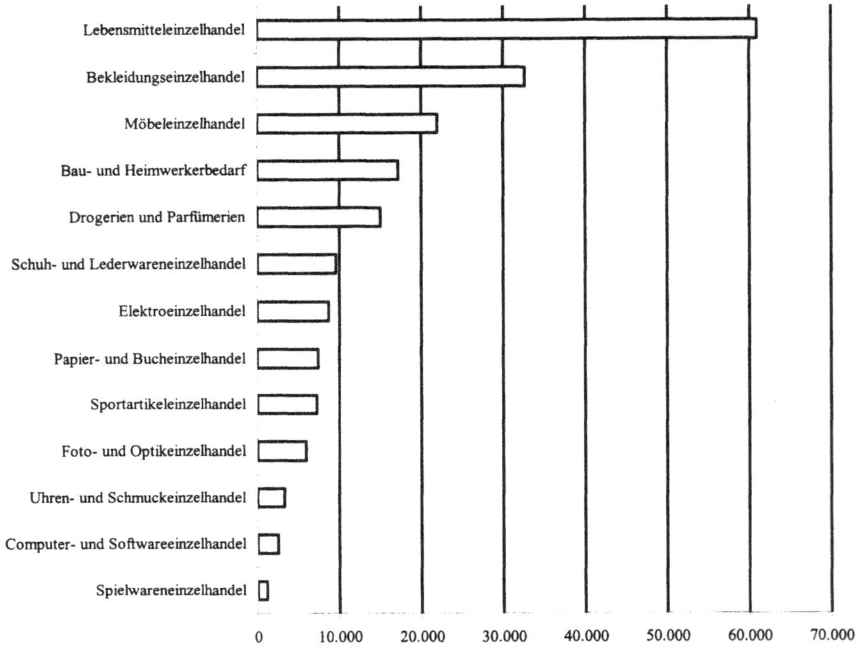

* Hochrechnung der KMU FORSCHUNG AUSTRIA
Quellen: KMU FORSCHUNG AUSTRIA, Statistik Austria

Im Einzelhandel konnte 2003 ein durchschnittlicher Brutto-Jahresumsatz von rd. € 2.830 pro Quadratmeter[82] Verkaufsfläche erzielt werden. Im Vergleich zum Vorjahr (rd. € 2.870 pro m^2) zeigte sich ein Rückgang des durchschnittlichen Quadratmeterumsatzes von rd. 1,4 %, der auf die gestiegene Verkaufsfläche bei gleichzeitig nahezu stagnierenden Umsätzen zurückzuführen ist.

Die höchsten Quadratmeterumsätze erzielten die sonstigen Einzelhandelsbranchen (z. B. Einzelhandel mit Tabakwaren, mit Antiquitäten, Apotheken). Dies liegt primär an den geringen Verkaufsflächen dieser Branchen. Hohe Quadratmeterumsätze erreichten ebenfalls der Uhren- und Schmuckeinzelhandel sowie

---

82 Die Quadratmeterumsätze sind die Brutto-Jahresumsätze des Einzelhandels bzw. der einzelnen Branchen in Relation zur Verkaufsfläche (Quelle: KMU FORSCHUNG AUSTRIA, 2004)

der Foto- und Optikeinzelhandel. Die vergleichsweise geringsten Umsätze pro Quadratmeter wiesen jene Branchen auf, die von großflächigen Betriebsformen geprägt sind: der Einzelhandel mit Bau- und Heimwerkerbedarf und der Möbeleinzelhandel.[83]

Grafik 35 Durchschnittliche Quadratmeterumsätze* im Einzelhandel** in €/m² nach Branchen, 2003

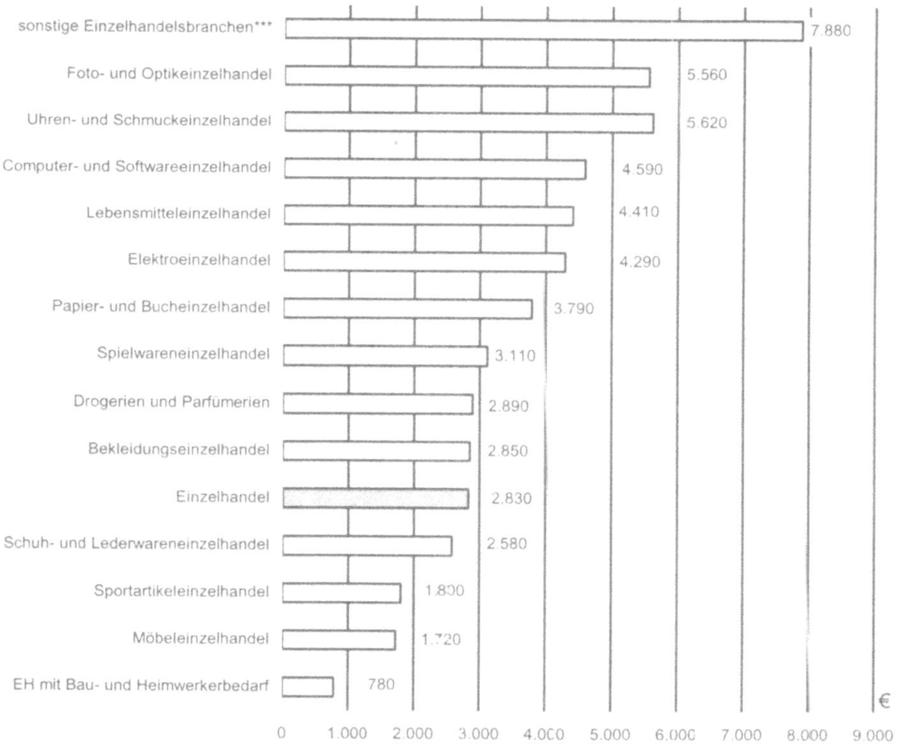

* Brutto-Jahresumsatz in Relation zur Verkaufsfläche
** ohne Einzelhandel nicht in Verkaufsräumen und Reparatur von Gebrauchsgütern
*** Einzelhandelsbranchen nicht in obigen enthalten (z.B.: Apotheken, Einzelhandel mit Tabakwaren; Blumen; Obst; etc.)
Quelle: KMU FORSCHUNG AUSTRIA - Regionaldatenbank

83 Quelle: KMU FORSCHUNG AUSTRIA – Regionaldatenbank, 2004

Im europäischen Vergleich[84] weist der österreichische Einzelhandel eine sehr hohe Verkaufsfläche gemessen in Relation zur Einwohnerzahl auf. Dies wirkt sich negativ auf die Flächenproduktivität aus. Hier liegt Österreich im Vergleich ausgewählter europäischer Länder an letzter Stelle des Ranking.[85] Trotz der auch im internationalen Vergleich, sehr hohen Verkaufsfläche setzt sich das Flächenwachstum in Österreich weiter fort.[86]

In Deutschland gehen Untersuchungen davon aus, dass trotz des bestehenden Verkaufsflächenüberhanges das Flächenwachstum – ausgehend von Filialketten – weiter voranschreiten wird. Hier zeigt sich jedoch, dass die Strategie, den Umsatz durch Eröffnung neuer Filialen zu steigern – auf die gesamte Branche gesehen – gescheitert ist. Dies führt zwangsläufig zu einer wachsenden Anzahl ertragschwacher Filialen im Einzelhandel.[87] Eine ähnliche Entwicklung ist auch im österreichischen Einzelhandel zu erwarten.

Grafik 36 Durchschnittliche Quadratmeterumsätze im Einzelhandel in €/m², 2001 (Europa) bzw. 2002 und 2003 (Österreich)

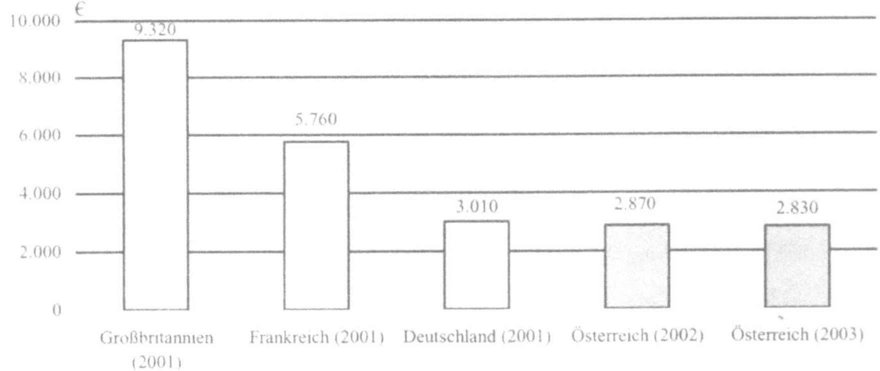

Anmerkung: Selbst unter der berechtigten Annahme von sinkenden Quadratmeterumsätzen in den ausgewählten EU-Staaten im Zeitraum 2001-2003, liegt der Österreich-Wert am Ende des Ranking.

Quellen: KMU FORSCHUNG AUSTRIA – Regionaldatenbank: Werte für Österreich / EHI Retail Network: europäische Werte

84 Siehe Kapitel 1: Die österreichischen Handelslandschaft

85 Quellen: EHI Retail Network, 2002/KMU FORSCHUNG AUSTRIA, 2004

86 Quelle: KMU FORSCHUNG AUSTRIA – Regionaldatenbank, 2004

87 Quelle: Ernst & Young, 2003

3.2 Bruttowertschöpfung

Die Sachgütererzeugung erzielte 2002 mit rd. 29 % den höchsten Anteil an der Bruttowertschöpfung zu Faktorkosten[88] der marktorientierten Wirtschaft gefolgt vom Handel mit rd. 17 %. Bei den Nettoumsätzen verhält sich dies umgekehrt,[89] was auf den geringeren Anteil an Vorleistungen in der Sachgütererzeugung zurückzuführen ist.

Im Großhandel wurde vom gesamten Handel die höchste Bruttowertschöpfung erzielt. Rd. 6 % der gesamten Bruttowertschöpfung entfielen auf den Einzelhandel.

Grafik 37 Anteil der Bruttowertschöpfung zu Faktorkosten in Prozent der marktorientierten Wirtschaft* in ausgewählten Sektoren, 2002

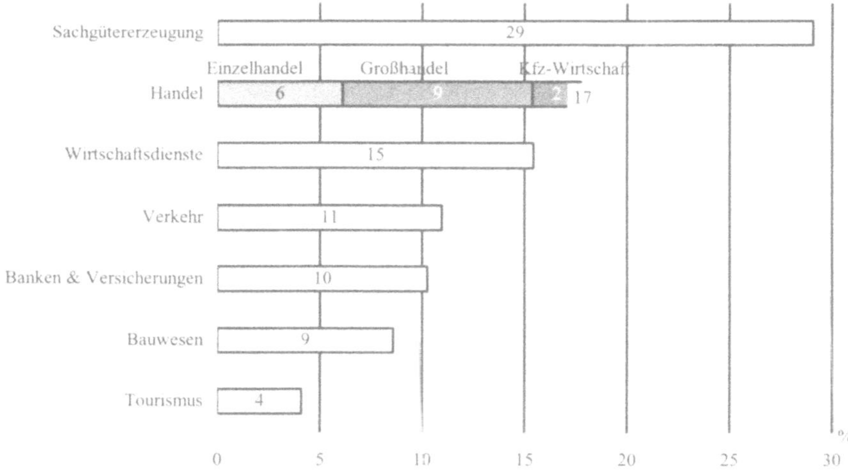

* ohne Land- und Forstwirtschaft und persönliche Dienstleistungen (genauer: Abschnitte C - K der ÖNACE)

Quelle: Statistik Austria

88 Die Umsatzerlöse minus den Vorleistungen ergeben die Leistung des Unternehmens. Durch Addition der Subventionen und durch Subtraktion der Steuern und Abgaben ergibt sich die Bruttowertschöpfung zu Faktorkosten (Definition: Statistik Austria).

89 Siehe Grafik 32

Insgesamt erzielte der heimische Handel im Jahr 2002 eine Wertschöpfung von rd. € 23 Mrd. Betrachtet man die Entwicklung innerhalb des Handels zwischen 1995 und 2002 im Detail, so zeigt sich die zunehmende Bedeutung des Großhandels. Hingegen ist sowohl der Anteil des Einzelhandels als auch jener der Kfz-Wirtschaft zurückgegangen.

Grafik 38 Aufteilung der Bruttowertschöpfung zu Faktorkosten innerhalb des Handels, Anteil in Prozent, 1995 und 2002

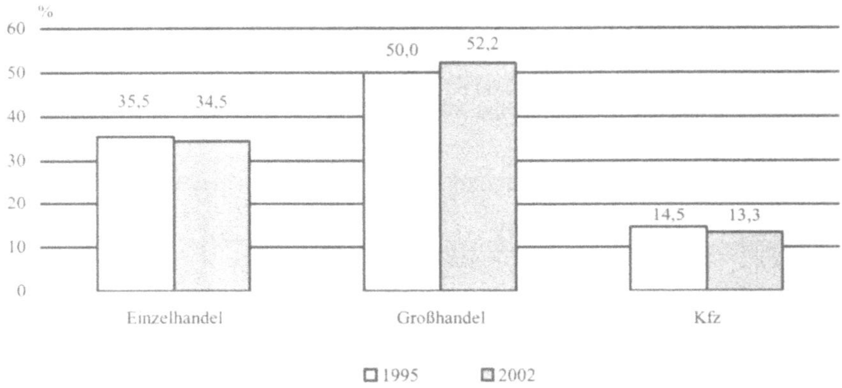

Quelle: Statistik Austria

Im Einzelhandel stellt der Lebensmitteleinzelhandel auch auf die Bruttowertschöpfung bezogen die größte Branche dar. Allerdings ist der Abstand im Vergleich zu den anderen Einzelhandelsbrachen geringer als bei den Umsätzen[90].[91]

[90] Siehe Grafik 34

[91] Quelle: Statistik Austria, 2004

Grafik 39 Anteil der Bruttowertschöpfung zu Faktorkosten ausgewählter Einzelhandelsbranchen am Einzelhandel insgesamt in Prozent, 2002

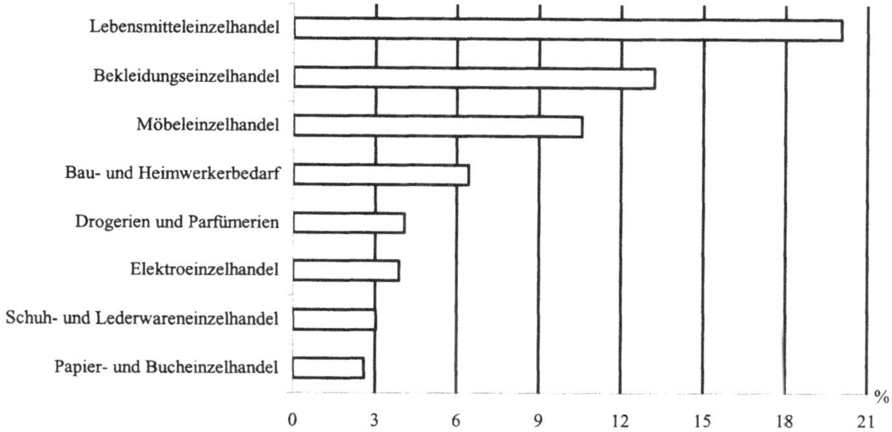

Quelle: Statistik Austria

3.3 Steuern

Im Folgenden wird die Bedeutung des Handels für das nationalen Steueraufkommen anhand der Umsatzsteuer und der Körperschaftssteuer dargestellt.

Bei der Umsatzsteuer handelt es sich um eine der wichtigsten Steuern, da mehr als ein Viertel der gesamten Steuereinnahmen darauf entfällt. Der Handel war im Jahr 2001 die größte Umsatzsteuerquelle des Staates.

Grafik 40 Anteil der Umsatzsteuer* in Prozent der gesamten Steuereinnahmen**, Sektoren der marktorientierten Wirtschaft***, 2001

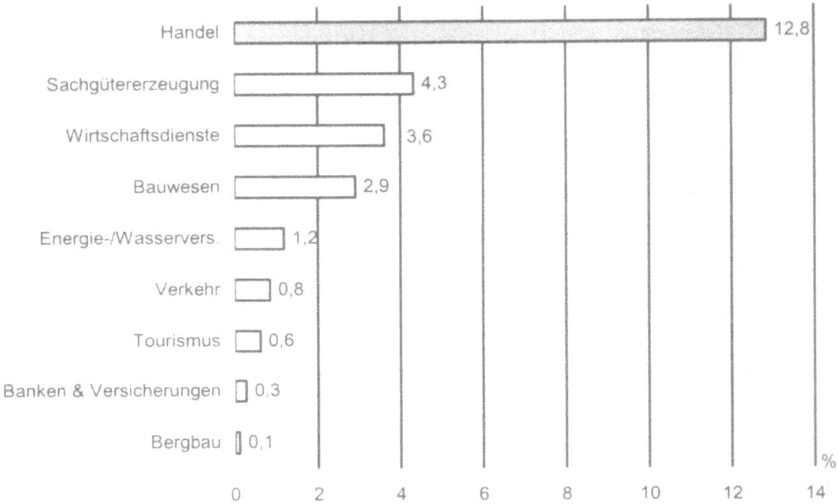

* lt. Umsatzsteuerstatistik

** lt. Volkswirtschaftlicher Gesamtrechnung (Produktions- und Importabgaben, Einkommens- und Vermögenssteuern, vermögenswirksame Steuern)

*** ohne Land- und Forstwirtschaft und persönliche Dienstleistungen (genauer: Abschnitte C - K der ÖNACE)

Quelle: Statistik Austria

Grafik 41 zeigt, dass im Jahr 2001 innerhalb der marktorientierten Wirtschaft mehr als 40 % der Umsatzsteuerzahllast auf den Handel fiel. Der Handel stellte zwar „nur“ rd. 20 % der Umsatzsteuerpflichtigen, brachte mit mehr als 36 % jedoch den größten Anteil am steuerbaren Umsatz ein. Die Wirtschaftsdienste stellten vergleichsweise beinahe die Hälfte der Steuerpflichten. Der Anteil am steuerbaren Umsatz lag dabei jedoch nur bei rd. 14 %.

Grafik 41 Umsatzsteuer-Indikatoren, Anteile der Sektoren in Prozent der marktorientierte Wirtschaft*, 2001

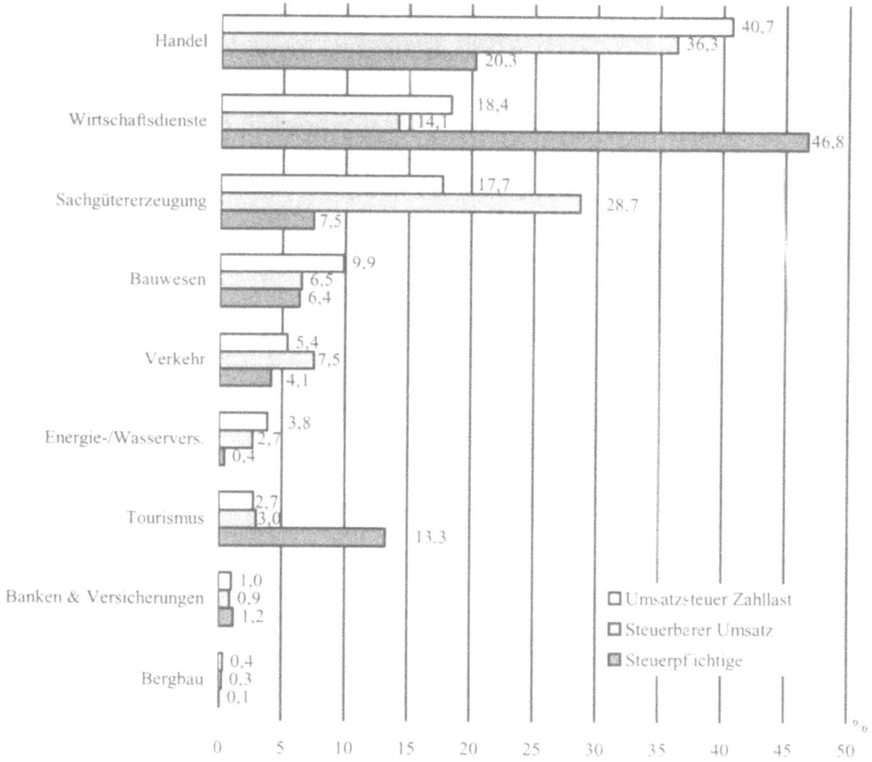

* ohne Land- und Forstwirtschaft und persönliche Dienstleistungen (genauer: Abschnitte C - K der ÖNACE)
Quelle: Statistik Austria

Der Körperschaftssteuer unterliegt das Einkommen der juristischen Personen. Zu diesen zählen Aktiengesellschaften, Gesellschaften mit beschränkter Haftung, Erwerbs- und Wirtschaftsgenossenschaften, Versicherungsvereine auf Gegenseitigkeit, Betriebe gewerblicher Art der Körperschaften öffentlichen Rechts und sonstige körperschaftsteuerpflichtige Rechtsformen.

Der Anteil der Körperschaftssteuer am gesamten Steuereinkommen macht rd. 5 % aus. Innerhalb der marktorientierten Wirtschaft lag der Handel im Jahr 1999 mit einem Anteil von fast einem Fünftel hinter der Sachgütererzeugung und dem Kredit- und Versicherungswesen an dritter Stelle.[92]

Grafik 42 Anteil der Körperschaftssteuer in Prozent der Körperschaftssteuer der marktorientierten Wirtschaft* nach Sektoren, 1999

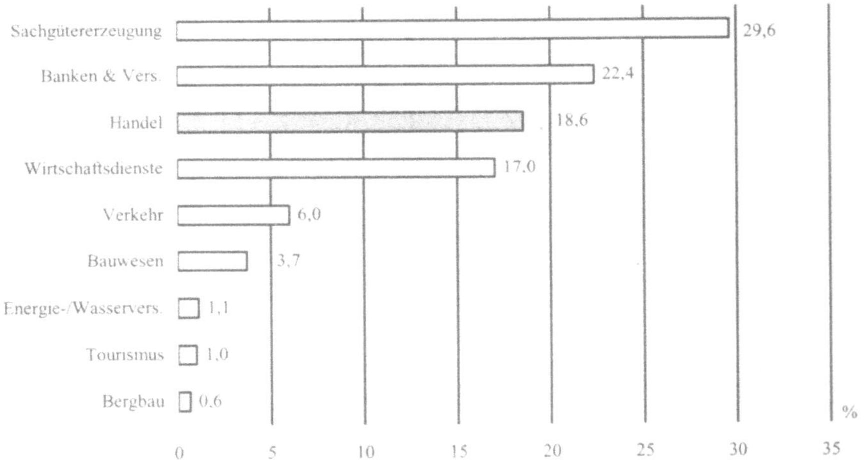

* ohne Land- und Forstwirtschaft und persönliche Dienstleistungen (genauer: Abschnitte C - K der ÖNACE)
Quelle: Statistik Austria

3.4 Preisindizes

3.4.1 Verbraucherpreise Österreich

Die Tatsache, dass rd. 71 % der Produkte des gesamten Warenkorbs, welche zur Berechnung des Verbraucherpreisindex erhoben werden, aus dem Handel (inkl.

92 Quelle: Statistik Austria, 2004

Kfz-Wirtschaft) stammen, zeigt die hohe Bedeutung des Handels. Diesen Waren kommt ein Gewicht von rd. 57 % zu.[93] Mehr als 80 % der Handelswaren sind dem Einzelhandel zuzurechnen. D. h., dass wesentliche Preisveränderungen im Handel eine deutliche Auswirkung auf die Inflationsrate und somit auf die österreichische Wirtschaft hätten.

Im Zeitraum 2001 bis 2003 sind die Verbraucherpreise im Einzelhandel weniger stark gestiegen als die allgemeine Inflationsrate. Damit leistet der Einzelhandel einen wesentlichen Beitrag zur Geldwertstabilität; dies trifft auf den Zeitraum vor, während und nach der Euro-Einführung zu.[94]

Grafik 43 Verbraucherpreise, Veränderung gegenüber dem Vorjahr in Prozent, 2001 – 2003

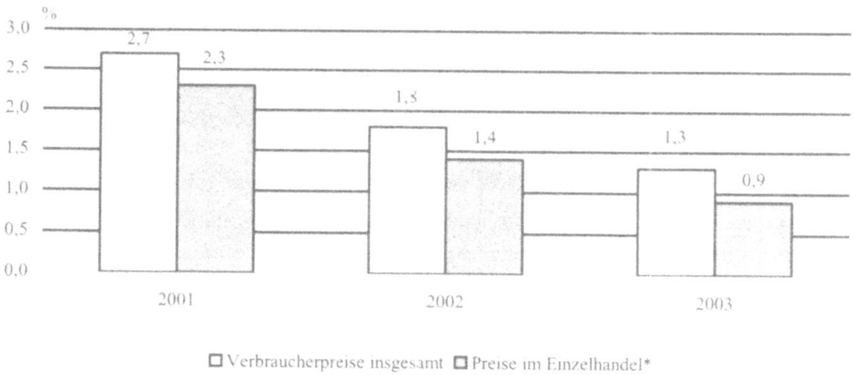

* Berechnung der KMU FORSCHUNG AUSTRIA auf Basis von Daten der Statistik Austria
Quellen: Statistik Austria, KMU FORSCHUNG AUSTRIA

3.4.2 Harmonisierte Verbraucherpreise

Der harmonisierte Verbraucherpreisindex enthält das gewichtete Mittel der Europäischen Union. Die hier dargestellten Werte beziehen sich auf die EU-15-Länder. Die neuen Mitgliedstaaten werden seit Mai 2004 in den Durchschnitt miteinbezogen. Hier beziehen sich rd. 72 % der Waren mit einem Gewicht von rd. 54 % auf den Handel (inkl. Kfz-Wirtschaft).[95]

---

93 Berechnungen der KMU FORSCHUNG AUSTRIA

94 Quellen: KMU FORSCHUNG AUSTRIA, 2004/Statistik Austria, 2004

95 Berechnungen der KMU FORSCHUNG AUSTRIA

Nachdem die Erhöhung der Verbraucherpreise im Jahr 2001 in Österreich etwas höher ausfiel als im Durchschnitt der EU-15, stieg das Preisniveau in den beiden darauf folgenden Jahren in Österreich deutlich weniger.[96]

Tabelle 14 Harmonisierte Verbraucherpreise, Jahresdurchschnitt 2001 - 2003

	Index (1996=100)		VÄ zum Vorjahr in %	
	EVPI*	Österreich	EVPI*	Österreich
2001	108,6	106,9	2,2	2,3
2002	110,8	108,8	2,1	1,7
2003	113,0	110,2	2,0	1,3

* Europäischer Verbraucherpreisindex = gewichtetes Mittel der EU-15
Quelle: Statistik Austria

3.4.3 Großhandelspreise

Die Basis und Gewichtung des Großhandelspreisindex liegt im Unterschied zum Verbraucherpreisindex zur Gänze im Handel. Hier wurden die Preise im Jahr 2001 um 1,5 % gegenüber dem Vorjahr angehoben. Nach leichten Preissenkungen im Jahr 2002 kam es 2003 wieder zu Preissteigerungen.

Tabelle 15 Großhandelspreise, Jahresdurchschnitt 2001 - 2003

	Index (2000=100)	VÄ zum Vorjahr in %
2001	101,5	1,5
2002	101,1	-0,4
2003	102,8	1,7

Quelle: Statistik Austria

Im Jahresdurchschnitt 2003 sind die Großhandelspreise für Intermediär- und Konsumgüter gegenüber dem Vorjahr angestiegen, während jene für Investitionsgüter auf dem Niveau des Vorjahres lagen.[97]

[96] Quelle: Statistik Austria, 2004

[97] Quelle: Statistik Austria, 2004

Grafik 44 Großhandelspreise nach Verwendungsarten, Veränderung gegenüber dem Vorjahr in Prozent, Jahresdurchschnitt 2003

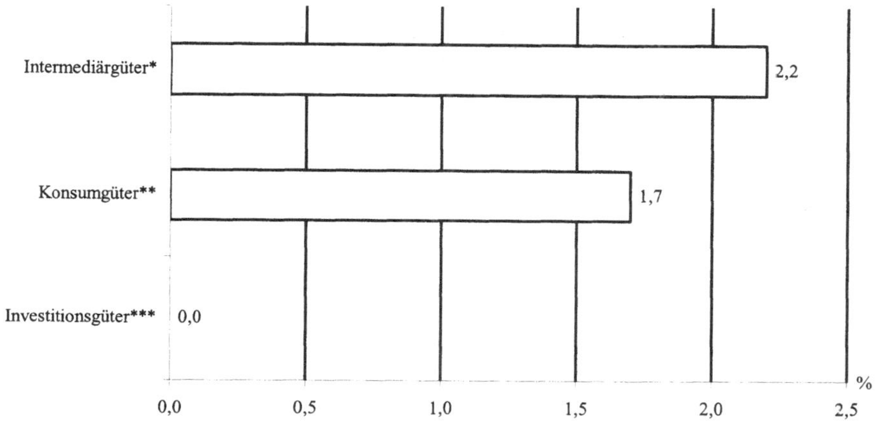

* Intermediärgüter = Halbfertigwaren, wie z. B. Fenster, Einbauelemente für Elektrogeräte
** Konsumgüter = z. B. Pkw, Obst, Gemüse, Bekleidung
*** Investitionsgüter = Güter die Unternehmen als Investitionsgut kaufen, wie z. B. Maschinen, Büromöbel, landwirtschaftliche Geräte
Quelle: Statistik Austria

3.5 Internationaler Vergleich

3.5.1 Umsatz

Gemessen an den Umsatzanteilen ist der Handel europaweit der größte Wirtschaftssektor der marktorientierten Wirtschaft, wobei dessen Bedeutung in Österreich über dem EU-25-Schnitt liegt. Die Sachgütererzeugung, der zweitgrößte europäische Wirtschaftssektor, ist in Österreich weniger bedeutend als im Durchschnitt der 25 EU-Länder.

Grafik 45 Anteil des Umsatzes in Prozent der marktorientierten Wirtschaft (ohne Kredit- und Versicherungswesen)*, Österreich und EU-25, 2001

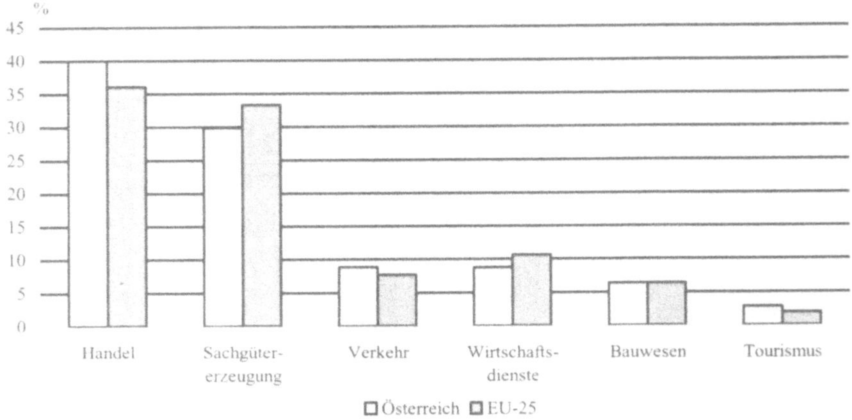

* ohne Land- und Forstwirtschaft und persönliche Dienstleistungen (genauer: Abschnitte C - K der ÖNACE)
Quelle: Eurostat

Betrachtet man die Umsatzverteilung im Sektor Handel im EU-Vergleich, wird die höhere Bedeutung des Großhandels in Österreich sowie die geringere Bedeutung des Einzelhandels in Österreich deutlich. Der Anteil der Umsätze der Kfz-Unternehmen entspricht in etwa dem EU-25-Durchschnitt.[98]

98 Quelle: Eurostat, 2004

Grafik 46 Anteil des Umsatzes der Einzelhandels-, Großhandels- bzw. der Kfz-Unternehmen in Prozent am Handel insgesamt, Österreich und EU-25, 2001

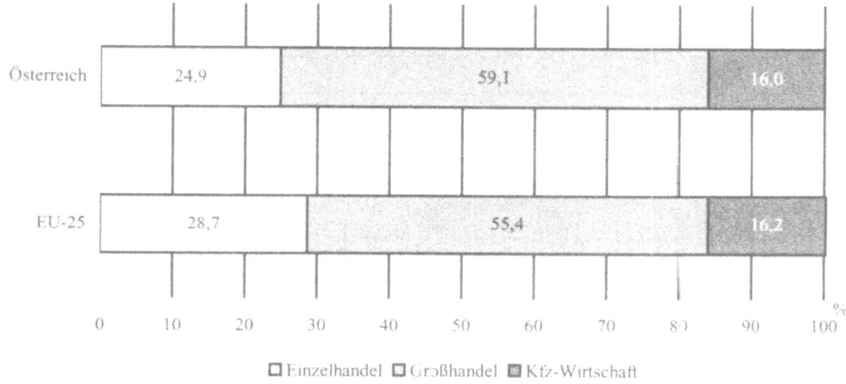

Quelle: Eurostat

3.5.2 Bruttowertschöpfung

Wie bei den Umsätzen, ist auch der Anteil des österreichischen Handels an der Bruttowertschöpfung innerhalb der marktorientierten Wirtschaft höher als im Durchschnitt der EU-25. Die Sachgütererzeugung entspricht hingegen – im Gegensatz zu den Umsätzen – dem europäischen Niveau.

Grafik 47 Anteil der Bruttowertschöpfung zu Faktorkosten in Prozent der marktorientierten Wirtschaft (ohne Kredit- und Versicherungswesen)*, Österreich und EU-25, 2001

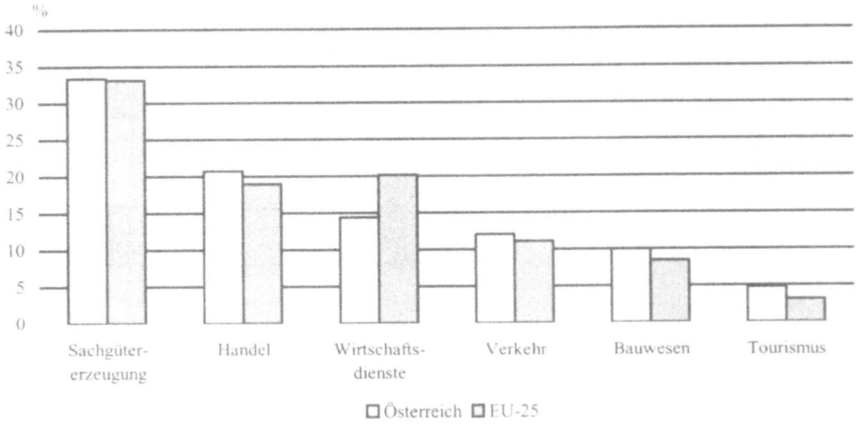

* ohne Land- und Forstwirtschaft und persönliche Dienstleistungen (genauer: Abschnitte C - K der ÖNACE)
Quelle: Eurostat

Wie beim Vergleich der Umsatzanteile nach den Handelssektoren, zeigt sich auch bei der Untersuchung der Bruttowertschöpfung die im Vergleich zum EU-25-Durchschnitt höhere Bedeutung des österreichischen Großhandels sowie die geringere Bedeutung des Einzelhandels. Die Bruttowertschöpfung der Kfz-Unternehmen liegt allerdings unter dem europäischen Mittel.[99]

[99] Quelle: Eurostat, 2004

Grafik 48 Anteil der Bruttowertschöpfung zu Faktorkosten der Einzelhandels-, Großhandels- bzw. der Kfz-Unternehmen in Prozent am Handel insgesamt, Österreich und EU-25, 2001

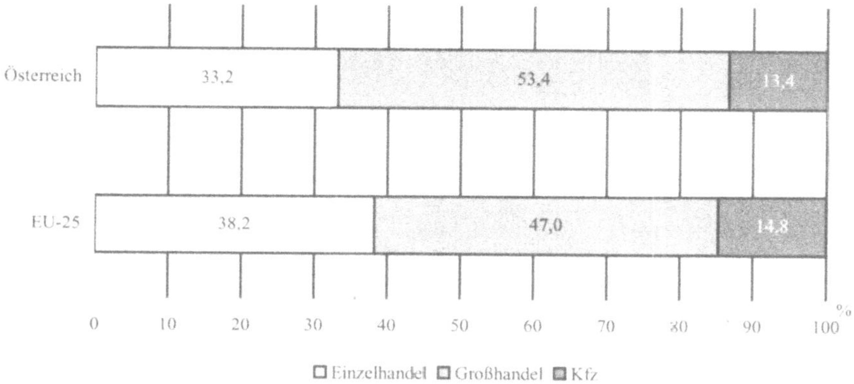

Quelle: Eurostat

4 Die konjunkturelle Situation im Handel

- **Einzelhandel (Jänner bis September 2004):**
  - Umsatz nominell: +0,2 %; real: -0,9 %
  - Kundenfrequenz: -0,8 %
  - bis August positive Umsatzentwicklung im Durchschnitt der EU-25
- **Großhandel (I. Halbjahr 2004):**
  - Umsatz nominell: +2,5 %; real: +1,4 %
- **Kfz-Wirtschaft:**
  - I. Halbjahr 2004: Umsatz nominell: +2,1 %, real: +0,1 %
  - Jänner bis September 2004:
    - Neuzulassungen: +4,1 %
    - Gebrauchtzulassungen: +2,5 %

(Veränderungen gegenüber der entsprechenden Vorjahresperiode)

Im Folgenden wird die konjunkturelle Situation im Jahr 2004 anhand der – zu Redaktionsschluss – letzt verfügbaren Daten dargestellt. Als Indikator wird dafür der Umsatz herangezogen. Im Einzelhandel wird zusätzlich die Kundenfrequenz betrachtet, in der Kfz-Wirtschaft die Zulassungsdaten.

Zunächst wird in Grafik 49 die Aufteilung des Jahresumsatzes nach Quartalen erläutert. Hier zeigen sich die unterschiedlichen Saisonenkurven der drei Handelsbereiche.

Im Einzelhandel wird im IV. Quartal deutlich mehr Umsatz erwirtschaftet als in den übrigen Quartalen. Der wichtigste Monat ist dabei mit einem Anteil von fast 11 % der Dezember, was die Bedeutung des Weihnachtsgeschäfts widerspiegelt. Im Großhandel ist der Unterschied zwischen den Jahresvierteln weniger ausgeprägt, wenn auch hier der größte Umsatzanteil auf das letzte Quartal fällt. Der umsatzstärkste Monat ist der Oktober. Die Kfz-Wirtschaft erzielte im II. Quartal 2004, insbesondere im April, den höchsten Anteil des Jahresumsatzes.[100]

[100] Quelle: KMU FORSCHUNG AUSTRIA/Statistik Austria, 2004

Grafik 49 Anteil des Quartalsumsatzes am Jahresumsatz in Prozent, Einzelhandel, Großhandel und Kfz-Wirtschaft, Durchschnitt 2001 – 2003

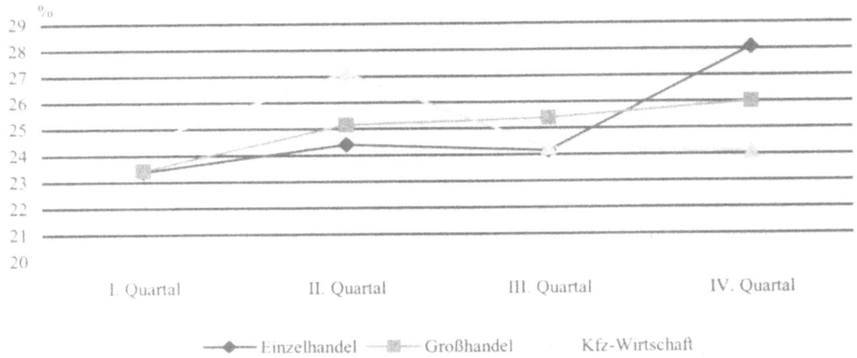

Berechnungen der KMU FORSCHUNG AUSTRIA
Quelle: Statistik Austria

4.1 Einzelhandel

4.1.1 Österreich

Im **I. Halbjahr 2004** stagnierte der nominelle Umsatz im österreichischen Einzelhandel (-0,1 %). Auf Grund der durchschnittlichen Preissteigerung von rd. 1,1 % bedeutet dies real einen Umsatzrückgang von 1,2 %. Im I. Quartal konnten die Einzelhändler/innen ein nominelles Umsatzplus von 0,4 % erzielen, wobei nur im Jänner ein Minus hingenommen werden musste. Real wurde lediglich im März ein leichter Zuwachs (+0,2 %) erwirtschaftet. Im **II. Quartal** wurden niedrigere Umsätze als im Vorjahr verzeichnet. Dies ist ausschließlich auf den Mai zurückzuführen, wo es u. a. auf Grund kalenderbedingter Verschiebungen zu hohen Umsatzrückgängen kam.

Im **III. Quartal 2004** erzielte der Einzelhandel im Durchschnitt ein nominelles Umsatzplus von 0,9 %, wobei der Juli (nominell: +2,2 %) und August (1,4 %) besser verlief als der September (-0,8 %). Allerdings war das Ausgangsniveau in den beiden Sommermonaten auf Grund der durch die extreme Hitze geminderten Kauflust der Konsument/innen im Vorjahr niedrig. Im Juli deutet zudem der deutliche Anstieg der Ankünfte internationaler Gäste bei gleichzeitig schwächerer Zunahme der Übernachtungen[101] auf einen Zuwachs bei den Tages(ein-

[101] Quelle: Statistik Austria, 2004

kaufs)touristen hin. Im August hatten die Einzelhandelsgeschäfte einen Tag mehr geöffnet als im Vorjahr.

Im Zeitraum **Jänner bis September** konnten die österreichischen Einzelhändler/innen das Vorjahresniveau nominell knapp übertreffen (+0,2 %). Die durchschnittlichen Preissteigerungen lagen weiterhin bei rd. 1,1 % und damit deutlich unter der für 2004 prognostizierten Inflationsrate von 2,1 %.[102] Real bedeutet dies für den Einzelhandel ein Umsatzminus von 0,9 %.

Eine Auswertung der Daten nach Umsatzgrößenklassen zeigt, dass nach neun Monaten im Jahr 2004 im Durchschnitt nur Geschäfte mit einem Jahresumsatz ab € 2 Mio das Umsatzniveau des Vorjahres nominell übertreffen konnten.

Geschäfte in Einkaufszentren hatten die relativ beste Umsatzentwicklung aller Standortlagen. Filialisten konnten als einzige Vertriebsform das Umsatzergebnis des Vorjahres knapp übertreffen.

Für das letzte – umsatzstärkste – Quartal des Jahres 2004 erwarten 69 % der Einzelhändler/innen keine Änderung der wirtschaftlichen Lage. 15 % rechnen mit einer Verbesserung der Geschäftsentwicklung, 16% befürchten eine Verschlechterung.

Grafik 50 Umsatzentwicklung im Einzelhandel, Veränderung gegenüber dem Vorjahr in Prozent, I. Quartal – III. Quartal 2004

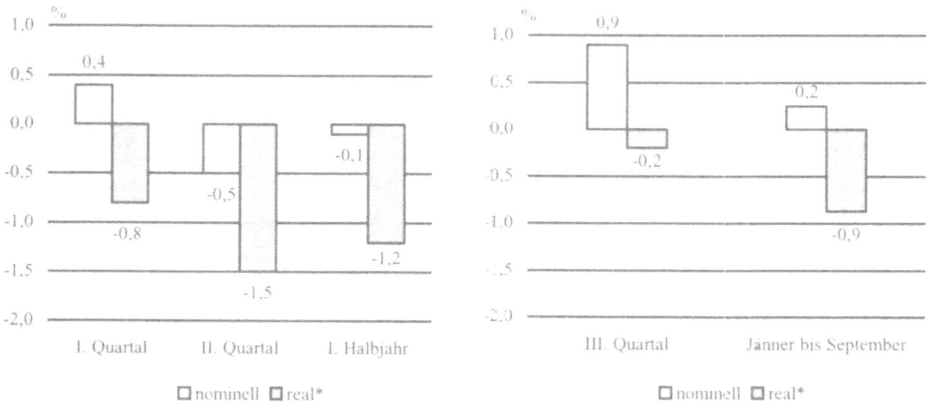

* Die Preisbereinigung erfolgt auf Basis eines Deflators auf Branchenebene (Quelle: Statistik Austria).
Quelle: KMU FORSCHUNG AUSTRIA - Konjunkturdatenbank

[102] Quelle: Österreichisches Institut für Wirtschaftsforschung, 2004

Die Kundenfrequenz ging im **I. Halbjahr** 2004 um 0,7 % gegenüber dem Vorjahr zurück. Die im **I. Quartal** beobachtbare geringfügige Verbesserung der Kundenfrequenz setzte sich im zweiten und dritten Jahresviertel nicht fort.

Zwischen **Jänner und September** kam es bei den zahlenden Kund/innen zu einem Rückgang um 0,8 %. Eine bessere Kundenfrequenz als im Vorjahr verzeichneten die Geschäfte von größeren Unternehmen (> € 7,5 Mio Jahresumsatz) sowie Standorte in Einkaufszentren.

Das leichte nominelle Umsatzplus (+0,2 %) bei rückläufiger Kundenfrequenz bedeutet, dass zwischen Jänner und September 2004 der Durchschnittseinkauf pro Kunde gegenüber dem Vorjahr gestiegen ist.

Grafik 51 Entwicklung der Kundenfrequenz im Einzelhandel, Veränderung gegenüber dem Vorjahr in Prozent, I. Quartal – III. Quartal 2004

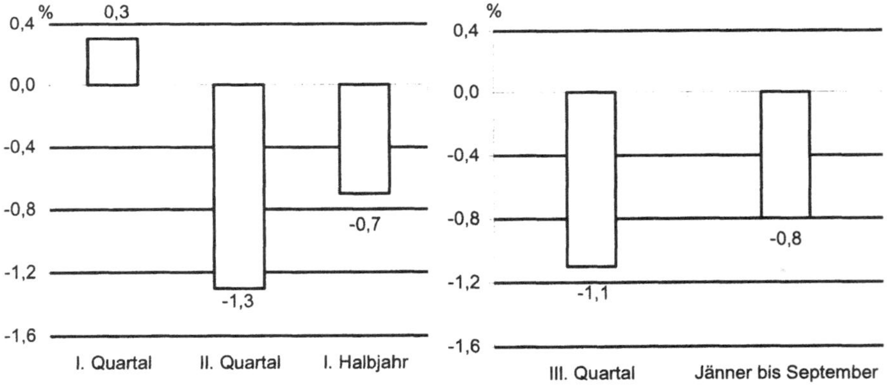

Quelle: KMU FORSCHUNG AUSTRIA - Konjunkturdatenbank

Der Einzelhandel mit Eisenwaren, Bau- und Heimwerkerbedarf konnte im I. Halbjahr 2004 mit einem nominellen Umsatzzuwachs von 4,3 % das beste Ergebnis der hier betrachteten Branchen erzielen. Im Möbeleinzelhandel betrug das Plus ebenfalls fast 4 %. Der Radio-, Elektro-, EDV- und Fotoeinzelhandel (+1,7 %) sowie die Drogerien/Parfümerien und der Schuheinzelhandel (jeweils +1,5 %) entwickelten sich ebenfalls besser als der Einzelhandel insgesamt. Im sonstigen Einzelhandel kam es hingegen zu Umsatzrückgängen von mehr als 2 %.[103]

[103] Quelle: KMU FORSCHUNG AUSTRIA – Konjunkturdatenbank, 2004

Grafik 52 Nominelle Umsatzentwicklung nach Einzelhandelsbranchen, Veränderung gegenüber dem Vorjahr in Prozent, Jänner bis September 2004

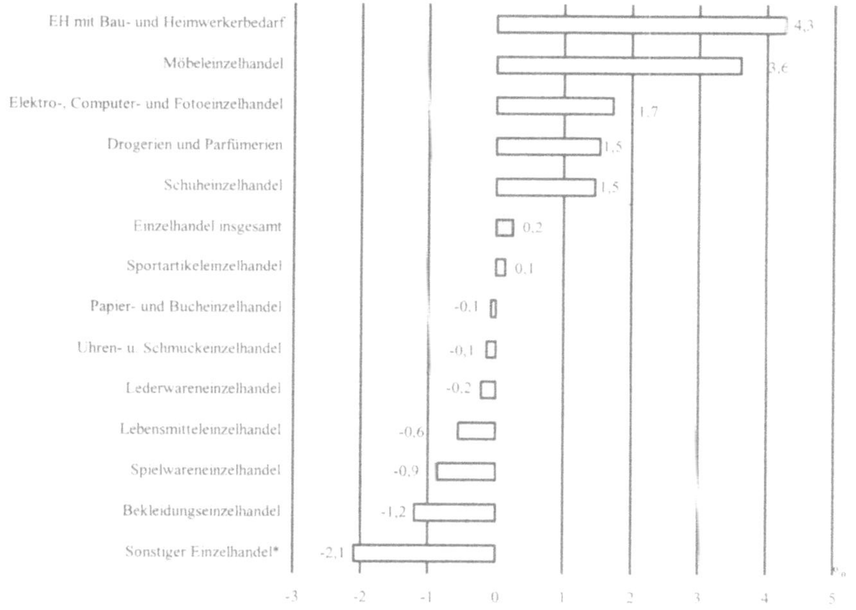

* Unter dem sonstigen Einzelhandel werden folgende Branchen subsumiert: Einzelhandel mit Waren aller Art, Trafiken, Einzelhandel mit medizinischen und orthopädischen Artikeln, Einzelhandel mit Textilien, Einzelhandel mit Büromaschinen und –möbeln, Blumeneinzelhandel
Quelle: KMU FORSCHUNG AUSTRIA - Konjunkturdatenbank

Trotz der insgesamt vergleichsweise hohen Preisstabilität im Einzelhandel gab es branchenmäßige Unterschiede: Im Spielwareneinzelhandel ist der Preisauftrieb bei PC-CD-Rom-Spielen für die Preiserhöhung verantwortlich.[104] Im Lederwarenhandel wurden insbesondere die Preise für Damenhandtaschen angehoben. Hingegen wurden im Radio-, Elektro-, EDV- und Fotoeinzelhandel vor allem Computer und Digitalkameras günstiger verkauft als im entsprechenden Zeitraum des Vorjahres.[105]

---

104 Aus dem Warenkorb, der als Grundlage für die Erhebung der Verbraucherpreise herangezogen wird, betreffen acht Produkte den Spielwareneinzelhandel, wobei PC-CD-Rom-Spiele mit Abstand am stärksten gewichtet sind.

105 Quelle: Statistik Austria, 2004

Bei der Umsatzentwicklung in den betrachteten Branchen rangiert unter Berücksichtigung des Preiseffekts der Radio-, Elektro-, EDV- und Fotoeinzelhandel (+6,8 %) an der Spitze, gefolgt vom Möbeleinzelhandel (+2,6 %) und dem Einzelhandel mit Eisenwaren, Bau- und Heimwerkerbedarf (+1,9 %). Der Schuh- (+0,7 %) sowie der Uhren- und Schmuckeinzelhandel (+0,4 %) konnten das Umsatzniveau des Vorjahres real ebenfalls übertreffen. Im Sportartikeleinzelhandel kam es zu einer Stagnation. Alle anderen Branchen mussten, wie auch der Einzelhandel insgesamt, mengenmäßige Umsatzrückgänge hinnehmen.[106]

Grafik 53 Reale Umsatzentwicklung nach Einzelhandelsbranchen, Veränderung gegenüber dem Vorjahr in Prozent, Jänner bis September 2004

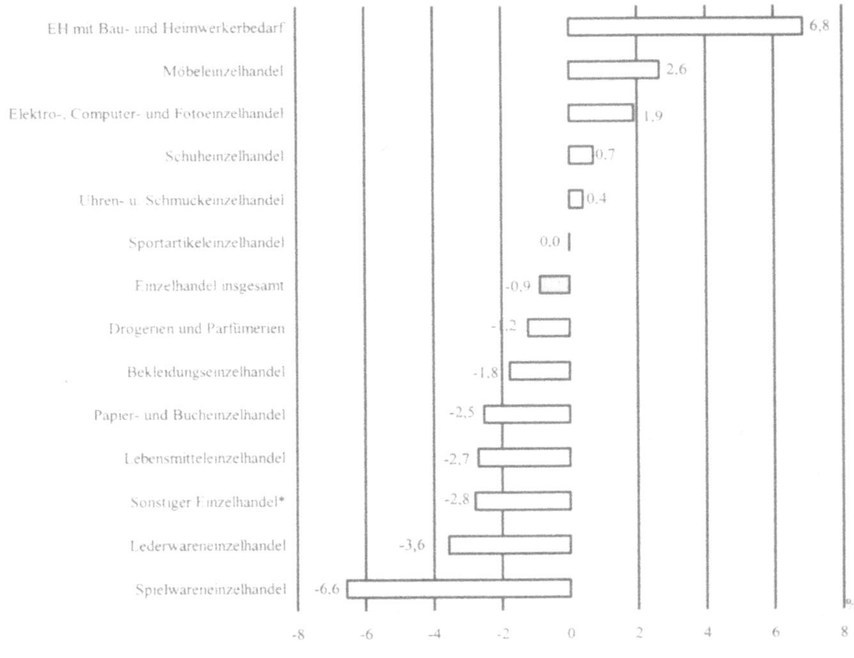

* Unter dem sonstigen Einzelhandel werden folgende Branchen subsumiert: Einzelhandel mit Waren aller Art, Trafiken, Einzelhandel mit medizinischen und orthopädischen Artikeln, Einzelhandel mit Textilien, Einzelhandel mit Büromaschinen und –möbeln, Blumeneinzelhandel
Quelle: KMU FORSCHUNG AUSTRIA - Konjunkturdatenbank

---

106 Quelle: KMU FORSCHUNG AUSTRIA – Konjunkturdatenbank, 2004

4.1.2 International

Eine Betrachtung des monatlichen Absatzvolumens des Einzelhandels von **Jänner bis August 2004** zeigt im Durchschnitt der 25 EU-Länder in allen Monaten eine positive Umsatzentwicklung. In der Eurozone verläuft die Kurve ähnlich, aber schlechter als in den EU-25. In diesem Gebiet ging das Absatzvolumen im Mai um fast 2 % zurück. Im Februar und August stagnierte der Umsatz. In Österreich entwickelte sich der Einzelhandel im Verlauf der ersten acht Monate im Durchschnitt in fast allen Monaten schlechter als in den EU-25 und seit April besser als in der Eurozone.[107]

Grafik 54 Reale Umsatzentwicklung nach Monaten im Einzelhandel, Veränderung gegenüber dem entsprechenden Vorjahresmonat in Prozent, Jänner bis August 2004

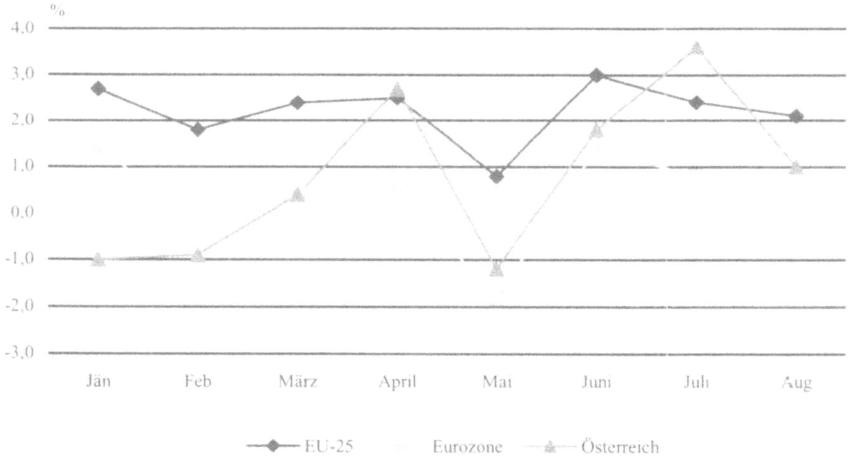

Quelle: Eurostat

4.2 Großhandel

Die Unternehmen des österreichischen Großhandels (inkl. Handelsvermittlung) konnten im **I. Halbjahr 2004** ein nominelles Umsatzplus von 2,5 % gegenüber dem Vorjahr erzielen. Real, d. h. unter Berücksichtigung des Preiseffekts, bedeutet dies ein Umsatzminus von 1,4 %.

107 Quelle: Eurostat, 2004

Nach Umsatzrückgängen im I. Quartal, kam es im Zeitraum April bis Juni zu nominellen Umsatzzuwächsen von fast 6 %. Die durchschnittlichen Preissteigerungen waren im II. Quartal deutlich höher als im ersten. Dies bedeutet auch für das zweite Jahresviertel ein reales Umsatzminus.[108]

Grafik 55 Umsatzentwicklung nach Quartalen im Großhandel, Veränderung gegenüber dem Vorjahr in Prozent, I. Halbjahr 2004

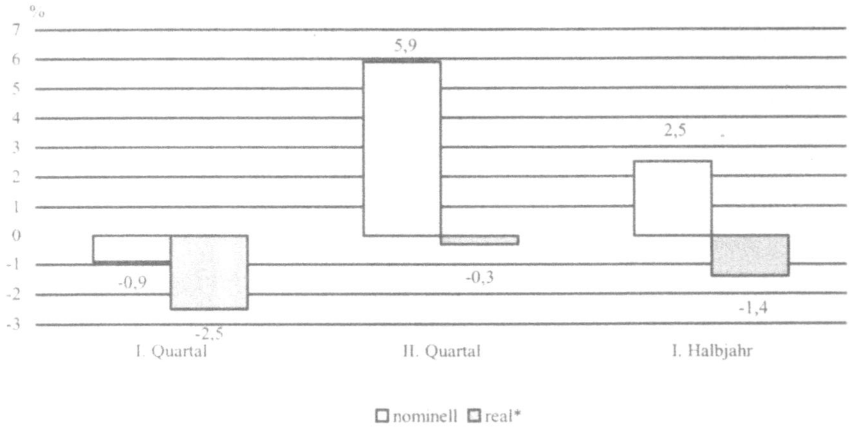

* zu Durchschnittspreisen 2000
Quelle: Statistik Austria

4.3 Kfz-Wirtschaft

Die Kfz-Wirtschaft verzeichnete im **I. Halbjahr 2004** nominelle Umsatzsteigerungen von 2,1 % gegenüber dem Vorjahr. Real kam es zu einer Stagnation. Wie im Großhandel konnten die Betriebe, nach Umsatzrückgängen im I. Quartal, im II. Quartal Umsatzzuwächse erzielen. In der Kfz-Wirtschaft kam es – im Gegensatz zum Großhandel – zwischen April und Juni auch real zu einem Umsatzplus.

[108] Quelle: Statistik Austria, 2004

Grafik 56 Umsatzentwicklung nach Quartalen in der Kfz-Wirtschaft, Veränderung gegenüber dem Vorjahr in Prozent, I. Halbjahr 2004

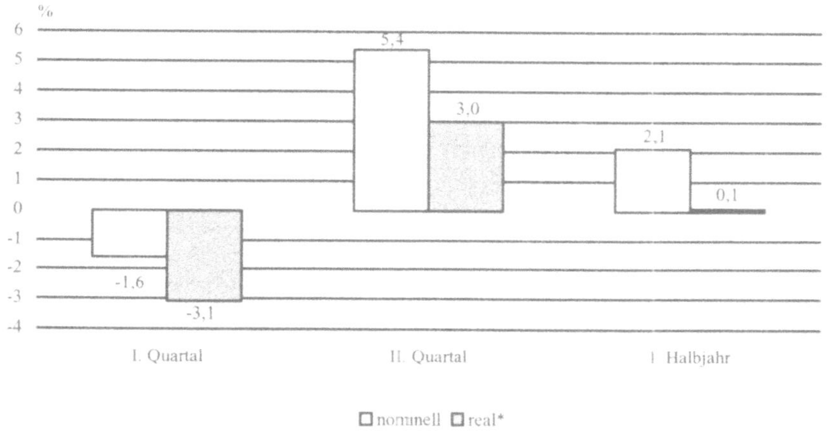

* zu Durchschnittspreisen 2000
Quelle: Statistik Austria

Die Zulassungen von Kraftfahrzeugen nahmen im Zeitraum **Jänner bis September** gegenüber dem Vergleichszeitraum des Vorjahres deutlich zu, wobei das Wachstum bei den Neuzulassungen höher war als bei den Gebrauchtzulassungen. Zum höchsten Anstieg kam es im II. Quartal. Nur im ersten Jahresviertel 2004 war der Zuwachs bei den Gebrauchtzulassungen stärker, was in erster Linie auf die Zulassungen von Pkw und Kombi zurückzuführen ist.

Grafik 57 Entwicklung der Neu- und Gebrauchtzulassungen von Kraftfahrzeugen, Veränderung gegenüber dem Vorjahr in Prozent, I. Quartal – III. Quartal 2004

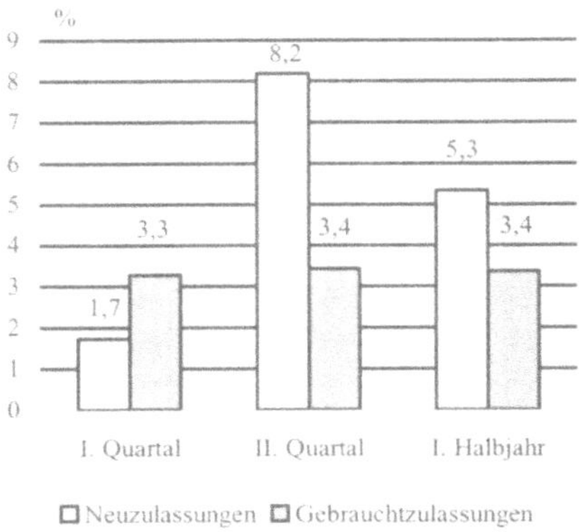

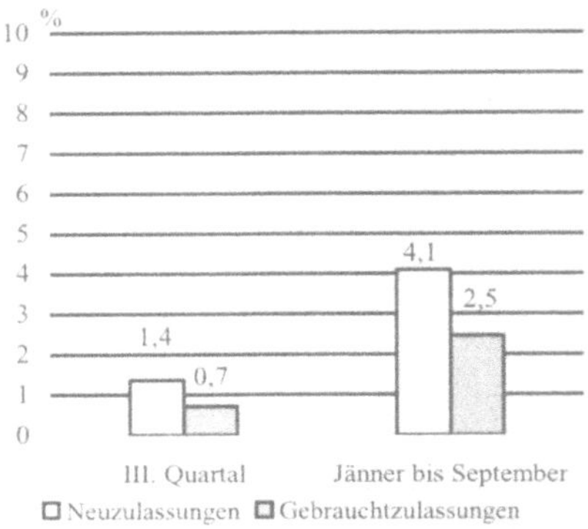

Quelle: Statistik Austria

Bei 77 % der fast 318.000 in den ersten neun Monaten des Jahres 2004 erstmals zugelassenen Kraftfahrzeugen bzw. bei 82 % der rd. 729.000 gebraucht zugelassenen Kfz handelte es sich um Pkw und Kombi. Der Anstieg der gebraucht zugelassenen Pkw und Kombi war dabei im Vergleich zum entsprechenden Zeitraum des Vorjahres etwas höher als bei jenen, die vorher weder auf ein in- noch ein ausländisches Kennzeichen zugelassen waren.

Rückläufig entwickelte sich nur die Zahl der gebraucht zugelassenen einspurigen Kfz sowie jene der Omnibusse.[109]

Tabelle 16 Neu- und Gebrauchtzulassungen, Jänner – September 2004

	Neuzulassungen		Gebrauchtzulassungen	
	Anzahl	VÄ zu Jänner – Sept 03 in %	Anzahl	VÄ zu Jänner – Sept 03 in %
Motorfahrräder*	21.633	7,9	29.865	-12,0
Motorräder**	17.995	4,1	47.519	-5,9
Pkw und Kombi	243.929	3,5	598.457	4,2
Omnibusse	599	20,0	434	-16,1
Lkw	22.930	5,8	32.723	0,1
Zugmaschinen	8.697	5,8	14.651	1,9
sonstige Kfz	2.085	7,3	4.942	1,4
Gesamt	317.868	4,1	728.591	2,5
Anhänger	20.000	6,5	16.075	0,2

* inkl. mehrspurige Motorfahrräder
** inkl. Leicht- und Kleinmotorräder
Quelle: Statistik Austria

109 Quelle: Statistik Austria, 2004

5 Die betriebswirtschaftliche Situation im Handel

- **Umsatzrentabilität im Handel: rd. 1,5 %**
  - Rd. 46 % der Handelsbetriebe schreiben rote Zahlen
- **Korr. Cash flow: rd. 3,9 %**
- **Eigenkapitalquote: rd. 20,5 %**
  - Rd. 40 % buchmäßig überschuldet
- **Anlagendeckung: rd. 133,4 %**
- **Großbetriebe (über € 100 Mio Jahresumsatz) erfolgreicher**

(Bilanzjahr 2002/03)

Die betriebswirtschaftliche Situation der österreichischen Handelsbetriebe wird anhand von Ertrags- und Rentabilitätskennzahlen (Umsatzrentabilität, Cash flow) bzw. Kennzahlen zu Finanzierung und Liquidität (Eigenkapitalquote, Anlagendeckung, Schuldentilgungsdauer)[110] analysiert. Die folgenden Auswertungen basieren auf der KMU FORSCHUNG AUSTRIA – Bilanzdatenbank. Für das Basisjahr 2002/03[111] wurden insgesamt rd. 19.700 Bilanzen von Handelsbetrieben ausgewertet.

110 Quelle: KMU FORSCHUNG AUSTRIA, 2004

111 Sofern das Wirtschaftsjahr nicht dem Kalenderjahr entspricht, wurden Bilanzen bis zum Stichtag 30. Juni des Folgejahres berücksichtigt (d. h., alle Bilanzen mit Stichtag bis 30.06.2003 wurden dem Basisjahr 2002/03 zugeordnet).

Tabelle 17 Anzahl der ausgewerteten Bilanzen von Handelsbetrieben, 2002/03

Bereich	ÖNACE		Anzahl der Betriebe
Handel	50, 51, 52	Handel; Instandhaltung und Reparatur von Kraftfahrzeugen und Gebrauchsgütern	19.706
Einzelhandel	52	Einzelhandel (ohne Handel mit Kraftfahrzeugen); Reparatur von Gebrauchsgütern	9.333
Großhandel	51	Handelsvermittlung und Großhandel (ohne Handel mit Kraftfahrzeugen)	6.788
Kfz-Wirtschaft	50	Kraftfahrzeughandel; Instandhaltung und Reparatur von Kraftfahrzeugen; Tankstellen	3.585

Quelle: KMU FORSCHUNG AUSTRIA - Bilanzdatenbank

Zur Erhöhung der Vergleichbarkeit z. B. von Betrieben unterschiedlicher Rechtsform werden kalkulatorische Berichtigungen (Ansatz eines kalk. Unternehmerlohns (bei Einzelfirmen und Personengesellschaften) und kalk. Eigenkapitalzinsen) durchgeführt.

In die Auswertungen wurden ausschließlich Betriebe mit einem Jahresumsatz unter € 100 Mio einbezogen, um betriebsspezifische Verzerrungen, insbesondere auf Branchenebene, zu vermeiden.

Die Definition der Größenklassen folgt einer Empfehlung der Europäischen Kommission. Um als KMU klassifiziert zu werden, muss ein Betrieb sowohl das Kriterium der Beschäftigtenzahl als auch eines der beiden nachstehenden Finanzkriterien erfüllen, also entweder den Umsatz oder die Bilanzsumme. Zusätzlich muss es unabhängig sein, d. h., es darf nicht zu mehr als 25 % im Besitz eines anderen Betriebes stehen, welches kein Klein- bzw. Mittelbetrieb ist.

Tabelle 18 Größenklassen lt. EU-Definition

	Kleinstbetriebe	Kleinbetriebe	Mittelbetriebe
Max. Beschäftigtenzahl	< 10	< 50	< 250
Max. Umsatz (in € Mio)	-	7	40
Max. Bilanzsumme (in € Mio)	-	5	27

Quelle: Europäische Kommission

Zusätzlich werden die Ergebnisse der Großbetriebe mit einem Jahresumsatz unter € 100 Mio in die Durchschnittsberechnungen miteinbezogen und im Betriebsgrößenvergleich ausgewiesen. Großbetriebe sind lt. EU-Definition Betriebe mit mehr als 250 Beschäftigten oder mit mehr als € 40 Mio Umsatz und einer Bilanzsumme von mehr als € 27 Mio. Die Großbetriebe mit mehr als € 100 Mio Jahresumsatz fließen in die Durchschnittswerte nicht ein, um Verzerrungen, besonders auf Branchenebene, zu vermeiden. Auswertungen dieser Betriebe werden jedoch im Vergleich der Größenklassen gesondert dargestellt.

Zudem wurden Kohortenauswertungen durchgeführt, d. h., es werden nur Daten jener Betriebe ausgewertet, für die Daten für alle Vergleichsjahre verfügbar sind. Diese Auswertungen ermöglichen erst eine Vergleichbarkeit der einzelnen Bilanzjahre. Für den Vergleich der Bilanzjahre 2001/02 und 2002/03 stehen rd. 10.800 Jahresabschlüsse von Handelsbetrieben zur Verfügung.

Im Anschluss an die Analyse der betriebswirtschaftlichen Situation der österreichischen Handelsbetriebe erfolgt ein Vergleich mit den Sektoren Sachgütererzeugung, Bauwesen, Verkehr und Wirtschaftsdienste.

Darüber hinaus wird die Ertragssituation bzw. –entwicklung im österreichischen Einzel-, und Großhandel sowie in der Kfz-Wirtschaft der betriebswirtschaftlichen Situation in ausgewählten europäischen Ländern (Belgien, Frankreich, Italien, Niederlande und Portugal) gegenübergestellt.

5.1 Ertrags- und Rentabilitätskennzahlen

5.1.1 Umsatzrentabilität

Die Umsatzrentabilität (nach Finanzergebnis) gibt Auskunft über die Ertragskraft der Unternehmen.

$$\text{Umsatzrentabilität} = \frac{\text{Ergebnis der gewöhnlichen Geschäftstätigkeit}}{\text{Betriebsleistung}} \times 100$$

Im Durchschnitt der österreichischen Handelsbetriebe betrug die Umsatzrentabilität im Bilanzjahr 2002/03 rd. 1,5 %. Das bedeutet, dass auf Basis der gewöhnlichen Geschäftstätigkeit ein Gewinn von rd. 1,5 % vom Umsatz erwirtschaftet wurde.

Im Vergleich der Handelsbereiche ist die Ertragskraft der Großhandelsbetriebe (mit rd. 1,8 %) – wie in den letzten vier Jahren - am stärksten, während der Einzelhandel und die Kfz-Wirtschaft unter dem Gesamtdurchschnitt des Handels liegen.

Grafik 58 Umsatzrentabilität (nach Finanzergebnis)* im österreichischen Handel** in Prozent, 2002/03

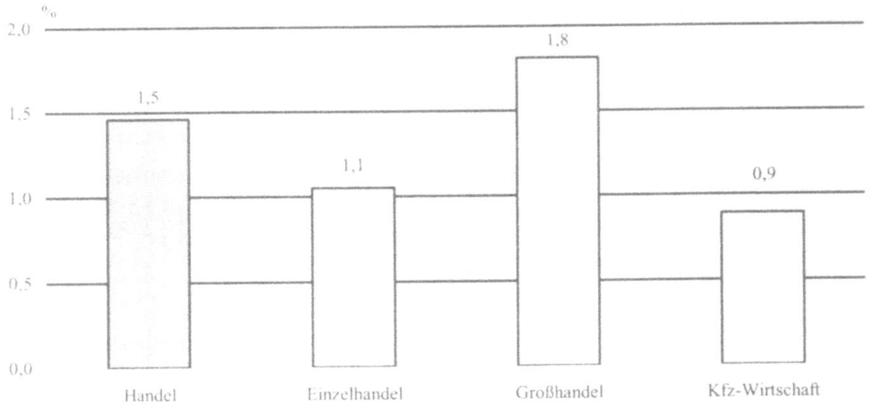

* Umsatzrentabilität (nach Finanzergebnis) = Ergebnis der gewöhnlichen Geschäftstätigkeit (EGT) in Prozent der Betriebsleistung

** 19.706 Bilanzen von Handelsbetrieben mit weniger als € 100 Mio Jahresumsatz

Quelle: KMU FORSCHUNG AUSTRIA - Bilanzdatenbank

Im österreichischen Handel steigt die Ertragskraft der Betriebe tendenziell mit zunehmender Betriebsgröße. Bei Betrachtung der einzelnen Handelsbereiche zeigt sich jedoch ein differenziertes Bild. Während im Einzelhandel die mittelgroßen Betriebe im Durchschnitt die höchste Ertragskraft erzielen, weisen in der Kfz-Wirtschaft die Großbetriebe mit einem Jahrsumsatz bis € 100 Mio und im Großhandel die Großbetriebe mit einem Jahrsumsatz über € 100 Mio im Durchschnitt die höchste Umsatzrentabilität auf.

Tabelle 19 Umsatzrentabilität (nach Finanzergebnis)* im österreichischen Handel** nach Größenklassen in Prozent, 2002/03

	Handel	Einzelhandel	Großhandel	Kfz-Wirtschaft
Kleinstbetriebe	1,0	0,2	1,7	0,2
Kleinbetriebe	1,2	0,9	1,5	0,8
Mittelbetriebe	1,7	2,0	2,0	0,5
Großbetriebe < 100 Mio	1,6	0,7	1,8	3,4
Summe Betriebe < 100 Mio	*1,5*	*1,1*	*1,8*	*0,9*
Großbetriebe > 100 Mio	2,1	1,8	2,4	1,6

* Umsatzrentabilität (nach Finanzergebnis) = Ergebnis der gewöhnlichen Geschäftstätigkeit (EGT) in Prozent der Betriebsleistung

** 19.706 Bilanzen von Handelsbetrieben mit weniger als € 100 Mio Jahresumsatz, 248 Bilanzen von Handelsbetrieben über € 100 Mio Jahresumsatz

Quelle: KMU FORSCHUNG AUSTRIA - Bilanzdatenbank

Nach einem Rückgang der Ertragskraft in allen drei Handelsbereichen im vorangegangenen Vergleichszeitraum ist die Umsatzrentabilität im Bilanzjahr 2002/03 im Großhandel und der Kfz-Wirtschaft steigend und im Einzelhandel konstant geblieben.

Im Vergleich der Einzelhandelsbranchen erzielen der Elektroeinzelhandel und der Fotoeinzelhandel mit rd. 2 % die höchste Umsatzrentabilität. Am unteren Ende des Ranking befindet sich der Uhren- und Schmuckeinzelhandel, der im Durchschnitt einen Verlust in der Höhe von rd. 3 % der Betriebsleistung hinnehmen muss. Rote Zahlen schreiben im Bilanzjahr 2002/03 weiters die Branchen Drogerien/Parfümerien und Lebensmitteleinzelhandel.

Grafik 59 Umsatzrentabilität (nach Finanzergebnis)* im österreichischen Einzelhandel** in Prozent nach Branchen, 2002/03

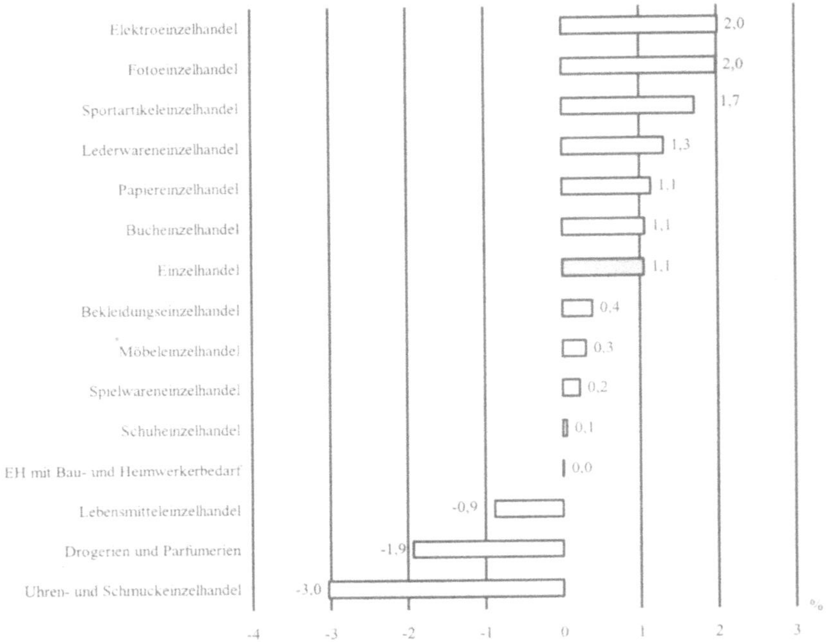

* Umsatzrentabilität nach Finanzergebnis = Ergebnis der gewöhnlichen Geschäftstätigkeit (EGT) in Prozent der Betriebsleistung

** 9.333 Bilanzen von Einzelhandelsbetrieben mit weniger als € 100 Mio Jahresumsatz

Quelle: KMU FORSCHUNG AUSTRIA - Bilanzdatenbank

Im Durchschnitt konnten die Einzelhandelsbranchen Lebensmittel-, Buch-, Foto-, Spielwaren- und Papier-, Büro- und Schreibwareneinzelhandel eine Steigerung der Ertragskraft erzielen, während im Jahresvergleich der Elektrohandel eine konstante Umsatzrentabilität aufweist. Eine sinkende Ertragskraft verzeichneten hingegen die Drogerien/Parfümerien, die Baumärkte, der Bekleidungs-, der Möbel-, der Schuh-, der Lederwaren-, der Sportartikel- und der Uhren- und Schmuckeinzelhandel.

Zudem zeigt sich hinsichtlich der Ertragskraft ein West-Ost-Süd-Gefälle im österreichischen Einzelhandel. Im Durchschnitt waren die Einzelhandelsbetriebe im Westen und Osten Österreichs erfolgreicher als die Einzelhandelsbetriebe in der Steiermark und Kärnten.

Grafik 60 Umsatzrentabilität (nach Finanzergebnis)* im österreichischen Einzelhandel** in Prozent nach Regionen, 2002/03

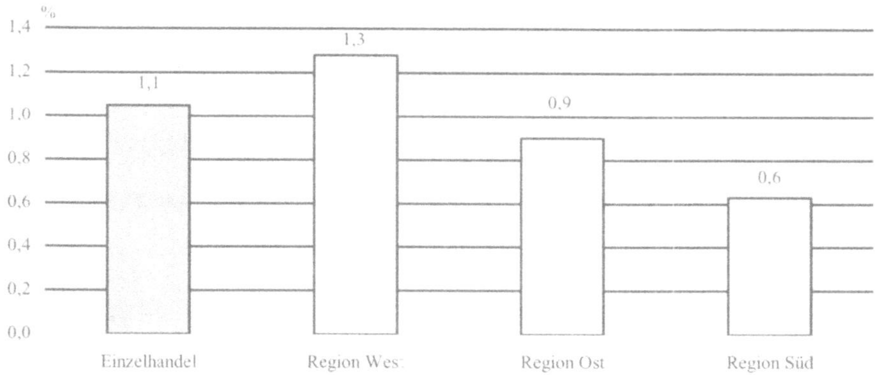

Region Ost: Burgenland, Niederösterreich, Wien
Region Süd: Kärnten, Steiermark
Region West: Oberösterreich, Salzburg, Tirol, Vorarlberg
* Umsatzrentabilität nach Finanzergebnis = Ergebnis der gewöhnlichen Geschäftstätigkeit (EGT) in Prozent der Betriebsleistung
** 9.333 Bilanzen von Einzelhandelsbetrieben mit weniger als € 100 Mio Jahresumsatz
Quelle: KMU FORSCHUNG AUSTRIA - Bilanzdatenbank

Rd. 46 % der Handelsbetriebe erwirtschafteten im Bilanzjahr 2002/03 kein positives Betriebsergebnis. Der Anteil der Handelsbetriebe, die rote Zahlen schrieb, sank mit zunehmender Betriebsgröße. Während rd. 51 % der Kleinstbetriebe im Handel negativ bilanzierten, lag dieser Anteil bei den Großbetrieben mit über € 100 Mio Jahresumsatz bei rd. 24 %.

Grafik 61 Anteil der Betriebe im österreichischen Handel* mit negativem Betriebsergebnis (EGT)** nach Größenklassen in Prozent, 2002/03

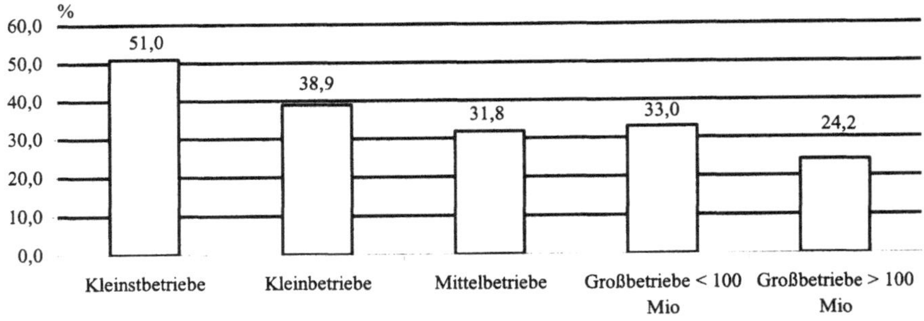

* 19.706 Bilanzen von Handelsbetrieben mit weniger als € 100 Mio Jahresumsatz, 248 Bilanzen von Handelsbetrieben über € 100 Mio Jahresumsatz
** EGT = Ergebnis der gewöhnlichen Geschäftstätigkeit
Quelle: KMU FORSCHUNG AUSTRIA - Bilanzdatenbank

Differenziert nach Handelsbereichen zeigt sich, dass der Anteil der Betriebe, die rote Zahlen schreiben, im Einzelhandel am höchsten ist.

Grafik 62 Anteil der Betriebe im österreichischen Handel* mit negativem Betriebsergebnis (EGT)** in Prozent, 2002/03

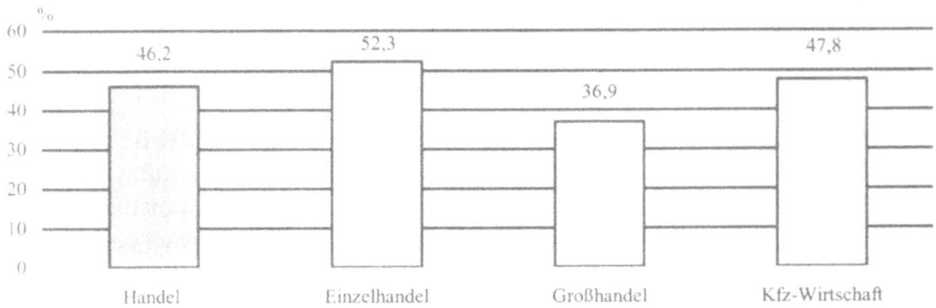

* 19.706 Bilanzen von Handelsbetrieben mit weniger als € 100 Mio Jahresumsatz
** EGT = Ergebnis der gewöhnlichen Geschäftstätigkeit
Quelle: KMU FORSCHUNG AUSTRIA - Bilanzdatenbank

Der Anteil der Betriebe mit negativem Betriebsergebnis ist im Vergleich zum Bilanzjahr 2001/02 in der Kfz-Wirtschaft gesunken und im Einzel- und Großhandel konstant geblieben.

5.1.2 Korrigierter Cash flow

Mit der Kennzahl des korrigierten Cash flow[112] wird die Innenfinanzierungskraft eines Unternehmens dargestellt. Dieser Betrag steht für Investitionen, Schuldentilgung bzw. Gewinnentnahme zur Verfügung. Um einen Vergleich zwischen den Rechtsformen zu ermöglichen, wird diese Kennzahl vor etwaigen Ertragssteuern ermittelt.

Korr. Cash flow in % der Betriebsleistung =

$$\frac{(EGT * + kalk.Eigenkapitalzinsen + Abschreibungen)}{Betriebsleistung} \times 100$$

* *EGT = Ergebnis der gewöhnlichen Geschäftstätigkeit*

Der korr. Cash flow betrug im Bilanzjahr 2002/03 im Durchschnitt der Handelsbetriebe rd. 3,9 % der Betriebsleistung. Die Innenfinanzierungskraft im Einzel- und Großhandel lag über dem Handelsdurchschnitt, während die Kfz-Betriebe im Vergleich der Handelsbereiche einen unterdurchschnittlichen Cash flow aufweisen.

112 Vom korrigierten Cash flow wird dann gesprochen, wenn (bei Einzelunternehmungen bzw. Personengesellschaften) ein kalkulatorisches Unternehmerentgelt berücksichtigt wird, um einen Vergleich – unabhängig von der Rechtsform – zu ermöglichen.

Grafik 63 Korr. Cash flow* im österreichischen Handel** in Prozent, 2002/03

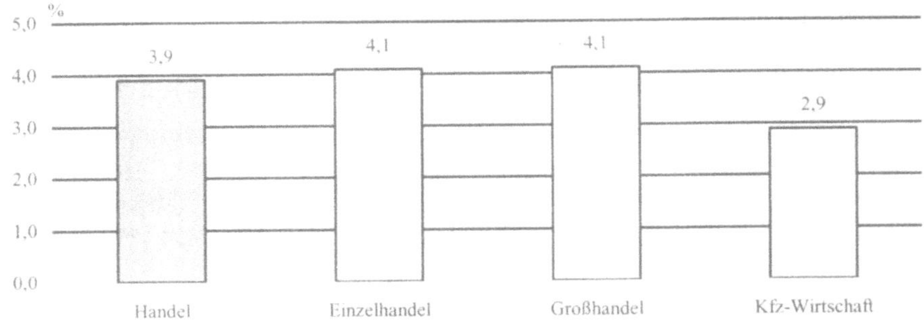

* Korr. Cash flow = Summe aus dem Ergebnis der gewöhnlichen Geschäftstätigkeit, den kalkulatorischen Eigenkapitalzinsen und den Abschreibungen in Prozent der Betriebsleistung

** 19.706 Bilanzen von Handelsbetrieben mit weniger als € 100 Mio Jahresumsatz

Quelle: KMU FORSCHUNG AUSTRIA - Bilanzdatenbank

Der korrigierte Cash flow steigt im österreichischen Handel tendenziell mit zunehmender Betriebsgröße. Dies ermöglicht größeren Betrieben einen größeren Handlungsspielraum im Vergleich zu den Klein- und Mittelbetrieben. Im Großhandel sowie in der Kfz-Wirtschaft wiesen die Großbetriebe im Bilanzjahr 2002/03 mit einem Jahresumsatz unter € 100 Mio den höchsten korr. Cash flow in Prozent der Betriebsleistung auf.

Tabelle 20 Korr. Cash flow* im österreichischen Handel** nach Größenklassen in Prozent, 2002/03

	Handel	Einzelhandel	Großhandel	Kfz-Wirtschaft
Kleinstbetriebe	3,1	2,9	3,4	2,5
Kleinbetriebe	3,5	3,8	3,9	2,6
Mittelbetriebe	4,0	4,7	4,2	2,4
Großbetriebe < 100 Mio	4,9	4,7	4,7	6,0
Summe Betriebe < 100 Mio	*3,9*	*4,1*	*4,1*	*2,9*
Großbetriebe > 100 Mio	4,9	6,0	4,6	3,2

* Korr. Cash flow = Summe aus dem Ergebnis der gewöhnlichen Geschäftstätigkeit, den kalkulatorischen Eigenkapitalzinsen und den Abschreibungen in Prozent der Betriebsleistung

** 19.706 Bilanzen von Handelsbetrieben mit weniger als € 100 Mio Jahresumsatz, 248 Bilanzen von Handelsbetriebe über € 100 Mio Jahresumsatz

Quelle: KMU FORSCHUNG AUSTRIA - Bilanzdatenbank

Der korr. Cash flow ist im Vergleich der Bilanzjahre 2001/02 – 2002/03 in der Kfz-Wirtschaft gestiegen und im Einzel- und Großhandel konstant geblieben.

Im Vergleich der Einzelhandelsbranchen wies der Fotoeinzelhandel mit rd. 6,5 % den höchsten korr. Cash flow auf, gefolgt vom Sportartikel- und dem Bekleidungseinzelhandel. Die geringsten Werte erzielten im Durchschnitt der Lebensmittel- und der Uhren- und Schmuckeinzelhandel.

Grafik 64 Korr. Cash flow* im österreichischen Einzelhandel** nach Branchen in Prozent, 2002/03

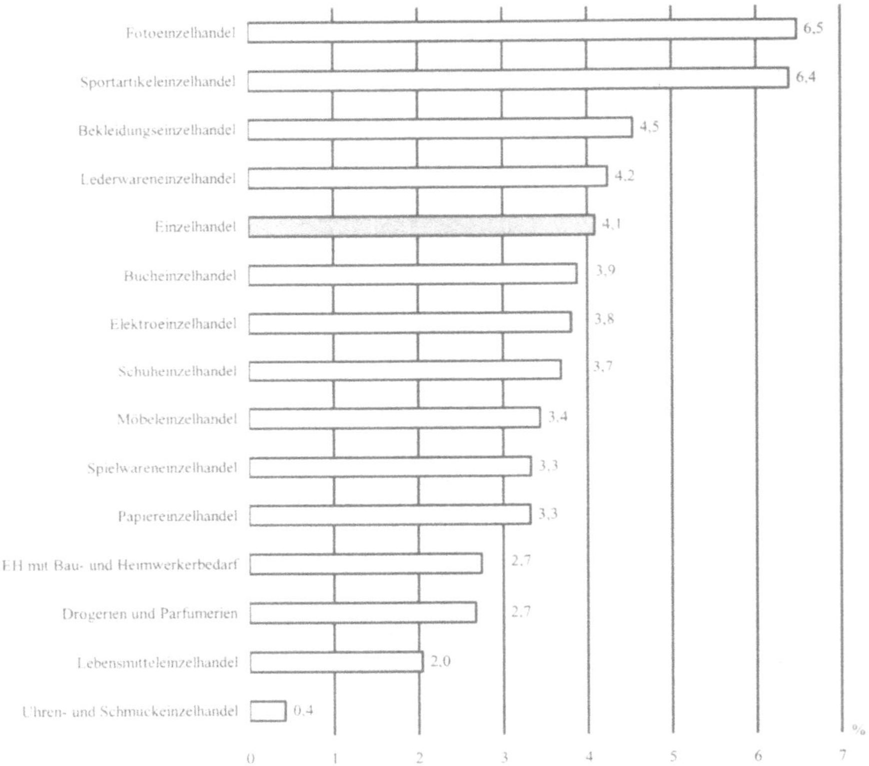

* Korr. Cash flow = Summe aus dem Ergebnis der gewöhnlichen Geschäftstätigkeit, den kalkulatorischen Eigenkapitalzinsen und den Abschreibungen in Prozent der Betriebsleistung
** 9.333 Bilanzen von Einzelhandelsbetrieben mit weniger als € 100 Mio Jahresumsatz
Quelle: KMU FORSCHUNG AUSTRIA - Bilanzdatenbank

Eine Steigerung des korr. Cash flow erreichten im Bilanzjahr 2002/03 im Branchendurchschnitt der Lebensmittel-, der Buch-, der Foto-, der Spielwaren- sowie der Papier- und Bucheinzelhandel. Eine konstante Innenfinanzierungskraft im Jahresvergleich wiesen der Elektro- und der Sportartikeleinzelhandel auf. Einen rückläufigen korr. Cash flow zeigten die Kohortenauswertungen für die Branchen Drogerien/Parfümerien, Baumärkte, Bekleidungs-, Möbel, Schuh-, Lederwaren- und Uhren- und Schmuckeinzelhandel.

5.2 Kennzahlen zur Finanzierung und Liquidität

5.2.1 Eigenkapitalquote

Die Eigenkapitalquote gibt an, mit welchem Anteil ein Unternehmen mit buchmäßigem Eigenkapital ausgestattet ist. Etwaige stille Reserven werden nicht berücksichtigt.

$$\text{Eigenkapitalquote} = \frac{\text{Eigenkapital}}{\text{Gesamtkapital}} \times 100$$

Die Eigenkapitalquote der Handelsbetriebe betrug im Bilanzjahr 2002/03 im Durchschnitt rd. 20,5 % und erreichte damit gerade den aus betriebswirtschaftlicher Sicht zu empfehlenden (Mindest-) Richtwert von 20 %. Die Hauptlast der Finanzierung wurde von Fremdkapitalgebern getragen.

Durchschnittlich waren rd. 16 % des Betriebsvermögens mit langfristigem und rd. 59 % mit kurzfristigem Fremdkapital finanziert. Rd. 33 % des Gesamtkapitals entfielen auf Bankverbindlichkeiten.

Grafik 65 Finanzierungsstruktur im österreichischen Handel* in Prozent des Gesamtkapitals, 2002/03

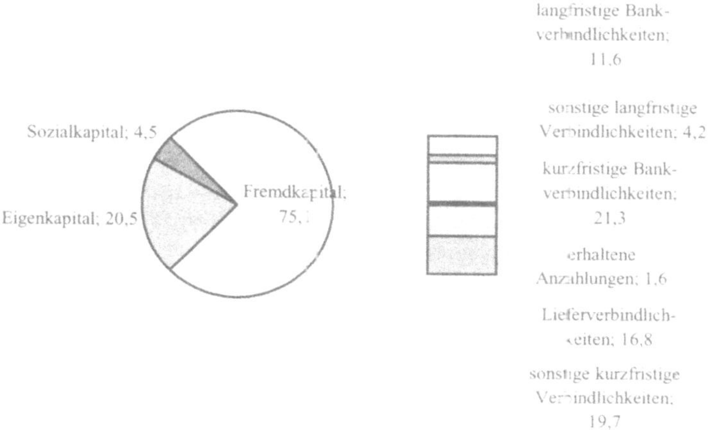

* 19.706 Bilanzen von Handelsbetrieben mit weniger als € 100 Mio Jahresumsatz
Quelle: KMU FORSCHUNG AUSTRIA - Bilanzdatenbank

Die Kfz-Wirtschaft wies im Vergleich der Handelsbereiche die geringste Eigenkapitalausstattung auf.

Grafik 66 Eigenkapitalquote* im österreichischen Handel** in Prozent, 2002/03

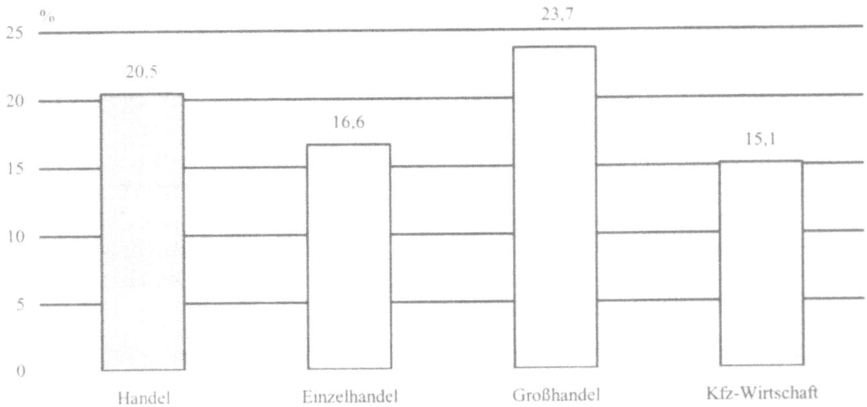

* Eigenkapitalquote = Eigenkapital in Prozent des Gesamtkapitals
** 19.706 Bilanzen von Handelsbetrieben mit weniger als € 100 Mio Jahresumsatz
Quelle: KMU FORSCHUNG AUSTRIA - Bilanzdatenbank

Tendenziell steigt die Eigenkapitalausstattung im Handel mit zunehmender Betriebsgröße, wobei die Großbetriebe mit einem Jahresumsatz unter € 100 Mio den höchsten Durchschnittswert aufweisen. Während das Eigenkapital der Kleinstbetriebe für das Bilanzjahr 2003/03 lediglich rd. 7 % des Gesamtkapitals ausmachte, betrug die Eigenkapitalquote der Großbetriebe unter € 100 Mio Jahresumsatz rd. 30 %.

Besorgniserregend ist die geringe Eigenkapitalausstattung im Durchschnitt der Kleinstbetriebe im Einzelhandel und in der Kfz-Wirtschaft. Den betriebswirtschaftlichen (Mindest-) Richtwert von 20 % überstiegen im Einzelhandel und in der Kfz-Wirtschaft erst die Großbetriebe, während im Großhandel bereits die Kleinbetriebe diesen Wert erreichten.

Tabelle 21 Eigenkapitalquote* im österreichischen Handel** nach Größenklassen in Prozent, 2002/03

	Handel	Einzelhandel	Großhandel	Kfz-Wirtschaft
Kleinstbetriebe	6,8	0,3	13,0	-0,1
Kleinbetriebe	15,0	11,6	20,5	8,1
Mittelbetriebe	22,6	19,3	25,0	15,7
Großbetriebe < 100 Mio	30,1	28,1	29,5	38,8
Summe Betriebe < 100 Mio	*20,5*	*16,6*	*23,7*	*15,1*
Großbetriebe > 100 Mio	23,9	23,1	25,8	19,2

* Eigenkapitalquote = Eigenkapital in Prozent des Gesamtkapitals

** 19.706 Bilanzen von Handelsbetrieben mit weniger als € 100 Mio Jahresumsatz, 248 Bilanzen von Handelsbetrieben über € 100 Mio Jahresumsatz

Quelle: KMU FORSCHUNG AUSTRIA - Bilanzdatenbank

Geringfügige Steigerungen der durchschnittlichen Eigenkapitalausstattung erzielte im Jahresvergleich 2001/02 – 2002/03 die Kfz-Wirtschaft. Die durchschnittliche Eigenkapitalquote im Einzel- und Großhandel ist konstant geblieben.

Vier der ausgewählten vierzehn Einzelhandelsbranchen erreichten im Bilanzjahr 2002/03 im Durchschnitt den betriebswirtschaftlichen (Mindest-)Richtwert von 20 % Eigenkapital. Die höchste Eigenkapitalausstattung wiesen im Durchschnitt die Baumärkte und der Bekleidungseinzelhandel auf. Am unteren Ende des Branchenvergleichs lagen der Lebensmittel- und der Lederwareneinzelhandel.

Grafik 67 Eigenkapitalquote* im österreichischen Einzelhandel** nach Branchen in Prozent, 2002/03

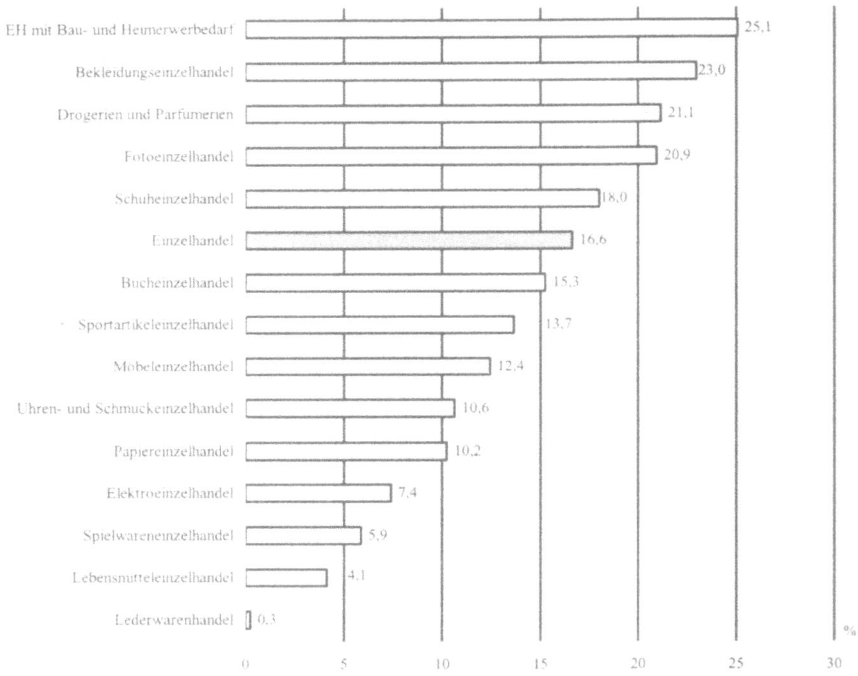

* Eigenkapitalquote = Eigenkapital in Prozent des Gesamtkapitals
** 9.333 Bilanzen von Einzelhandelsbetrieben mit weniger als € 100 Mio Jahresumsatz
Quelle: KMU FORSCHUNG AUSTRIA - Bilanzdatenbank

Im Bilanzjahresvergleich 2001/02 – 2002/03 wiesen der Lebensmittel-, der Bekleidungs-, der Elektro-, der Buch- und der Spielwareneinzelhandel eine durchschnittliche, zum Teil jedoch nur geringfügige, Steigerung der Eigenkapitalausstattung auf. In den Branchen Drogerien/Parfümerien, Baumärkte, Möbel-, Schuh-, Sportartikel-, Uhren- und Schmuckeinzelhandel und Papier-, Büro- und Schreibwareneinzelhandel ist die Eigenkapitalquote konstant geblieben. Eine rückläufige Eigenkapitalquote verzeichneten im Branchendurchschnitt der Lederwaren- und der Fotoeinzelhandel.

Insgesamt wiesen im Bilanzjahr 2002/03 rd. 60 % der Handelsbetriebe ein positives Eigenkapital auf – anders formuliert bedeutet dies, dass rd. 40 % der Betriebe buchmäßig überschuldet waren, d. h., der buchmäßige Wert des Betriebsvermögens war geringer als das vorhandene Fremdkapital.

Der Anteil der Handelsbetriebe ohne buchmäßiges Eigenkapital sinkt mit zunehmender Betriebsgröße. Während rd. 48 % der Kleinstbetriebe im Handel eine Überschuldung aufwiesen, waren es bei den Großbetrieben (über 100 Mio Jahresumsatz) rd. 5 %.

Grafik 68 Anteil der Betriebe im österreichischen Handel* ohne buchmäßiges Eigenkapital nach Größenklassen in Prozent, 2002/03

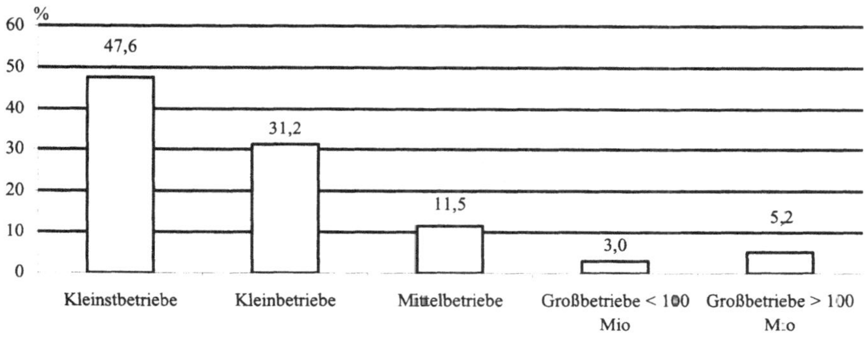

* 19.706 Bilanzen von Handelsbetrieben mit weniger als € 100 Mio Jahresumsatz, 248 Bilanzen von Handelsbetrieben über € 100 Mio Jahresumsatz
Quelle: KMU FORSCHUNG AUSTRIA - Bilanzdatenbank

Der Anteil der buchmäßig überschuldeten Betriebe ist im Vergleich der Handelsbereiche im Einzelhandel am größten.

Grafik 69 Anteil der Betriebe im österreichischen Handel* ohne buchmäßiges Eigenkapital in Prozent, 2002/03

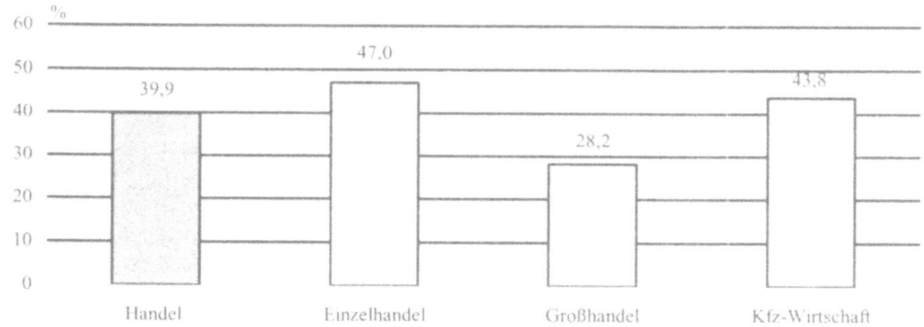

* 19.706 Bilanzen von Handelsbetrieben mit weniger als € 100 Mio Jahresumsatz
Quelle: KMU FORSCHUNG AUSTRIA - Bilanzdatenbank

Im Vergleich der Bilanzjahre 2001/02 – 2002/03 ist der Anteil der überschuldeten Betriebe in allen drei Handelsbereichen konstant geblieben.

5.2.2 Anlagendeckung

Die Anlagendeckung gibt Auskunft über die Qualität der Finanzierung. Sie zeigt, ob langfristig gebundenes Vermögen auch mit langfristig zur Verfügung stehendem Kapital finanziert wurde.

$$\text{Anlagendeckung} = \frac{(\text{Eigenkapital} + \text{Sozialkapital} + \text{langfristiges Fremdkapital})}{\text{Anlagevermögen}} \times 100$$

Durchschnittlich betrug die Anlagendeckung im Bilanzjahr 2002/03 im Handel rd. 133 %. Das bedeutet, dass das Anlagevermögen durch langfristiges Kapital zu mehr als 100 % gedeckt war. Die höchste Anlagendeckung wies im Vergleich der Handelsbereiche im Durchschnitt der Großhandel auf.

Grafik 70 Anlagendeckung* im österreichischen Handel** in Prozent, 2002/03

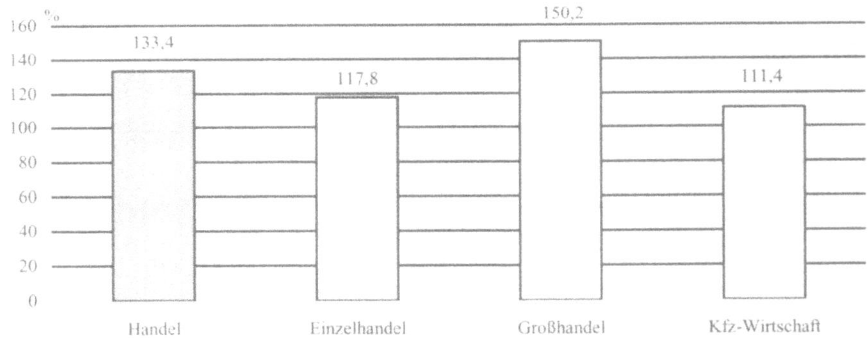

* Anlagendeckung = Summe aus Eigenkapital, Sozialkapital und langfristigem Fremdkapital in Prozent des Anlagevermögens

** 19.706 Bilanzen von Handelsbetrieben mit weniger als € 100 Mio Jahresumsatz

Quelle: KMU FORSCHUNG AUSTRIA - Bilanzdatenbank

Die Anlagendeckung ist im Handelsdurchschnitt bei den Großbetrieben unter € 100 Mio Jahresumsatz am höchsten. Die Kleinstbetriebe im Einzelhandel und in der Kfz-Wirtschaft sowie die Großbetriebe (über € 100 Mio Jahresumsatz) im Einzelhandel konnten im Durchschnitt den Zielwert von 100 % nicht erreichen. Betriebe, die den Zielwert nicht erreichen und so Teile des Anlagevermögens kurzfristig finanzieren, können in weiterer Folge mit Liquiditätsschwierigkeiten konfrontiert sein.

Tabelle 22 Anlagendeckung* im österreichischen Handel** nach Größenklassen in Prozent, 2002/03

	Handel	Einzelhandel	Großhandel	Kfz-Wirtschaft
Kleinstbetriebe	111,8	97,5	140,2	80,7
Kleinbetriebe	127,8	112,9	159,4	100,1
Mittelbetriebe	139,3	120,4	152,3	113,8
Großbetriebe < 100 Mio	140,3	130,0	144,1	161,0
Summe Betriebe < 100 Mio	*133,4*	*117,8*	*150,2*	*111,4*
Großbetriebe > 100 Mio	107,4	93,1	109,9	137,1

* Anlagendeckung = Summe aus Eigenkapital, Sozialkapital und langfristigem Fremdkapital in Prozent des Anlagevermögens

** 19.706 Bilanzen von Handelsbetrieben mit weniger als € 100 Mio Jahresumsatz, 248 Bilanzen von Handelsbetrieben über € 100 Mio Jahresumsatz

Quelle: KMU FORSCHUNG AUSTRIA - Bilanzdatenbank

Die Kohortenauswertung der Bilanzjahre 2001/02 bzw. 2002/03 zeigt keine Veränderung der Anlagendeckung in den Handelsbereichen Einzel-, Großhandel und Kfz-Wirtschaft.

Die höchste Anlagendeckung erzielten im Bilanzjahr 2002/03 im Durchschnitt die Einzelhandelsbranchen Uhren- und Schmuckeinzelhandel sowie der Elektroeinzelhandel. Dagegen erreichten der Sportartikel-, der Möbel- und insbesondere der Lebensmitteleinzelhandel im Durchschnitt den Zielwert von 100 % nicht.

Grafik 71 Anlagendeckung* im österreichischen Einzelhandel** nach Branchen in Prozent, 2002/03

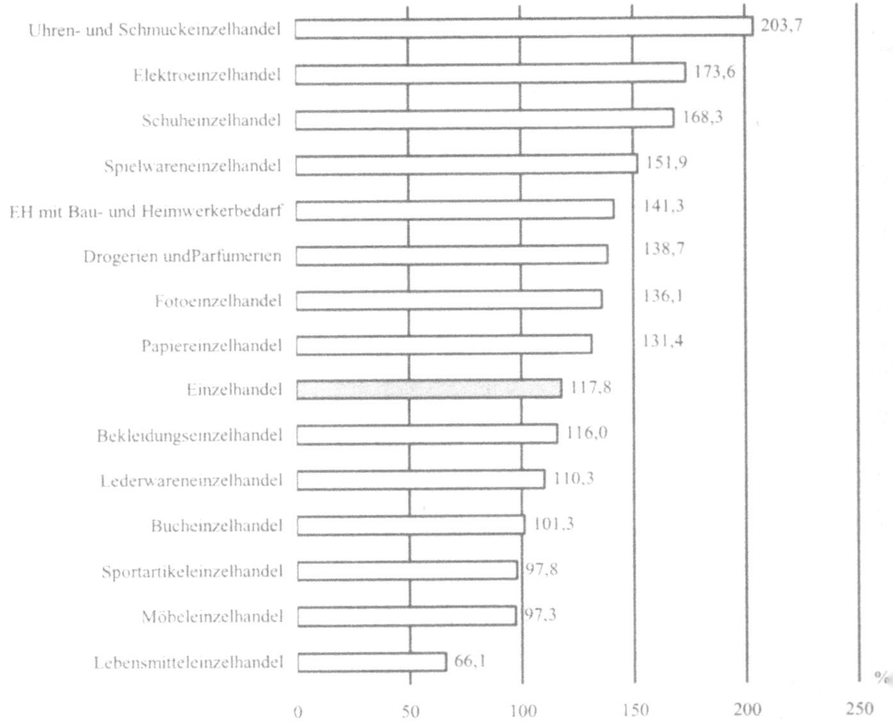

* Anlagendeckung = Summe aus Eigenkapital, Sozialkapital und langfristigem Fremdkapital in Prozent des Anlagevermögens
** 9.333 Bilanzen von Einzelhandelsbetrieben mit weniger als € 100 Mio Jahresumsatz
Quelle: KMU FORSCHUNG AUSTRIA - Bilanzdatenbank

Im Vergleich zum Bilanzjahr 2001/02 war 2002/03 in den Branchen Lebensmittel-, Möbel-, Papier- und Buch- sowie Spielwareneinzelhandel die Anlagendeckung steigend. Eine konstante Anlagendeckung wiesen die Drogerien/Parfümerien, die Baumärkte, der Bekleidungs-, der Möbel-, der Lederwaren-, der Sportartikel- und der Uhren- und Schmuckeinzelhandel auf. Der Schuh-, der Foto- und der Papier- und Bucheinzelhandel verzeichneten eine rückläufige Anlagendeckung.

5.2.3 Schuldentilgungsdauer

Die Schuldentilgungsdauer zeigt die Anzahl von Jahren, die der betreffende Betrieb bei der derzeitigen Ertragslage benötigen würde, um das gesamte Fremdkapital zurückzuzahlen.

$$\text{Schuldentilgungsdauer in Jahren} = \frac{\text{Fremdkapital – liquide Mittel}}{\text{korrigierter Cash flow aus Betriebstätigkeit}}$$

Die Schuldentilgungsdauer betrug im österreichischen Handel im Bilanzjahr 2002/03 im Durchschnitt rd. acht Jahre. Dies bedeutet, dass in einem Zeitraum von rd. 8 Jahren unter folgenden Annahmen das Fremdkapital getilgt werden könnte:

- Gleichbleibende Ertragskraft
- Ausschließliche Verwendung des Cash flow für Schuldentilgung (und nicht für (Ersatz-) Investitionen bzw. Privatentnahmen)

Im Vergleich der Handelsbereiche weist der Großhandel im Durchschnitt die niedrigste Schuldentilgungsdauer auf.

Grafik 72 Schuldentilgungsdauer* im österreichischen Handel** in Jahren, 2002/03

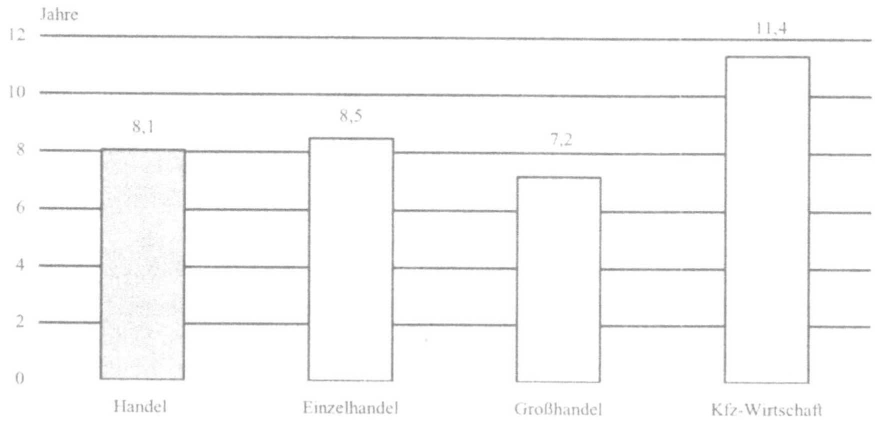

* Schuldentilgungsdauer = Fremdkapital abzüglich liquider Mittel dividiert durch korr. Cash flow
** 19.706 Bilanzen von Handelsbetrieben mit weniger als € 100 Mio Jahresumsatz
Quelle: KMU FORSCHUNG AUSTRIA - Bilanzdatenbank

Die Schuldentilgungsdauer sinkt im Handelsdurchschnitt mit zunehmender Betriebsgröße. Aus betriebswirtschaftlicher Sicht sollte die Schuldentilgungsdauer maximal 7 Jahre betragen – ein Wert, der im Einzel-, und Großhandel erst von den Mittelbetrieben unterschritten wird. In der Kfz-Wirtschaft wiesen erst die Großbetriebe über € 100 Mio Jahresumsatz im Durchschnitt eine Schuldentilgungsdauer unter 7 Jahren auf. In den hohen Werten der kleinsten Betriebsgrößenklasse spiegelt sich neben dem hohen Verschuldungsgrad die eher schwache Innenfinanzierungskraft wider.

Tabelle 23 Schuldentilgungsdauer* im österreichischen Handel** in Jahren, 2002/03

	Handel	Einzelhandel	Großhandel	Kfz-Wirtschaft
Kleinstbetriebe	10,8	13,5	8,7	15,0
Kleinbetriebe	9,2	9,9	7,5	12,8
Mittelbetriebe	7,5	7,0	6,8	13,5
Großbetriebe < 100 Mio	6,6	6,6	7,1	5,2
Summe Betriebe < 100 Mio	*8,1*	*8,5*	*7,2*	*11,4*
Großbetriebe > 100 Mio	5,6	5,1	5,3	10,0

* Schuldentilgungsdauer = Fremdkapital abzüglich liquider Mittel dividiert durch korr. Cash flow
** 19.706 Bilanzen von Handelsbetrieben mit weniger als € 100 Mio Jahresumsatz, 248 Bilanzen von Handelsbetriebe über € 100 Mio Jahresumsatz
Quelle: KMU FORSCHUNG AUSTRIA - Bilanzdatenbank

Die Schuldentilgungsdauer ist im Einzelhandel konstant geblieben und im Großhandel auf Grund einer gestiegenen Eigenkapitalausstattung und in der Kfz-Wirtschaft auf Grund einer Steigerung der durchschnittlichen Innenfinanzierungskraft gesunken.

Eine Schuldentilgungsdauer unter sieben Jahren wiesen im Bilanzjahr 2002/03 im Branchendurchschnitt der Foto- und der Bekleidungseinzelhandel auf. In den Einzelhandelsbranchen Schuheinzelhandel und Uhren- und Schmuckeinzelhandel liegt die Schuldentilgungsdauer deutlich über 15 Jahren. Maßnahmen zur Verbesserung der Ertrags- bzw. Innenfinanzierungskraft (und damit zur Reduzierung der Schuldentilgungsdauer) sind hier unerlässlich.

Grafik 73 Schuldentilgungsdauer* im österreichischen Einzelhandel** nach Branchen in Jahren, 2002/03

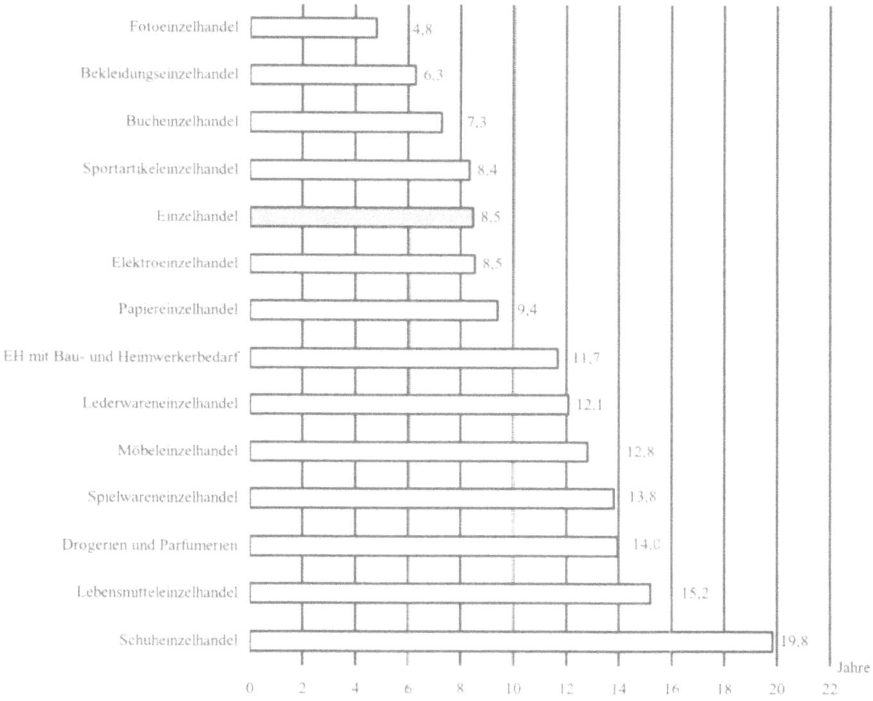

* Schuldentilgungsdauer = Fremdkapital abzüglich liquider Mittel dividiert durch korr. Cash flow
** 9.333 Bilanzen von Einzelhandelsbetrieben mit weniger als € 100 Mio Jahresumsatz
Quelle: KMU FORSCHUNG AUSTRIA - Bilanzdatenbank

Für den Uhren- und Schmuckeinzelhandel, der in obiger Grafik nicht angeführt ist, ergibt sich ein rechnerischer Wert von durchschnittlich rd. 180 Jahren.

Eine rückläufige Schuldentilgungsdauer verzeichneten der Lebensmittel-, der Buch-, der Foto-, der Spielwaren- sowie der Papier- und Bucheinzelhandel. Im Jahresvergleich unverändert geblieben ist die Schuldentilgungsdauer im Elektro- und im Schuheinzelhandel. Bei den Drogerien/Parfümerien, den Baumärkten, im Bekleidungs-, Möbel-, im Lederwaren-, Sportartikel- und Uhren- und Schmuckeinzelhandel ist die Schuldentilgungsdauer im Bilanzjahr 2002/03 gegenüber 2001/02 gestiegen.

5.3 Der Handel im Vergleich zu anderen Wirtschaftssektoren

Der Vergleich der betriebswirtschaftlichen Situation der Sektoren Sachgütererzeugung, Bauwesen, Handel, Verkehr und Wirtschaftsdienste[113] erfolgt anhand der Analyse der Kennzahlen Umsatzrentabilität und Eigenkapitalquote. Die folgenden Auswertungen basieren auf der KMU FORSCHUNG AUSTRIA – Bilanzdatenbank. Für den Sektor Sachgütererzeugung wurden insgesamt rd. 13.100, für das Bauwesen rd. 8.800, für den Verkehr rd. 3.900 und für die Wirtschaftsdienste rd. 8.200 Bilanzen ausgewertet, die betriebswirtschaftlich korrigiert wurden. In die Auswertungen wurden ausschließlich Betriebe mit einem Jahresumsatz unter € 100 Mio einbezogen, um betriebsspezifische Verzerrungen zu vermeiden.

5.3.1 Umsatzrentabilität

Die Wirtschaftsdienstleistungsbetriebe erzielten im Vergleich der Wirtschaftssektoren im Durchschnitt die höchste Umsatzrentabilität. Die durchschnittliche Ertragskraft im Handel lag im Bilanzjahr 2002/03 unter dem Durchschnitt der Betriebe im Sektor Sachgütererzeugung im sektoralen Vergleich an dritter Stelle, noch vor dem Durchschnitt der Sektoren Bauwesen und Verkehr.

[113] Sachgütererzeugung (ÖNACE: D), Bauwesen (ÖNACE: F), Handel (ÖNACE: G), Verkehr (ÖNACE: I), Wirtschaftsdienste (ÖNACE: K)

Grafik 74 Umsatzrentabilität* nach Sektoren** in Prozent, 2002/03

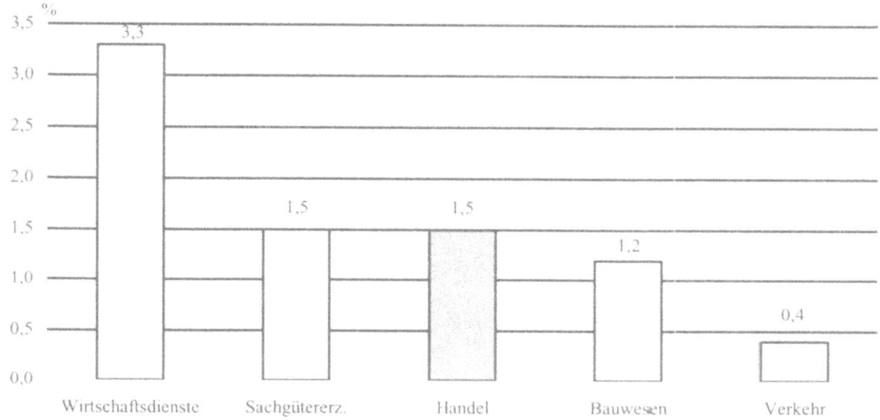

* Umsatzrentabilität nach Finanzergebnis = Ergebnis der gewöhnlichen Geschäftstätigkeit (EGT) in Prozent der Betriebsleistung

** 53.614 Bilanzen von Betrieben mit weniger als € 100 Mio Jahresumsatz

Quelle: KMU FORSCHUNG AUSTRIA - Bilanzdatenbank

5.3.2 Eigenkapitalquote

Im sektoralen Vergleich ist die durchschnittliche Eigenkapitalausstattung der Handelsbetriebe geringer als im Durchschnitt der Sektoren Sachgütererzeugung und Verkehr. Die durchschnittlichen Eigenkapitalquoten der Sektoren Wirtschaftsdienste und Bauwesen liegen im Vergleich jedoch unter der des Handels.

Grafik 75 Eigenkapitalquote* nach Sektoren** in Prozent, 2002/03

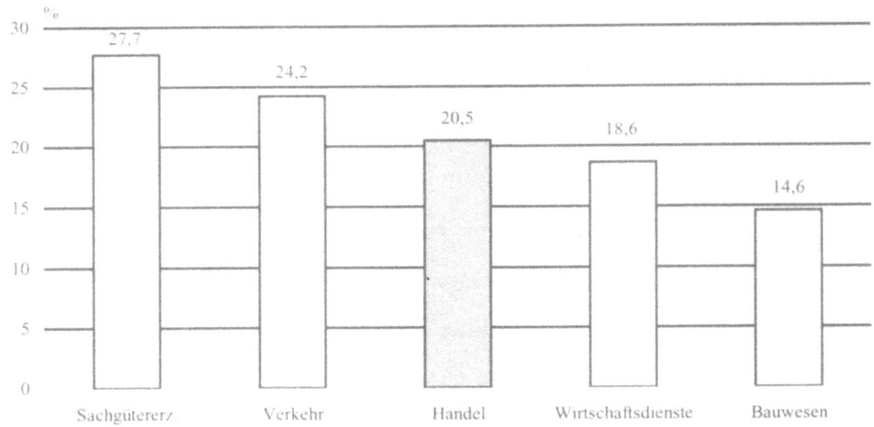

* Eigenkapitalquote = Eigenkapital in Prozent des Gesamtkapitals
** 53.614 Bilanzen von Betrieben mit weniger als € 100 Mio Jahresumsatz
Quelle: KMU FORSCHUNG AUSTRIA - Bilanzdatenbank

5.4 Internationaler Vergleich

Die folgenden Auswertungen basieren auf der BACH-Datenbank der Europäischen Kommission. Für den Vergleich im europäischen Kontext stehen Bilanzdaten aus den Ländern Belgien, Frankreich, Italien, Niederlande, Österreich und Portugal zur Verfügung.

Der betriebswirtschaftliche Vergleich dieser Länder wird anhand der Kennzahl „Profit or Loss on ordinary activities (before taxes)" bzw. Gewinn/Verlust aus normaler Geschäftstätigkeit (vor Steuern, in Prozent des Nettoumsatzes) dargestellt. Diese betriebswirtschaftliche Kennzahl ist von der Berechnung vergleichbar mit der Umsatzrentabilität (siehe oben), jedoch werden die Bilanzdaten in der BACH-Datenbank nicht wie in der KMU FORSCHUNG AUSTRIA – Bilanzdatenbank betriebswirtschaftlich korrigiert.

Da hier keine kalkulatorischen Berichtigungen Anwendung finden, sind die Werte der Kennzahl „Gewinn/Verlust aus normaler Geschäftstätigkeit (vor Steuern, in Prozent des Nettoumsatzes) nicht direkt mit der Kennzahl Umsatzrentabilität vergleichbar. Ziel der Darstellung ist vielmehr, die betriebswirtschaftliche Situation im österreichischen Handel mit ausgewählten europäischen Ländern zu vergleichen.

Die Auswertungen erfolgen für die Bereiche „Retail trade" - Einzelhandel, „Wholesale" – Großhandel und „Sale of motor vehicles" – Kfz-Wirtschaft. Im Unterschied zu den Auswertungen der Handelsbereiche Einzelhandel und Kfz-Wirtschaft (siehe oben) werden in diesen Bereichen einzelne Einzelhandels- bzw. Kfz-Wirtschaftsbranchen nicht in die Auswertungen mit einbezogen. Das bedeutet, dass hier wiederum speziell für die Auswertungen der österreichischen Daten auf Basis der BACH-Datenbank kein direkter Vergleich der Werte – bzw. der Entwicklung der Kennzahlen im Jahresvergleich - mit den oben angeführten Auswertungen der KMU FORSCHUNG AUSTRIA - Bilanzdatenbank erfolgen kann. Einen genauen Vergleich der Branchenzuordnung bietet die auf europäischer Ebene gültige Systematisierung der Wirtschaftstätigkeiten (NACE).

Tabelle 24 Vergleich der Branchenzuordnung nach NACE*, KMU FORSCHUNG-AUSTRIA - Bilanzdatenbank und Europäische Kommission - BACH-Datenbank

KMU FORSCHUNG AUSTRIA – Bilanzdatenbank		Europäische Kommission - BACH-Datenbank	
Handelsbereiche	NACE	Handelsbereiche	NACE
Einzelhandel	52	Einzelhandel	52.1 bis 52.6 + 50.5
Großhandel	51	Großhandel	51
Kfz-Wirtschaft	50	Kfz-Wirtschaft	50.1 + 50.3 + 50.4

* NACE Rev. 1.1.: auf europäischer Ebene geltende Systematik der Wirtschaftstätigkeiten
Quelle: KMU FORSCHUNG AUSTRIA, Europäische Kommission

Für den betriebswirtschaftlichen Vergleich der ausgewählten europäischen Länder stehen rd. 110.000 Jahresabschlüsse von Handelsbetrieben für das Jahr 2002 zur Verfügung.

Tabelle 25 Anzahl der Bilanzen nach Handelsbereichen und Ländern

	Belgien	Frank-reich	Italien	Nieder-lande	Österreich	Portugal
Einzelhandel	28.706	1.397	1.376	5.496	1.280	630
Großhandel	32.025	5.423	6.167	11.742	1.073	3.373
Kfz-Wirtschaft	4.968	1.188	1.781	2.746	234	311

Quelle: Europäische Kommission – BACH Datenbach

Zudem wurde die Entwicklung in den einzelnen Handelsbereichen bzw. Ländern anhand von Kohortenauswertungen analysiert. Die Basis bilden hier rd. 100.000 Jahresabschlüsse von Handelsbetrieben, für die Bilanzdaten für die Jahre 2001 und 2002 verfügbar sind.

5.4.1 Einzelhandel

Der Einzelhandel liegt in Österreich mit einem Gewinn aus normaler Geschäftstätigkeit (vor Steuern) von rd. 2,1 % vom Nettoumsatz im Ländervergleich hinter Frankreich und Italien, während dieser Handelsbereich in den Niederlanden, Portugal und Belgien durchschnittliche Werte erzielt, die unter dem Österreich-Durchschnitt liegen.

Grafik 76 Gewinn/Verlust aus normaler Geschäftstätigkeit (vor Steuern) im Einzelhandel* in Prozent des Nettoumsatzes, 2002

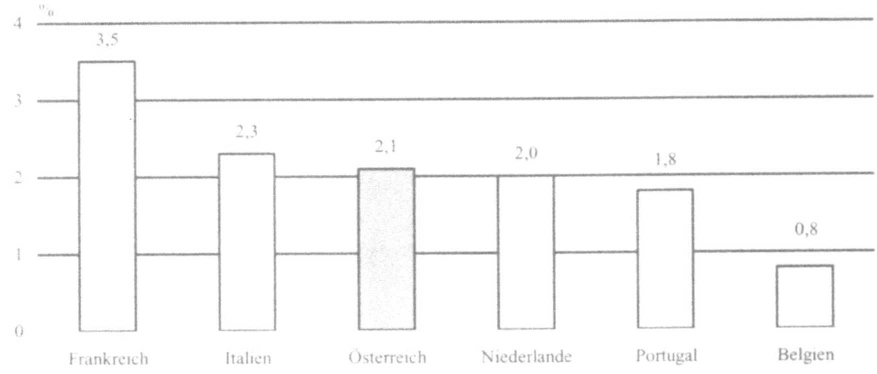

* Bilanzen von 38.885 Einzelhandelsbetrieben
Quelle: Europäische Kommission – BACH Datenbank

Der Gewinn aus normaler Geschäftstätigkeit (vor Steuern) ist im Vergleichszeitraum 2001 – 2002 im Einzelhandel in den Ländern Belgien und Österreich gestiegen, in den Niederlanden konstant geblieben und in Frankreich, Italien und Portugal gesunken.

5.4.2 Großhandel

Der Großhandel erzielt in Österreich im Ländervergleich den Gewinn aus normaler Geschäftstätigkeit (vor Steuern), der jedoch deutlich unter dem Branchendurchschnitt in den Niederlanden liegt.

Grafik 77 Gewinn/Verlust aus normaler Geschäftstätigkeit (vor Steuern) im Großhandel* in Prozent des Nettoumsatzes, 2002

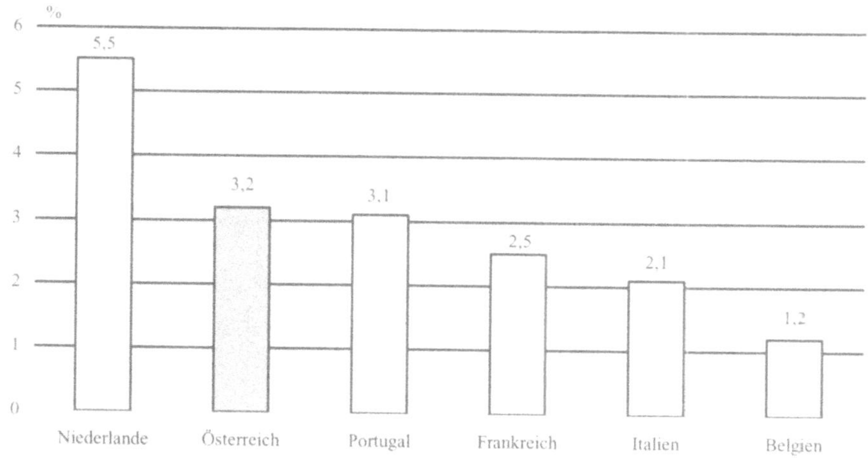

*** Bilanzen von 59.803 Großhandelsbetrieben**
Quelle: Europäische Kommission – BACH Datenbank

Der Jahresvergleich 2001 – 2002 zeigt für die Niederlande und Österreich im Bereich Großhandel einen steigenden Gewinn aus normaler Geschäftstätigkeit (vor Steuern) während dieser in Frankreich und Italien unverändert geblieben ist. Einen rückläufigen Wert weisen im Branchendurchschnitt die Länder Belgien und Portugal auf.

5.4.3 Kfz-Wirtschaft

Der Gewinn aus normaler Geschäftstätigkeit (vor Steuern) in der Kfz-Wirtschaft lag im Jahr 2002 in Österreich hinter den Werten aus den Niederlanden im Ländervergleich an zweiter Stelle.

Grafik 78 Gewinn/Verlust aus normaler Geschäftstätigkeit (vor Steuern) in der Kfz-Wirtschaft* in Prozent des Nettoumsatzes, 2002

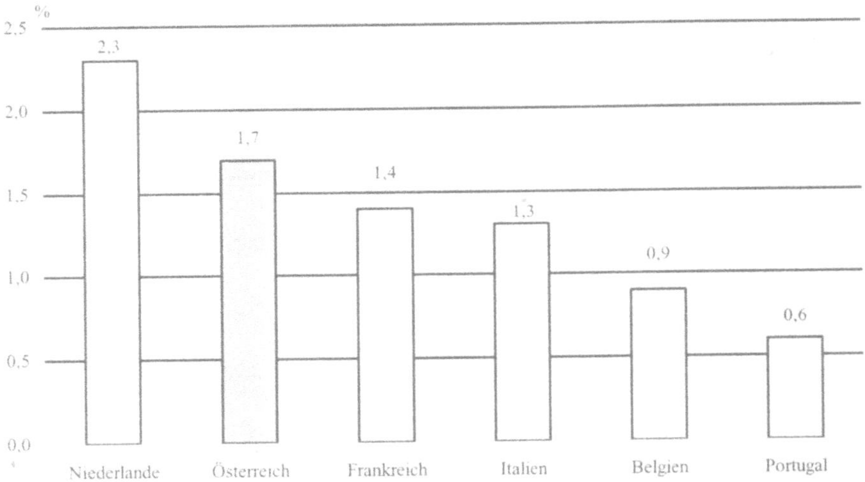

* Bilanzen von 11.228 Betrieben der Kfz-Wirtschaft
Quelle: Europäische Kommission – BACH Datenbank

Die Entwicklung der Kfz-Wirtschaft wies zwischen 2001 und 2002 in den Niederlanden eine Steigerung des Gewinns aus normaler Geschäftstätigkeit (vor Steuern) auf, während dieser in Belgien, Italien und Portugal rückläufig war. In Frankreich und Österreich konnten keine Veränderungen im Vergleich zum Jahr 2001 festgestellt werden.

6 Sozioökonomische Entwicklungen

> - **2004: 8,1 Mio Einwohner/innen in Österreich**
>   - Alter der Österreicher/innen nimmt kontinuierlich zu
> - **2001: 3,3 Mio Haushalte**
>   - Singlehaushalte nehmen überproportional zu
> - **Bildungsniveau der österreichischen Bevölkerung ansteigend**
> - **Beschäftigungsquote 2003: 57 %**
> - **Mehr als 50 % der Erwerbstätigen pendeln zum Arbeitsort**
> - **Mobilität der Bevölkerung steigt**

Die sozioökonomischen Gegebenheiten einer Nation (z. B. Haushaltsgröße, Durchschnittsalter der Bevölkerung, etc.) haben maßgeblichen Einfluss auf die Situation und Entwicklung des Einzelhandels. So ist beispielsweise der Mobilitätsgrad der Kund/innen mitunter entscheidend für die Wahl der Einkaufsdestination.

Die in diesem Kapitel aufgezeigten sozioökonomischen Entwicklungen der österreichischen Bevölkerung stellen somit eine wichtige Grundlage für die unter Kapitel 1, 2 und 3 dargestellten Entwicklungen im Einzelhandel dar.

6.1 Wohnbevölkerung

Im Jahr 2004 zählt Österreich rd. 8,1 Mio Einwohner/innen. Dabei überwiegt der weibliche Bevölkerungsanteil mit rd. 51 % geringfügig. Seit 1991 ist die Wohnbevölkerung um rd. 4 % gestiegen, wobei der männliche Bevölkerungsanteil überdurchschnittlich stark zugenommen hat (+rd. 5 %). Der Anteil der Frauen hat sich hingegen unterdurchschnittlich entwickelt (+ rd. 3 %).

Tabelle 26 Wohnbevölkerung in Österreich, 1991 – 2004

	1991*	2001*	2002**	2003**	2004**
Männer	3.753.989	3.889.189	3.901.252	3.917.971	3.934.485
Frauen	4.041.797	4.143.737	4.150.867	4.160.566	4.170.393
Gesamt	7.795.786	8.032.926	8.052.119	8.078.537	8.104.878

* Volkszählung, Stichtag 15. 5.
** Prognose: Hauptvariante (mittlere Wanderung und Fruchtbarkeit), Jahresdurchschnitt
Quelle: Statistik Austria

Bis zum Jahr 2031 wird die österreichische Bevölkerungszahl auf rd. 8,4 Mio Personen angestiegen sein. Dabei wird der weibliche Bevölkerungsanteil bis dahin kontinuierlich zunehmen, die Anzahl der Männer wird sich hingegen ab dem Jahr 2021 rückläufig entwickeln.

Grafik 79 Entwicklung der Wohnbevölkerung, 1971 – 2031 (Index: 1971 = 100)

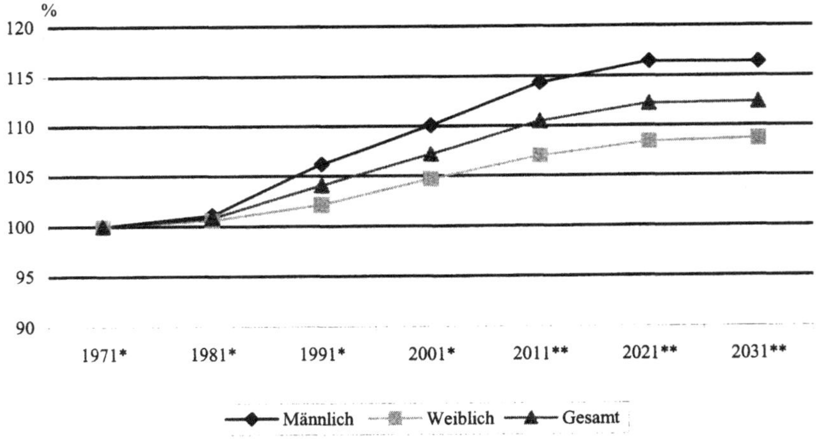

* Volkszählung, Stichtag 15. 5.
** Prognose: Hauptvariante (mittlere Wanderung und Fruchtbarkeit), Jahresdurchschnitt
Quelle: Statistik Austria

Betrachtet man die Altersstruktur der österreichischen Bevölkerung, zeigt sich eine eindeutige Entwicklung: Das Durchschnittsalter der Österreicher/innen nimmt kontinuierlich zu. Bis zum Jahr 2031 werden bereits mehr als 32 % der Bevölkerung 60 Jahre und älter sein (im Jahr 2001 waren es rd. 21 %). Der Anteil der unter 30-Jährigen ist zwischen 1971 und 2001 von rd. 45 % auf rd. 35 % gesunken und wird im Jahr 2031 voraussichtlich rd. 29 % der Gesamtbevölkerung betragen. Zählten im Jahr 2001 noch rd. 62 % der Österreicher/innen zur erwerbsfähigen Bevölkerung (das entspricht der Altersgruppe zwischen 15 bis 59 Jahren), werden im Jahr 2031 nur mehr 54,4 % auf diese Gruppe entfallen.[114]

Grafik 80 Anteil der Altersgruppen an der Wohnbevölkerung, 1971 - 2031

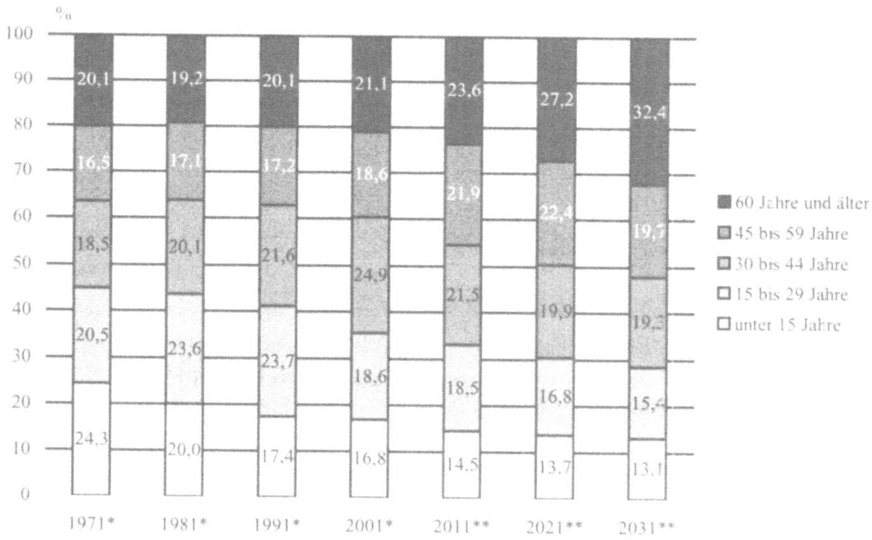

* Volkszählung, Stichtag 15. 5.
** Prognose: Hauptvariante (mittlere Wanderung und Fruchtbarkeit), Jahresdurchschnitt
Quelle: Statistik Austria

114 Quelle: Statistik Austria, 2004

Die Altersstruktur der österreichischen Bevölkerung entspricht dem europäischen Schnitt. Die größte Abweichung ist bei der Altersgruppe der 30 bis 44-Jährigen zu beobachten: Hier liegt der Anteil in Österreich um zwei Prozentpunkte über dem Durchschnitt der 25 EU-Länder. Bezogen auf die Altersgruppe „60 Jahre und älter" liegt Österreich im EU-Vergleich an 16. Stelle, d. h. in acht Ländern sind mehr als 21,4 % der nationalen Bevölkerung 60 Jahre und älter.[115]

Das Durchschnittsalter der Österreicher/innen bzw. Europäer/innen liegt wesentlich über dem der in den USA und Japan Lebenden: Die Werte bei den unter 15-Jährigen bzw. den über 59-Jährigen weichen jeweils um rd. 3 bis 5 – Prozentpunkte von den österreichischen bzw. europäischen Durchschnittswerten ab.

Tabelle 27 Anteile der Bevölkerung nach Altersgruppen in Prozent, Österreich im internationalen Vergleich, Stand 2002*

	unter 15 Jahre	15 bis 29 Jahre	30 bis 44 Jahre	45 bis 59 Jahre	60 Jahre und älter
Österreich	16,7	18,5	24,9	18,5	21,4
EU (25)**	16,8	19,9	22,8	19,1	21,4
USA	21,5	20,6	23,9	17,4	16,5
Japan	19,7	20,5	25,2	18,2	16,3

* wenn Daten für 2002 nicht vorhanden, letzt verfügbares Jahr
** ohne Zypern
Quellen: Statistik Austria, Eurostat, UN, OECD

In Wien, dem bevölkerungsstärksten Bundesland Österreichs, lebten im Jahr 2001 rd. 1,6 Mio Personen. Das entspricht etwa einem Fünftel der österreichischen Gesamtbevölkerung. Knapp dahinter lag Niederösterreich (rd. 1,5 Mio Einwohner/innen), gefolgt von Oberösterreich (rd. 1,4 Mio Einwohner/innen) und der Steiermark (rd. 1,2 Mio Einwohner/innen).

Im Jahr 2031 werden um rd. 12 % mehr Menschen in Österreich wohnen als 1971 und knapp 5 % mehr als 2001. Die Steiermark ist das einzige Bundesland, in dem die Bevölkerung zwischen 1971 und 2031 abgenommen haben wird, und zwar um knapp 4 %.

115 Quellen: Eurostat/UN/OECD, 2004/Statistik Austria, 2004
Angaben für das Jahr 2002 (oder letzt verfügbares Jahr) ohne Zypern, da keine Daten verfügbar.

Obwohl in Wien zwischen 1971 und 2001 - neben der Steiermark als einzig weiteres Bundesland - ein Bevölkerungsrückgang zu verzeichnen war, werden in rd. 30 Jahren wieder mehr Personen in der Bundeshauptstadt wohnen: Wien wird im Jahr 2031 um 7 % mehr Einwohner zählen als 2001. Bis zum Jahr 2031 werden Niederösterreich und Wien in etwa gleiche Bevölkerungszahlen aufweisen.[116]

Grafik 81 Wohnbevölkerung nach Bundesländern, 1971 - 2031

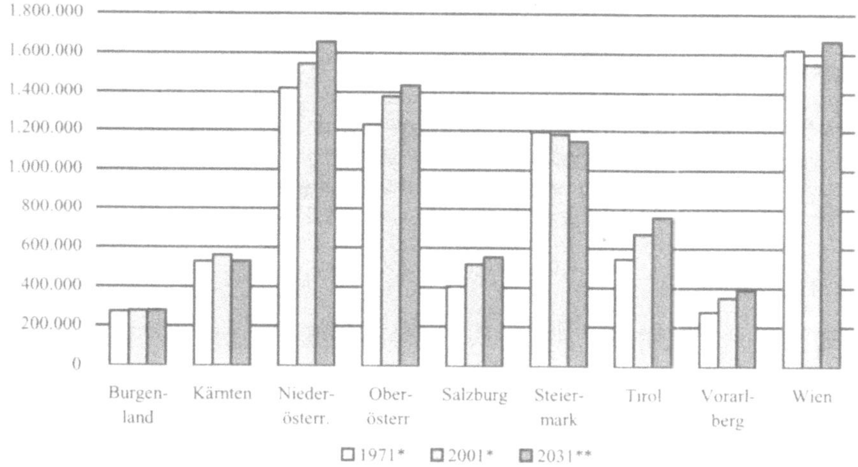

* Volkszählung, Stichtag 15. 5.
** Prognose: Hauptvariante (mittlere Wanderung und Fruchtbarkeit), Jahresdurchschnitt
Quelle: Statistik Austria

Zwischen 1991 und 2001 hat die Bevölkerung in ländlichen Gemeinden mit einem Plus von 4,4 % knapp doppelt so viel zugenommen wie in städtischen Gemeinden[117] (+2,5 %). Die ruralen Gemeinden in Tirol (rd. +10 %), Salzburg (rd. +9 %) und Vorarlberg (rd. +7 %) hatten die stärksten Zuwächse zu verzeichnen. Burgenland, Kärnten und Niederösterreich sind die einzigen drei Bundesländer, in denen die Bevölkerung in urbanen Gemeinden stärker gewachsen ist als in ruralen. In der Steiermark gab es in städtische Gemeinden hingegen eine Abwanderung von mehr als 1 %.

[116] Quelle: Statistik Austria, 2004

[117] Gemeinden werden nach der Siedlungsstruktur in städtische (urbane) und ländliche (rurale) Gemeinden eingestuft. Dabei gilt eine Gemeinde (oder Gemeindegruppe) dann als städtisch, wenn sich auf dem Gemeindegebiet zumindest eine Siedlungseinheit – d. h. ein zusammenhängend verbautes Gebiet - mit mind. 2.000 Einwohnern befindet.

Betrachtet man die Bevölkerungsentwicklung in den österreichischen Stadtregionen[118], kann festgestellt werden, dass sich durchschnittlich immer mehr Personen in Außenregionen niederlassen: Zwischen 1991 und 2001 hat der Bevölkerungsanteil in Außenzonen um knapp 9 % zugenommen, im Kernraum hingegen nur um 1,4 %.

In Innsbruck und Linz ist die Kluft zwischen Außen- und Kernregion in den vergangenen zehn Jahren besonders groß geworden: In den Außenzonen wurden überdurchschnittlich hohe Bevölkerungszuwächse verzeichnet (rd. +12 % in Linz und rd. +14 % in Innsbruck), wobei im Kernraum dieser Stadtregionen sogar eine Abwanderung festzustellen war (rd. 6 % in Linz und rd. 1 % in Innsbruck). Es gibt auch Stadtregionen, in denen zwischen 1991 und 2001 eine stärkere Bevölkerungszunahme in der Kern- als in der Außenzone zu beobachten war, wie z. B. in Bludenz, Gmunden und Leibnitz. Auch Waidhofen/Ybbs verzeichnete eine hohe Zunahme im Kernraum, zugleich aber die mit Abstand höchste Negativentwicklung in der Außenzone (-7,2 %).[119]

6.2 Haushalte

Österreich zählte im Jahr 2001 rd. 3,3 Mio Haushalte, wovon rd. ein Drittel Singlehaushalte war.

118 Stadtregionen bestehen aus einem Kernraum – i. W. ein städtischer Siedlungskern von mindestens 15.000 Einwohner/innen – und einer Außenzone, die i. W. alle Gemeinden mit einer auf den Kernraum ausgerichteten Tagesauspendlerquote der wohnhaft Beschäftigten von 30 % u. m. umfasst. Die Gliederungskonzepte städtische/ ländliche Gemeinden und Stadtregionen überschneiden einander, d. h. sowohl der Kernraum als auch die Außenzone umfassen sowohl städtische als auch ländliche Gemeinden.

119 Quelle: KMU FORSCHUNG AUSTRIA - Regionaldatenbank, 2004

Grafik 82 Anteil der Ein- und Mehrpersonenhaushalte, 2001

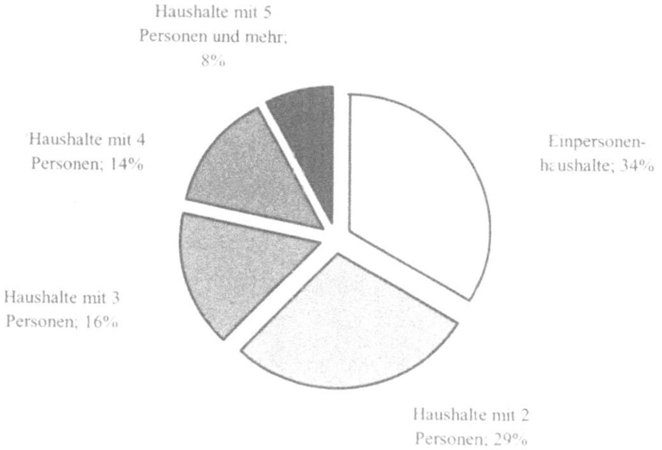

Quelle: Statistik Austria

Im Jahr 2030 wird die Zahl der Haushalte auf mehr als 3,7 Mio angewachsen sein, wobei sich der Trend der letzten Jahre zu Einpersonenhaushalten auch weiter fortsetzen wird: Im Jahr 2030 wird Österreich über knapp 1,3 Mio Einzelhaushalte verfügen, was gegenüber 2001 einem Zuwachs von 28 % entspricht. Die Anzahl der Mehrpersonenhaushalte wird im gleichen Zeitraum um knapp 7 % steigen.

Grafik 83 Entwicklung der Ein- und Mehrpersonenhaushalte, 1971 – 2030 (Index: 1971 = 100)

* Volkszählung, Stichtag 15. 5.
** Prognose: Hauptvariante (mittlere Wanderung und Fruchtbarkeit), Jahresdurchschnitt
Quelle: Statistik Austria

Die steigende Anzahl an Einpersonenhaushalten spiegelt sich auch in der Durchschnittsgröße der österreichischen Haushalte wider: Betrug die durchschnittliche Haushaltsgröße im Jahr 1971 noch 2,91, wird diese 2030 voraussichtlich 2,26 betragen.[120]

120 Quelle: Statistik Austria, 2004

Grafik 84 Entwicklung der durchschnittlichen Haushaltsgröße*, 1971 – 2030

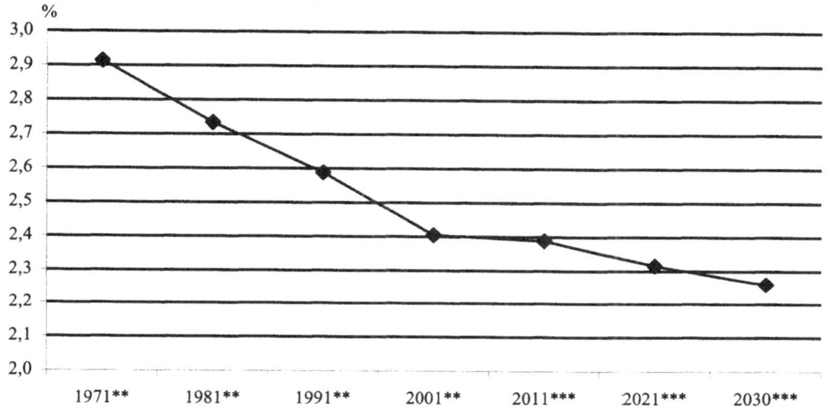

* durchschnittliche Haushaltsgröße = Wohnbevölkerung/Privathaushalte
** Volkszählung, Stichtag 15. 5.
*** Prognose: Hauptvariante (mittlere Wanderung und Fruchtbarkeit), Jahresdurchschnitt
Berechnung der KMU FORSCHUNG AUSTRIA
Quelle: Statistik Austria

6.3 Bildungsniveau der österreichischen Bevölkerung

Im Jahr 2003 hatte je ein Drittel der österreichischen Bevölkerung als höchsten Bildungsabschluss eine Pflichtschule oder Lehre vorzuweisen. Für je 11,7 % der Österreicher/innen war eine Mittlere oder eine Höhere Schule die höchste abgeschlossene Ausbildung. Bereits 8 % der Bevölkerung verfügten 2003 über einen Universitäts- od. (Fach-)Hochschulabschluss.

Die rückläufige Entwicklung beim Bevölkerungsanteil mit einer Pflichtschule als höchsten Abschluss sowie die Zunahme bei den Universitäts- und (Fach-)-Hochschulabschlüssen belegen das durchschnittlich steigende Bildungsniveau der Österreicher/innen in den vergangenen zwei Dekaden.[121]

Tabelle 28 Anteil der Wohnbevölkerung (15 Jahre und älter) nach der höchsten abgeschlossenen Ausbildung in Prozent, 1981 - 2003

	1981	1991	2001	2002*	2003*
Pflichtschule	51,8	41,5	35,7	34,9	34,1
Lehre	27,1	32,1	33,9	34,1	34,5
Mittlere Schule	10,4	11,4	11,5	11,6	11,7
Höhere Schule**	7,2	9,8	11,4	11,7	11,7
Universität, (Fach)-Hochschule***	3,4	5,2	7,5	7,7	8,0

* Hochrechnung der KMU FORSCHUNG AUSTRIA
** Höhere Schule = Allgemein bildende und berufsbildende höhere Schulen
*** Universität, (Fach-)Hochschule = inkl. hochschulverwandte Lehranstalten
Quelle: Statistik Austria

6.4 Berufstätigkeit

Während die Zahl der erwerbstätigen Frauen seit 1997 kontinuierlich gestiegen ist, blieb die Zahl der berufstätigen Männer nach einem Rückgang zwischen 2000 und 2001 in den darauf folgenden Jahren konstant. Diese gegensätzliche Entwicklung ist vor allem auf den deutlich stärkeren Anstieg der teilzeitbeschäftigten Frauen als Männer zurückzuführen. Im Jahr 2003 gingen fast 36 % aller Frauen einer Teilzeitbeschäftigung nach, gegenüber rd. 26 % im Jahr 1994. Bei den Männern betrug der Anteil 2003 rd. 4,6% (1994: rd. 4,2 %).[122]

121 Quellen: KMU FORSCHUNG AUSTRIA, 2004/Statistik Austria, 2004

122 Quelle: Statistik Austria, 2004

Grafik 85 Entwicklung der Anzahl der Erwerbstätigen* nach Geschlecht, 1994 – 2003 (Index: 1994 = 100)

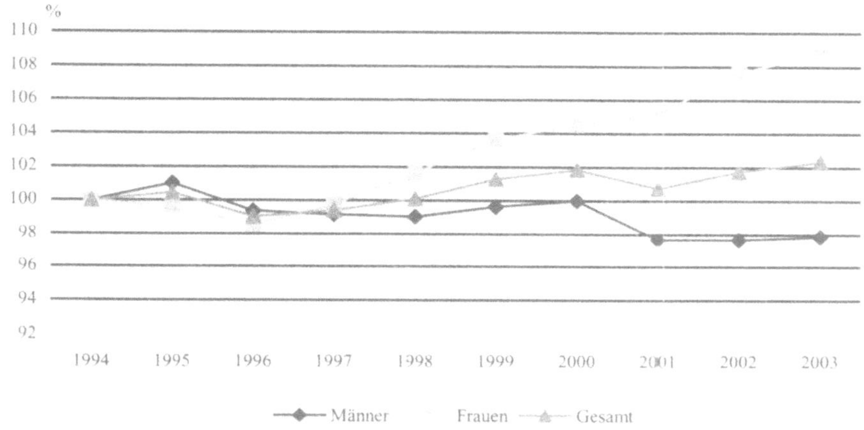

* Labour Force Konzept
Quelle: Statistik Austria

Im Jahr 2003 gingen rd. 57 % aller über 15-jährigen Einwohner/innen Österreichs einer Beschäftigung nach. Rd. zwei Drittel aller Männer bzw. knapp die Hälfte aller Frauen dieser Altersgruppe waren berufstätig. Die österreichischen Beschäftigungsquoten liegen deutlich über dem Durchschnitt der 25 EU-Länder.[123]

Tabelle 29 Beschäftigungsquoten*, Österreich und EU-25, 2003

	Österreich	EU-25
Männer	65,4	59,9
Frauen	49,0	43,3
Gesamt	56,8	51,4

* = Anteil der Erwerbstätigen ab 15 Jahren an der Gesamtbevölkerung derselben Altersgruppe
Quelle: Eurostat

[123] Quelle: Eurostat, 2004

6.5 Anzahl der Pendler/innen

Jeder zweite Erwerbstätige arbeitete im Jahr 2001 nicht in seiner Wohngemeinde. Der größte Teil davon hatte entweder in einer anderen Gemeinde des politischen Bezirkes bzw. in einem anderen politischen Bezirk des Bundeslandes seinen Arbeitsplatz. Rd. 11 % der Erwerbstätigen mussten das Bundesland des Wohnortes verlassen, um an ihre Arbeitsstätte zu gelangen.

Vergleicht man die Daten (ohne geringfügig Beschäftigte) mit 1991, so hat die Anzahl der Berufspendler/innen um ein Viertel zugenommen. Nur die Anzahl der Erwerbstätigen, welche im Ausland arbeiteten und in Österreich wohnten, ist zurückgegangen.

Grafik 86 Anteil der Berufspendler/innen* an den Erwerbstätigen in Prozent, 2001

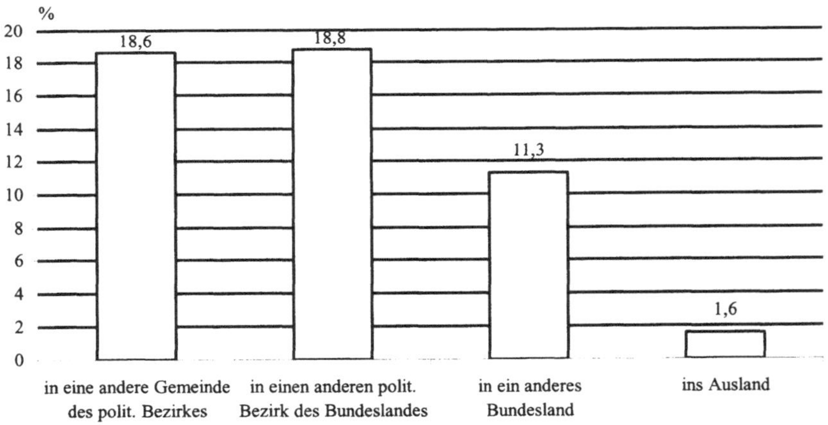

* Auspendler/innen in Prozent der Erwerbstätigen am Wohnort
Quelle: Statistik Austria

Im Bundesländervergleich sind Salzburg und vor allem Wien jene Bundesländer, in denen der Anteil der Einpendler/innen höher ist als jener der Auspendler/innen.

Betrachtet man jene Einpendler/innen, welche in einem vom Arbeitsort verschiedenen Bundesland ihren Wohnsitz haben, so handelt es sich in Wien bei mehr als drei Viertel der Personen um Niederösterreicher/innen. In Salzburg stammen 60 % der Einpendler/innen aus Oberösterreich. Im Burgenland und in Niederösterreich ist der Anteil der Auspendler/innen an den Erwerbstätigen des Bundeslandes am höchsten. Im Burgenland fährt mehr als die Hälfte der Bundeslandpendler/innen nach Wien zur Arbeit, in Niederösterreich sogar fast 90 %.

Bundesweit verlässt rd. ein Drittel der Auspendler/innen ihre Wohngemeinde, um einen Arbeitsplatz in einem der zehn großen Einpendlerzentren aufzusuchen. Dabei handelt es sich um Wien, die großen Landeshauptstädte[124] sowie Wels, Wiener Neustadt und Schwechat. In diesen zehn Zentren gibt es über ein Drittel mehr Arbeitsplätze als dort Erwerbstätige wohnen.[125]

Grafik 87 Anteil der Berufspendler/innen an den Erwerbstätigen in Prozent nach Bundesländern, 2001

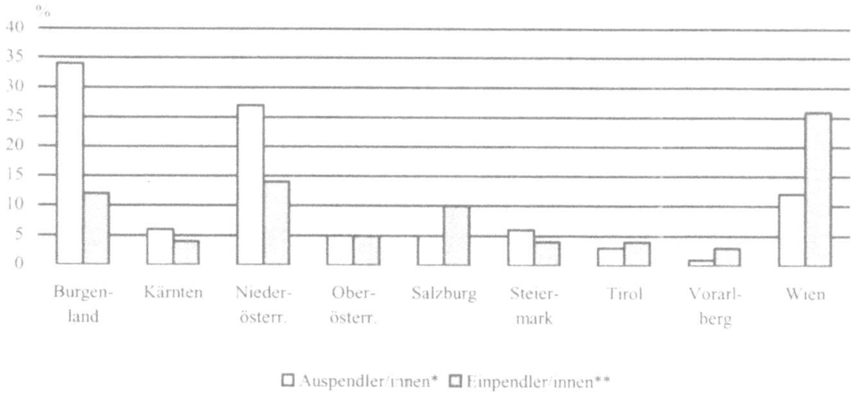

* in Prozent der Erwerbstätigen am Wohnort
** in Prozent der Erwerbstätigen am Arbeitsort
Quelle: Statistik Austria

---

124 In alphabetischer Reihenfolge: Bregenz, Graz, Innsbruck, Klagenfurt, Linz, Salzburg

125 Quelle: Statistik Austria, 2004

6.6 Mobilität

Die Mobilität der Bevölkerung ist ein entscheidender Einflussfaktor für die Wahl des Einkaufsortes. Ein wichtiger Indikator für den Mobilitätsgrad stellt der Pkw-Bestand in Österreich dar. Per 31. Dezember 2003 waren rd. 4,1 Mio Pkw und Kombi angemeldet, dies entspricht einem Anstieg um fast 2 % gegenüber dem Vorjahr. Ein direkter Vergleich mit den Jahren davor ist auf Grund einer Umstellung in der Datenerfassung der Statistik Austria nicht möglich. Es kann jedoch davon ausgegangen werden, dass der Pkw-Bestand in den letzten Dekaden kontinuierlich zugenommen hat und dass sich dieser Trend auch in den nächsten Jahren fortsetzten wird.[126]

Im Jahr 2003 verfügte im Durchschnitt jeder Haushalt über 1,22 Pkw. Da die Anzahl der Pkws (inkl. Kombis) stärker steigt als die Anzahl der Haushalte, steigt die Anzahl der Pkw je Haushalt kontinuierlich.

126 Quelle: Statistik Austria, 2004

7 Die Nachfrageseite im Handel

- **Konsument/innen:**
  - Monatliches Bruttoeinkommen *(Median)* 2003: rd. € 1.950
  - Sparquote 2004: rd. 8,5 %
  - Steigende Kaufkraft 2003: nominell +5,1 % *(gegenüber 2001)*
  - Steigende Konsumausgaben: 2004: real +1,7 % *(gegenüber 2003)*
  - Preis-Leistungsverhältnis wichtigstes Kriterium bei Geschäftswahl
- **An Bedeutung gewinnen:**
  - Unbare Zahlungsmittel
  - Internet-Shopping
  - Diskonter

Das folgende Kapitel soll einen Ein- bzw. Überblick über die Nachfrageseite des österreichischen Einzelhandels bzw. das Verhalten der Konsument/innen geben und ausgewählte relevante Daten darstellen und interpretieren.

7.1 Einkommen

Der Median des monatlichen Brutto-Einkommens der Österreicher/innen war im Vergleichszeitraum 1999 – 2003 konstant steigend und lag 2003 bei rd. € 1.940. Das Medianeinkommen der Frauen lag 2003 € 745 unter dem der Männer. Dies ist u. a. auf verstärkte Teilzeitbeschäftigung von Frauen zurückzuführen.[127]

[127] Quelle: Hauptverband der österreichischen Sozialversicherungsträger, 2004

Grafik 88 Median des monatlichen Brutto-Einkommens* in €, 1999 - 2003

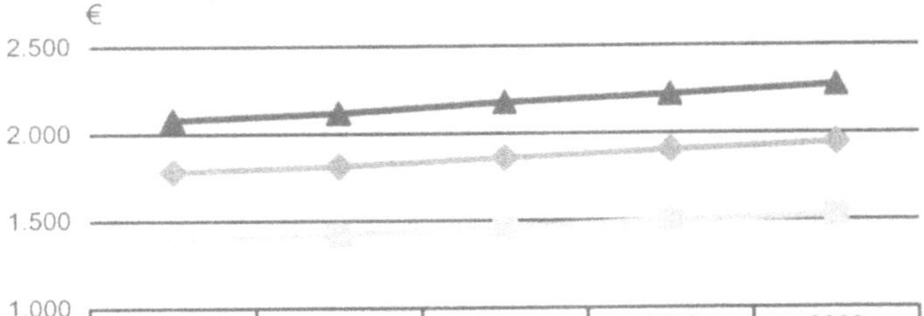

	1999	2000	2001	2002	2003
Arbeiter/Angestellte**	1.782	1.812	1.860	1.901	1.944
Frauen	1.395	1.420	1.460	1.492	1.528
Männer	2.078	2.118	2.177	2.221	2.273

* Mittleres Monatseinkommen (einschließlich Sonderzahlungen, 12x jährlich)
** ohne Lehrlinge und geringfügig Beschäftigte
Quelle: Hauptverband der österreichischen Sozialversicherungsträger

Die Auswertungen nach Quartilen zeigt, dass 2003 rd. 25 % der Österreicher/innen ein monatliches Brutto-Einkommen von bis zu € 1.356 zur Verfügung hatte und ein Viertel mehr als € 2.655.[128]

Grafik 89 Monatliches Brutto-Einkommen* nach Quartilen in €, 1999 - 2003

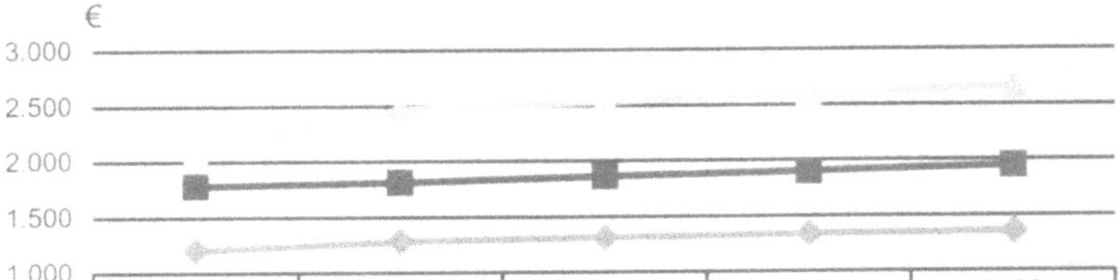

	1999	2000	2001	2002	2003
Quartil 25	1.205	1.285	1.312	1.337	1.356
Median	1.782	1.812	1.860	1.901	1.944
Quartil 75	2.072	2.469	2.536	2.589	2.655

* Mittleres Monatseinkommen (einschließlich Sonderzahlungen, 12x jährlich) der Arbeiter und Angestellten (ohne Lehrlinge und geringfügig Beschäftigten)
Quelle: Hauptverband der österreichischen Sozialversicherungsträger

128 Quelle: Hauptverband der österreichischen Sozialversicherungsträger, 2004

7.2 Sparquote

Die Sparquote der privaten Haushalte steigt nach einem Rückgang im Jahr 2001 kontinuierlich an. Prognosen gehen von einem weiteren Anstieg der Sparquote auf rd. 9 % des verfügbaren Einkommens bis zum Jahr 2005 aus. Die prognostizierte Steigerung der Einkommen für 2005 wird etwa zur Hälfte in höhere Ersparnisse fließen.[129]

Grafik 90 Sparquote der privaten Haushalte* in Prozent des verfügbaren Einkommens, 2000 - 2005

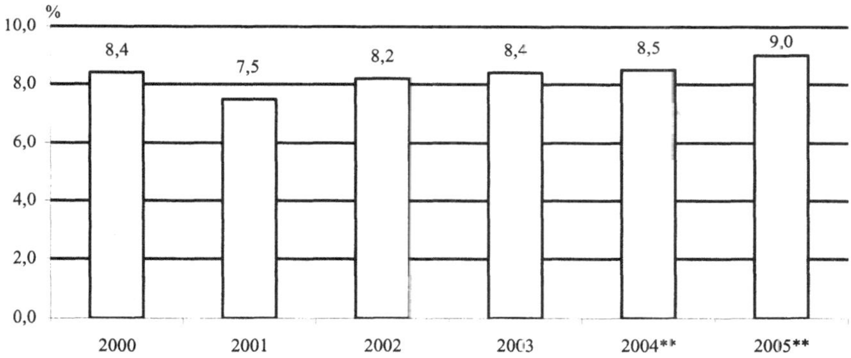

* einschließlich Zunahme betrieblicher Versorgungsansprüche
** Prognose für 2004 und 2005
Quelle: Österreichisches Institut für Wirtschaftsforschung

Der Marktwert der finanziellen Vermögenswerte der privaten Haushalte erreichte zum Jahresende 2003 rd. € 303,9 Mrd. Im Vergleich zur Vorjahresperiode bedeutet dies einen Anstieg um rd. 12 %.[130]

Auf der anderen Seite steigt die Zahl der Privatkonkurse stetig an. 2003 hat sich die Zahl der Gesamtinsolvenzen (eröffnete Schuldenregulierungsverfahren und mangels Masse abgewiesene Konkursanträge) privater Haushalte auf 4.458 (+rd. 18 % gegenüber 2002) erhöht. Die geschätzten Insolvenzverbindlichkeiten betrugen rd. € 579 Mio.[131] Ein Drittel der Privatkonkurse kann auf gescheiterte Unternehmen zurückgeführt werden. Der größere Teil begründet sich durch Arbeitslosigkeit, Scheidungen und einem „Leben über den Verhältnissen". Es

129 Quelle: Österreichisches Institut für Wirtschaftsforschung, 2003

130 Quelle: Österreichische Nationalbank, 2004

131 Quelle: Kreditschutzverband von 1870, 2004

kann davon ausgegangen werden, dass rd. 100.000 Haushalte so hoch verschuldet sind, dass sie ihre Verbindlichkeiten nicht mehr abbauen können. Weitere rd. 200.000 Haushalte stehen an der „Kippe" zur Zahlungsunfähigkeit. Das bedeutet, dass rd. 9 % der österreichischen Haushalte nur schwer ihren Zahlungsverpflichtungen nachkommen können bzw. bereits zahlungsunfähig sind.[132] Die Armutsgefährdungsquote[133] lag 2001 in Österreich mit rd. 12 % unter dem EU-Durchschnitt (rd. 15 %). Besonders hoch ist die Armutsgefährdung bei Alleinerzieher/innen, Haushalten mit drei und mehr Kindern mit einer Quote von je rd. 23 % im Jahr 2001, sowie bei Singlehaushalten in der Alterskategorie 65+ (rd. 35 %).[134] Im Jahr 2000 waren in Österreich 930.000 Personen armutsgefährdet, davon lebten 290.000 Österreicher/innen in akuter Armut[135].[136]

7.3 Kaufkraft[137]

Die nominelle Kaufkraft[138] ist in Österreich im Zeitraum 2001 bis 2003 um rd. 5,1 % gestiegen und damit stärker als der Durchschnitt der Verbraucherpreise (rd. +3,1 %). Die Erhöhung der nationalen Kaufkraft ist dabei auf weniger Bevölkerung verteilt als vergleichsweise die Jahre zuvor, was sich auch im gleichzeitigen Anstieg bei den staatlichen Aufwendungen für Arbeitslosengeld und Notstandshilfe ausdrückt.

Die Österreicher/innen verfügten 2003 im Durchschnitt über mehr Kaufkraft als noch vor drei Jahren. Die stärksten Steigerungen gab es dabei mit Ausnahme von Kärnten in den einkommensschwächeren Bundesländern. Zu den größten Steigerung kam es im Burgenland und in Tirol. Aber auch die Steiermark, und dabei insbesondere die Bezirke Graz-Umgebung und Leibnitz, konnten überdurchschnittlich zulegen. Gründe dafür liegen insbesondere im überdurch-

---

132 Quelle: ASB Schuldnerberatungen, 2004

133 Unter 60 % des Medianäquivalenzeinkommens

134 Quelle: Eurostat, 2001

135 Armutsgefährdung und zusätzlich Auftreten von mindestens einem Mangelindikator bei der Befriedigung der grundlegenden Bedürfnisse

136 Quelle: Interdisziplinäres Forschungszentrum Sozialwissenschaften, 2002

137 Quelle: KMU FORSCHUNG AUSTRIA – Regionaldatenbank, 2004

138 Die Kaufkraftzahlen auf Basis der KMU FORSCHUNG AUSTRIA - Regionaldatenbank beschreiben das am Wohnsitz erfasste Nettoeinkommen der in Österreich lebenden Bevölkerung. Die Berechnung dieses Nettoeinkommens erfolgt auf Basis der jeweils aktuellen amtlichen Lohn- und Einkommenssteuerstatistiken, sowie offizieller Statistiken zu den bedeutendsten Transfereinkommen und der Schattenwirtschaft.

schnittlich hohen Anstieg bei den Lohneinkünften der Arbeitnehmer/innen in diesen Bundesländern, während die Steigerung bei den Transferleistungen im Vergleich bescheiden blieb.

Zur geringsten Steigerung kam es demgegenüber im vergleichsweise einkommensstarken Wien, und zwar in bekannt kaufkräftigen Bezirken wie Hietzing oder Wieden. In der Bundeshauptstadt sind im Durchschnitt auch die geringsten Lohn- und Pensionserhöhungen im Beobachtungszeitraum festzustellen. Steyr in Oberösterreich weist als einziger Bezirk einen Kaufkraftrückgang (-0,5 %) auf.

Im Bundesländervergleich lag Wien im Jahr 2003 mit einem Kaufkraftindex von mehr als 115 (Österreich = 100) mit Abstand an der Spitze, gefolgt von Niederösterreich und Vorarlberg. Vorarlberg hat zwar im Vergleich zum bundesweiten Durchschnitt in den letzten Jahren geringfügig an Terrain verloren, zählte jedoch immer noch zu den kaufkraftstärksten Regionen in Österreich.

Tabelle 30 Kaufkraft je Einwohner/in in den österreichischen Bundesländern (Österreich = 100), 2003

	Kaufkraftindex	Veränderung 2001 - 2003 in %
Burgenland	92,0	7,2
Tirol	95,5	6,9
Steiermark	94,2	5,7
Niederösterreich	100,3	5,5
Oberösterreich	95,7	5,1
Österreich	**100,0**	**5,1**
Salzburg	98,6	4,7
Vorarlberg	99,5	4,6
Kärnten	90,9	4,5
Wien	115,2	3,7

Quelle: KMU FORSCHUNG AUSTRIA - Regionaldatenbank

Die Bevölkerung mit der höchsten Kaufkraft wohnt nach wie vor in und um die Bundeshauptstadt sowie in den regionalen Ballungszentren. Eisenstadt befindet sich beim Einkommen je Einwohner/in bereits an fünfter Stelle, hinter vier Wiener Bezirken.

Drei der fünf kaufkraftschwächsten Bezirke befinden sich mit Feldbach, Murau und Fürstenfeld in der Steiermark, das sich trotz hoher Kaufkraft in der Landeshauptstadt im Bundesländerranking vor Burgenland und Kärnten an drittletzter Stelle wieder findet. Der Grenzbezirk Zwettl in Niederösterreich verfügt im Jahr 2003 mit 74 % der nationalen Kaufkraft über die geringste Kaufkraft je Einwohner/in.

Grafik 91 Kaufkraftindex nach politischen Bezirken in Österreich (Index: Österreich = 100), 2003

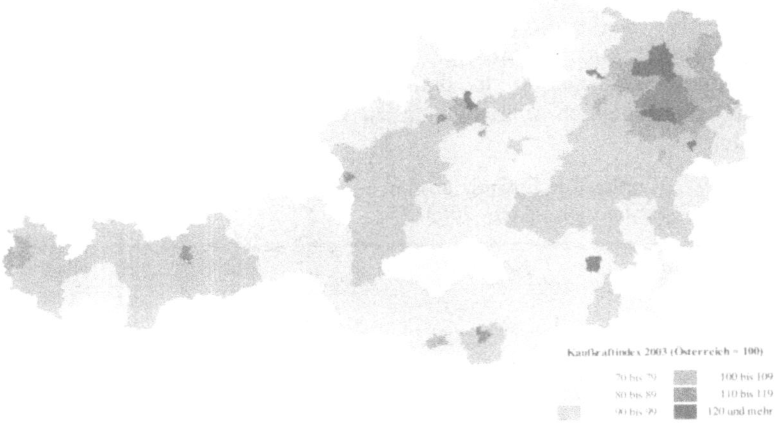

Quelle: KMU FORSCHUNG AUSTRIA - Regionaldatenbank

Im Vergleich zu ausgewählten europäischen Ländern liegt die Kaufkraft der Österreicher/innen auf dem Niveau von Deutschland und den Niederlanden. Eine höhere Kaufkraft kann insbesondere in Luxemburg und der Schweiz festgestellt werden, die im Durchschnitt eine um 53 % bzw. 28 % höhere Kaufkraft im Jahr 2002 auswiesen. Eine deutlich geringere Kaufkraft verzeichnen die ost- und südeuropäischen Länder.[139]

---

[139] Quelle: Fessel-Gfk, 2003

Grafik 92 Kaufkraftindex in ausgewählten europäischen Ländern (Index: Österreich = 100), 2002

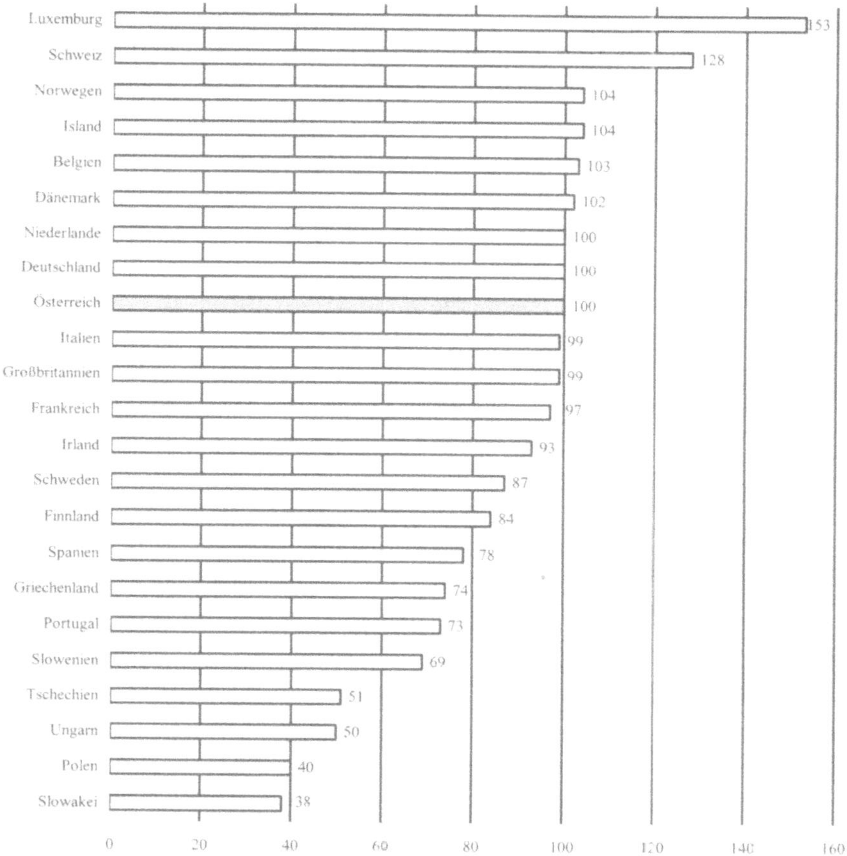

Quelle: Fessel-GfK

7.4 Konsumausgaben

Nach einem realen Rückgang der privaten Konsumausgaben in den Jahren 2000 und 2001 steigen diese seit 2002 wieder kontinuierlich an. Für 2004 wird eine Steigerung von real rd. 1,7 % und für 2005 von 2,5 % erwartet. Prognosen gehen dabei von einem stärkeren Anstieg der dauerhaften Konsumgüter aus.[140]

Grafik 93 Veränderung der privaten Konsumausgaben in Prozent zum Vorjahr (real), 2000 - 2005

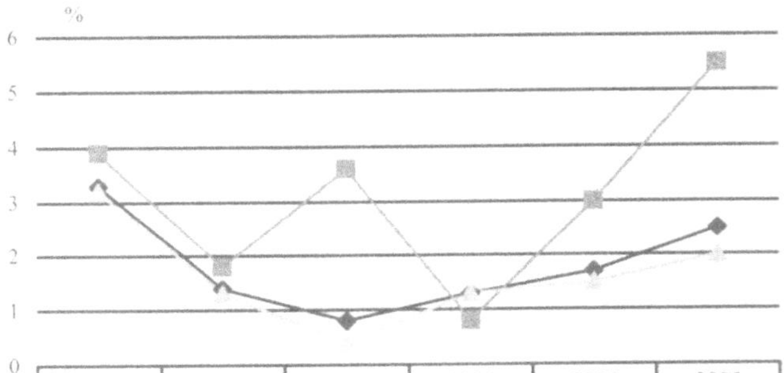

	2000	2001	2002	2003	2004	2005
Private Konsumausgaben	3,3	1,4	0,8	1,3	1,7	2,5
Dauerhafte Konsumgüter	3,9	1,8	3,6	0,8	3	5,5
Nichtdauerhafte Konsumgüter	3,2	1,3	0,4	1,3	1,5	2

Quelle: Österreichisches Institut für Wirtschaftsforschung

Die größten Ausgabenkategorien der Österreicher/innen waren 1999/2000[141] - gemessen an den monatlichen Verbrauchsausgaben - Wohnung, Beheizung, Beleuchtung und Verkehr mit rd. 24 % bzw. rd. 15 %. Die einzelhandelsrelevanten Kategorien Lebensmittel (inkl. alkoholfreie Getränke), Wohnausstattung, Bekleidung und Schuhe, alkoholische Getränke und Tabakwaren schlagen sich mit kumulierten rd. 30 % zu Buche. Zu berücksichtigen ist hierbei jedoch einerseits, dass Produkte aus diesen Kategorien nicht zwingend im Einzelhandel gekauft werden und andererseits, dass ebenfalls u. a. in die Kategorie Erholung, Freizeit, Sport, Hobby einzelhandelsrelevante Artikel einfließen.

---

140 Quelle: Österreichisches Institut für Wirtschaftsforschung, 2004

141 letzt verfügbare Daten

Diese rd. 30 % der privaten Verbrauchsausgaben sind im langfristigen Zeitvergleich rückläufig; im Zeitraum 1993/94 betrug der Vergleichswert noch rd. 35 %. Einen prozentuellen Anstieg verzeichneten hingegen besonders die Ausgabenkategorien Kommunikation und Erholung, Freizeit, Sport und Hobbys.[142]

Grafik 94 Monatliche Verbrauchsausgaben der privaten Haushalte in Prozent, 1999/2000

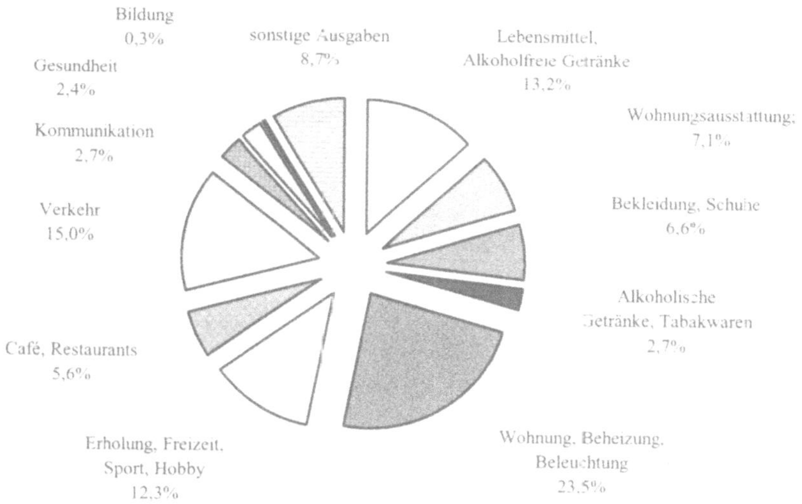

Quelle: Statistik Austria

Rd. ein Drittel der Österreicher/innen gab zum Zeitpunkt der Befragung (I. Quartal 2004) an, zurzeit mehr auszugeben als noch vor einem Jahr. Tendenziell ist die Ausgabenbereitschaft gegenüber dem Vorjahr geringfügig gesunken. Nach Einschätzung der Befragten glauben 6 von 10 Österreicher/innen, ihren Lebensstandard 2004 halten zu können, rd. ein Viertel wird voraussichtlich bis zum I. Quartal 2005 mehr Ausgaben tätigen.[143]

142 Quelle: Statistik Austria, 2001

143 Quelle: Integral, 2004

Grafik 95 Ausgabenbereitschaft der Österreicher/innen im Vergleich zu früher bzw. in Zukunft in Prozent, I. Quartal 2004

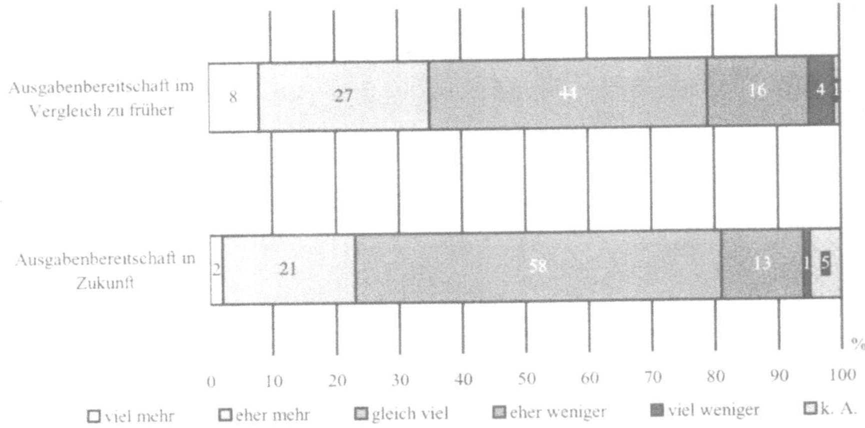

k. A. = keine Angabe
Quelle: Integral

7.5 Zahlungsverhalten

Bargeld bleibt unbestritten das dominierende Zahlungsmittel in Österreich. Die meisten Zahlungen von Privaten am POS (=Point of Sale) sind nach wie vor Barzahlungen (rd. 80 % der Transaktionen und rd. 70 % vom Umsatz).[144]

Rd. 91 % der Österreicher/innen (ab 15 Jahren) nutzt nach wie vor Bargeld als regelmäßiges Zahlungsmittel. Hier ist jedoch zu berücksichtigen, dass die Zahlungen nicht auf den Einkauf im Einzelhandel beschränkt sind. Die Hälfte der Österreicher/innen verwendet die Bankomatkarte für Zahlungen und hier vor allem für „größere" Beträge. Im Vergleich der Altersgruppen zeigt sich, dass ab 50 Jahren die regelmäßige Verwendung von Bankomatkarten deutlich abnimmt. Regelmäßige Kreditkartennutzer sind überwiegend männlich (rd. 27 % der Männer). Hingegen nutzen nur rd. 16 % der Frauen regelmäßig Kreditkarten als Zahlungsmittel. Die regelmäßige Verwendung der Zahlungsfunktion „Quick" ist bei den Österreicher/innen noch nicht weit verbreitet. Es zählen vor allem

144 Quelle: Judt, 2003

Maturant/innen und Universitäts- und Hochschulabsolvent/innen zu den regelmäßigen Quick-Nutzern.[145]

Grafik 96 Regelmäßige Verwendung* von Zahlungsmitteln in Prozent, 2003

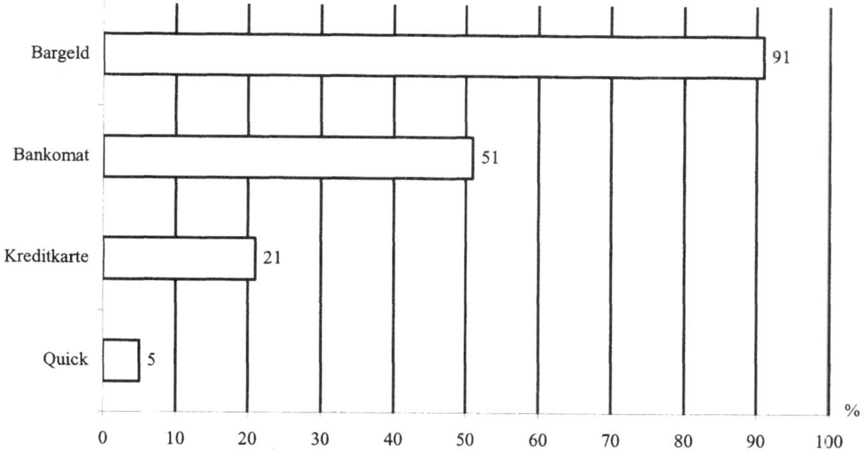

* Verwendung bei mindestens jedem 10. Einkauf
Quelle: Markant Market Research

Der Anteil der unbaren Zahlungsmittel hat sich in den letzten Jahren kontinuierlich erhöht, wobei die Bankomat- bzw. Maestrokarte die größten Zuwächse verzeichnen kann. Statistisch gesehen ist nahezu jede/r Österreicher/in zwischen 18 und 80 Jahren im Besitz einer Bankomatkarte. Die Kreditkarte stellt das zweit gebräuchlichste unbare Zahlungsmittel dar, gefolgt von der Kundenkarte mit Zahlungsfunktion.

Vor allem unter jüngeren Personen und Österreicher/innen mit hohem Einkommen ist der Verbreitungsgrad sehr hoch. Mit steigendem Alter nimmt der Besitz bzw. die Nutzung von unbaren Zahlungsmöglichkeiten signifikant ab. In der Altersgruppe ab 60 Jahren hat nur mehr etwas mehr als die Hälfte eine Plastikkarte mit Zahlungsfunktion, bei den über 70-Jährigen weniger als ein Drittel.[146]

[145] Quelle: Markant Market Research, 2003

[146] Quelle: Wirtschaftsuniversität Wien - Abteilung für Handel und Marketing, 2004

Von 2002 auf 2003 ist die Zahl der Maestro-Karteninhaber um rd. 17 % gestiegen. Ende 2004 wird mit einer Zahl von rd. 6,4 Mio ausgegebenen Karten gerechnet.[147]

Grafik 97 Zahl der Maestro-Karten in Tausend, 1999 - 2003

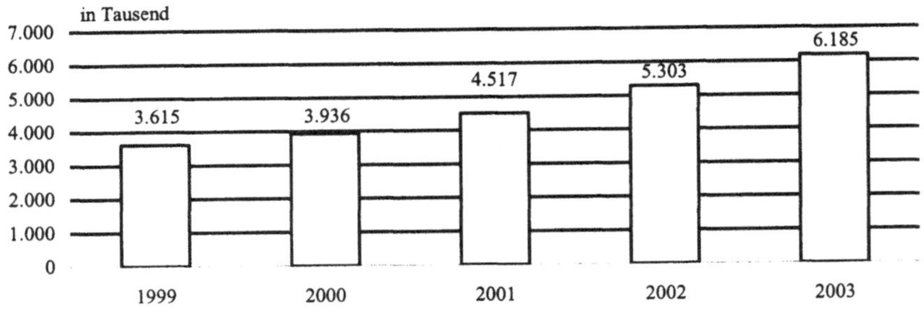

Quelle: Europay

Die Gründe für den Besitz einer Bankomat- bzw. Maestrokarte liegen hauptsächlich in der Möglichkeit, jederzeit Geld abheben zu können, und erst in zweiter Linie, um unbar zahlen zu können. Dies zeigt sich auch am nach wie vor hohen Anteil an Barzahlungen am POS.[148]

147 Quelle: Europay, 2004

148 Quelle: Wirtschaftsuniversität Wien - Abteilung Handel und Marketing, 2004

Grafik 98 Gründe für den Besitz einer Bankomat-/Maestrokarte in Prozent, 2004

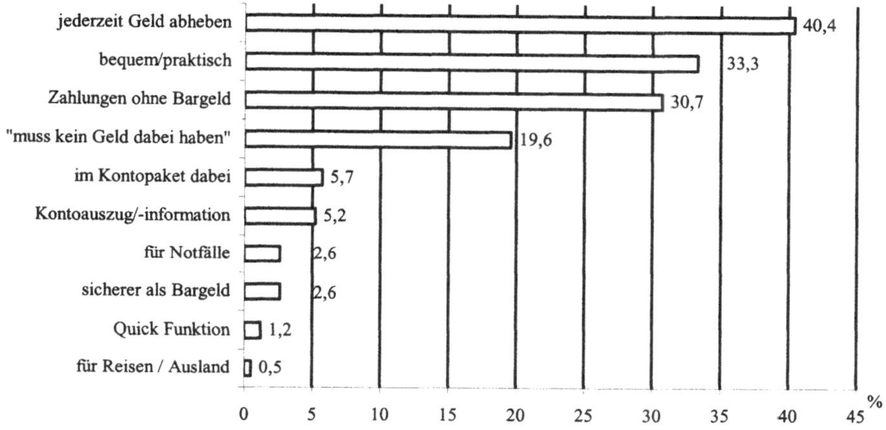

Mehrfachnennungen möglich
Quelle: Wirtschaftsuniversität Wien, Abteilung Handel und Marketing

Die Gründe für den Besitz einer Kreditkarte werden von rd. der Hälfte der Besitzer/innen einer solchen Karte im Nutzen bei Reisen gesehen. Rd. 14 % der Kreditkartenbesitzer/innen verwenden diese für „größere Beträge“ und fast ebenso viele schätzen die späte Abbuchung.[149] Daraus kann die Schlussfolgerung getroffen werden, dass die Kreditkarte zwar ein wichtiges Zahlungsmittel bei Reisen ist, hingegen für den alltäglichen Einkauf - im Vergleich zur Bankomat-/ Maestrokarte und besonders im Vergleich zu Bargeld - noch eine untergeordnete Rolle spielt.

2003 wurden in Österreich nahezu 160 Mio bargeldlose Transaktionen mit Bankomat-/Maestrokarten abgewickelt, wobei an 79.000 Bankomatkassen ein Volumen von über € 8 Mrd bewegt wurde. Die Zahlungstransaktionen mit Maestro-Karten sind im Vergleichszeitraum 2002 – 2003 um rd. 12 % gestiegen. Davon wurden rd. 5,9 Mio Transaktionen von ausländischen Gästen in Österreich und von rd. 1,0 Mio Österreicher/innen im Ausland getätigt.[150]

Tabelle 31 Zahl der Transaktionen mit Maestro-Karten in Mio, 1999 – 2003

	1999	2000	2001	2002	2003
Maestro-Zahlungstransaktionen	58,2	80,4	106,1	140,9	158,3
davon Österreicher/innen in Österreich	56,8	78,1	102,5	135,7	151,4
davon Ausländer/innen in Österreich	1,2	2,0	3,1	4,4	5,9
davon Österreicher/innen im Ausland	0,2	0,3	0,5	0,8	1,0

Quelle: Europay

Das Volumen der Zahlungstransaktionen mit Maestro-Karten stieg 2003 im Vergleich zur Vorjahresperiode um rd. 9,2 % auf rd. € 8,34 Mrd an.

Tabelle 32 Maestrozahlungsvolumen in € Mrd, 1999 - 2003

	1999	2000	2001	2002	2003
Maestro-Zahlungsvolumen	3,17	4,55	5,90	7,64	8,34
davon Österreicher/innen in Österreich	3,04	4,32	5,55	7,09	7,69
davon Ausländer/innen in Österreich	0,11	0,20	0,31	0,47	0,56
davon Österreicher/innen im Ausland	0,02	0,03	0,04	0,08	0,09

Quelle: Europay

149 Quelle: Wirtschaftsuniversität Wien - Abteilung für Handel und Marketing, 2004

150 Quelle: Europay, 2004

Vergleichsweise gering ist noch die Zahl der Zahlungstransaktionen und des Zahlungsvolumens mit „Quick". Die Quicktransaktionen erreichten 2003 ein Volumen von rd. € 17,7 Mio und finden insbesondere bei Bezahlung von Klein- bzw. Kleinstbeträgen Verwendung.[151]

Diese Zahlen zeigen insgesamt die hohe Akzeptanz der Konsument/innen in Bezug auf unbares Zahlen. Die Entwicklung weg vom Bargeld beim Einkauf wird voraussichtlich weiter voranschreiten. Nach Schätzungen wird sich der Anteil der bargeldlosen Transaktionen am POS in den nächsten fünf Jahren von rd. 20 % auf rd. 40 % verdoppeln, und der Umsatzanteil der Kartenzahlungen wird sich von rd. 30 % auf rd. 50 % erhöhen. Dies bedeutet im Gegenzug aber auch, dass kaum ein Handelsbetrieb an der Kartenakzeptanz vorbeikommen wird.[152]

7.6 Wahl der Einkaufsdestination im stationären Einzelhandel

Die Konsument/innen entscheiden die Einkaufsdestination anhand einer Fülle von Kriterien und Informationen, die ihnen zur Verfügung stehen. Theoretisch kann nach der Wahl der Einkaufsstätte und der Wahl des Geschäftes unterschieden werden. Natürlich kann im Verhalten der Konsument/innen keine eindeutige Grenze zwischen der Wahl der Einkaufsstätte und des Geschäftes getroffen werden, da die Konsument/innen beide Entscheidungen (für die Einkaufsstätte und für das Geschäft) zumeist nicht unabhängig voneinander treffen. Im Folgenden wird auf das Entscheidungsverhalten getrennt nach Einkaufsstätte und Geschäft eingegangen.

7.6.1 Einkaufsstättenwahl[153]

Die Wahl der Einkaufsstätte hat im Vergleich zur Geschäftsstättenwahl einen stärkeren räumlichen bzw. örtlichen Bezug. Zu unterscheiden ist hier zwischen Einkaufszentrum, Einkaufsstraße und Streulage.

Mehr als ein Viertel der Österreicher/innen kauft mindestens einmal pro Woche in einem Einkaufszentrum ein, weitere rd. 16 % alle 2 bis 3 Wochen und ein Fünftel einmal im Monat. Vor allem Österreicher/innen unter 30 Jahren und Student/innen kaufen häufiger in Einkaufszentren ein.

---

151 Quelle: Österreichische Nationalbank, 2004

152 Quelle: Europay, 2004

153 Quelle: Markant Market Research, 2004

In Einkaufsstraßen kaufen die Österreicher/innen tendenziell seltener ein, am häufigsten werden Geschäfte in Streulagen frequentiert. Die kurzfristige Bedarfsdeckung (insbesondere Güter des täglichen Bedarfs) erfolgt vor allem in Streulagen, die mittelfristige in Einkaufszentren (v. a. Sportartikel) und Einkaufsstraßen (v. a. Schuhe, Bekleidung und Schmuck/Uhren).

Tabelle 33 Kaufhäufigkeit nach Einkaufsort, Anteil der Konsument/innen in Prozent, 2004

	mind. 1x pro Woche	alle 2 – 3 Wochen	1 x im Monat	alle 2 - 3 Monate	1 – 2 x im Jahr	seltener/ nie
Einkaufszentrum	26	16	20	13	11	14
Einkaufsstraße	17	12	20	13	16	22
Streulage	70	0	9	4	2	6

Quelle: Markant Market Research

Bei den Einkäufen in Einkaufsstraßen zeigt sich ein starkes Ost-West-Gefälle. Während in Wien rd. 29 % der Konsument/innen mindestens einmal pro Woche und weitere 15 % alle zwei bis drei Wochen in Einkaufsstraßen einkaufen, tun dies nur rd. 13 % bzw. rd. 9 % der Konsument/innen in den westlichen Bundesländern. Dies ist u. a. auch auf die unterschiedliche Anzahl an verfügbaren bzw. attraktiven Einkaufsstraßen zurückzuführen.

Den Vorteil von Einkaufszentren sehen die Konsumenten/innen hauptsächlich in der Vielzahl von Geschäften unter einem Dach (Wetterunabhängigkeit) und der Möglichkeit, gratis zu parken. Für Einkaufsstraßen sprechen ebenfalls die Vielzahl an Geschäften und hier besonders die Einkaufsatmosphäre. Die ausreichende Verfügbarkeit von Parkplätzen wäre für die Konsument/innen eine wesentliche Vorraussetzung für einen häufigeren Besuch von Einkaufsstraßen.

Die kurzfristige Bedarfsdeckung findet überwiegend in Geschäften, die sich in Streulagen befinden, statt. Vor allem für Einkäufe im Lebensmitteleinzelhandel und von Drogerie-/Parfümeriewaren werden am häufigsten Geschäfte in Streulagen aufgesucht und nicht eine Einkaufsstraße oder ein Einkaufszentrum besucht. Für Sportartikel und Bekleidung werden von den Konsument/innen häufiger Einkaufszentren aufgesucht, wobei Bekleidung auch häufig in Einkaufsstraßen gekauft wird.

Grafik 99 Einkaufsorte nach Produktgruppen in Prozent des am häufigsten aufgesuchten Einkaufortes, 2004

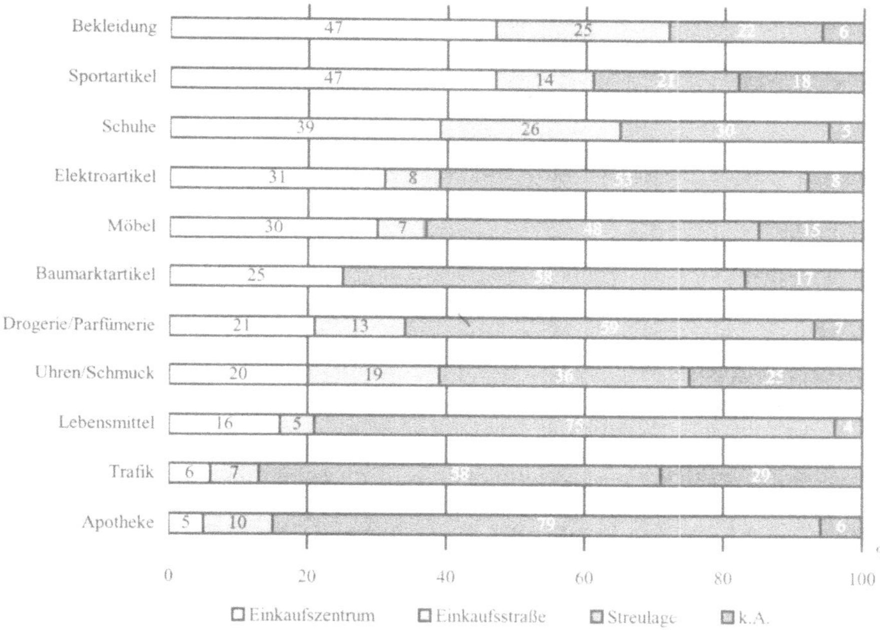

k.A.: keine Angaben:
Quelle: Markant Market Research

7.6.2 Geschäftswahl[154]

Im Gegensatz zur Einkaufsstättenwahl stehen bei der Wahl des Geschäftes nicht räumliche Aspekte im Vordergrund, sondern das Entscheidungsverhalten fokussiert hier auf einzelne Geschäfte.

[154] Quelle: Markant Market Research, 2003

Die Wahl des Geschäftes ist wiederum von einer Fülle von Faktoren abhängig. Das wichtigste Entscheidungskriterium für die Konsument/innen ist das Preis-Leistungs-Verhältnis. An zweiter Stelle folgt bereits der Preis. Die hohe Bedeutung bzw. die Wichtigkeit des Preises für die Konsument/innen zeigt sich auch in der Entwicklung der Diskonter im österreichischen Handel.[155] Besonders für die Bevölkerungsgruppe mit einem monatlichen Einkommen unter € 2.000 stellt der Preis ein entscheidendes Kriterium bei der Geschäftswahl dar.

Beim Einkauf in den Branchen Bekleidungs-, Schuh- und Sportartikeleinzelhandel sind v. a. ältere Konsument/innen bereit, für eine bessere Qualität auch mehr zu bezahlen. Der reine „Preis" verliert hier in der Gruppe der über 50-Jährigen an Bedeutung. Im Lebensmitteleinzelhandel spielt der Preis für alle Kundengruppen eine dominierende Rolle.

Die Beratung hat insbesondere in den Branchen Sportartikel-, Elektro- und Möbeleinzelhandel einen hohen Stellenwert für die Konsument/innen. Besonders relevant bei der Wahl des Geschäftes ist die Beratung in der Kundengruppe 50+.

Aktionen und Angebote werden für die Geschäftswahl verstärkt von Konsument/innen mit einem Monatseinkommen bis € 2.000 für sehr wichtig erachtet. Besonders relevant sind Aktionen in den Branchen Lebensmitteleinzelhandel, Drogerien/Parfümerien, Bekleidungs- und Schuheinzelhandel.

Die räumliche Nähe gewinnt mit steigendem Alter an Bedeutung. Dies ist insbesondere vor dem Hintergrund der sozioökonomischen Entwicklung – Stichwort Verschiebung der Alterspyramide[156] - von zunehmender Relevanz. Im Vergleich der Einzelhandelsbranchen spielt die räumliche Nähe besonders im Lebensmittelhandel eine entscheidende Rolle, die hier von den Konsument/innen noch wichtiger beurteilt wird als z. B. der Preis oder das Angebot.

---

155 Siehe Kapitel 1: Die österreichische Handelslandschaft

156 Siehe Kapitel 6: Sozioökonomische Entwicklung

Grafik 100 Top 5 Entscheidungskriterien für die Geschäftswahl im Einzelhandel, 2003

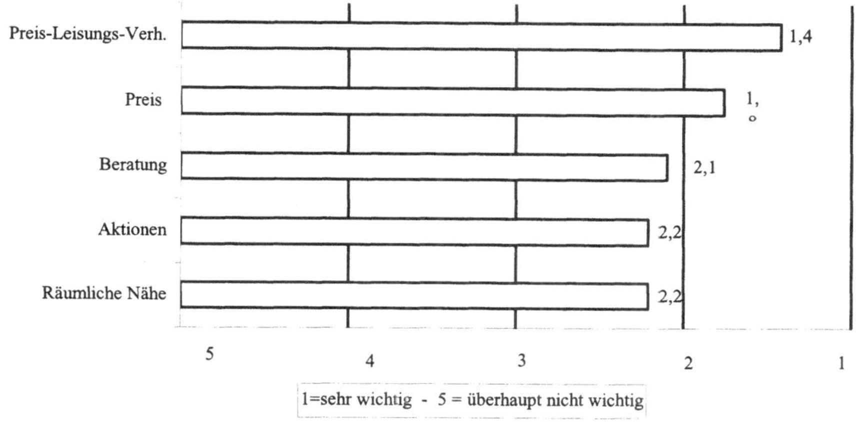

Quelle: Markant Market Research

Das stationäre Geschäft bzw. die physische Einkaufsstätte wird nach wie vor (im Vergleich zum nicht stationären Einzelhandel wie z.B. Online-Shopping, Versandhandel, Hauszustellung) von den Konsument/innen bevorzugt. Dies zeigt eine empirische Studie am Beispiel des Lebensmitteleinkaufes. Zu den Vorteilen des Geschäftes zählt insbesondere die Begutachtung der Ware zur Reduzierung des Qualitätsrisikos beim Kauf.[157]

Der Vergleich der Distributionskanäle Geschäft und Hauszustellung zeigt weiters, dass die Akzeptanz von Zustellgebühren sehr gering ausfällt. Die Konsument/innen sind sich des Kostenanfalls beim Einkauf im Geschäft nicht bzw. kaum bewusst und daher fehlt auch ein Verständnis zur Abgeltung der Transportleistung bei der Hauszustellung.[158]

---

[157] Quelle: Schnedlitz/Madlberger, 2002

[158] Quelle: Schnedlitz/Kotzab/Teller, 2004

7.7 Internetshopping

Rd. 4,2 Mio Österreicher/innen ab 14 Jahren (das entspricht rd. 56 %) hatten im II. Quartal 2004 Zugang zum Internet. Rd. 3,6 Mio (bzw. rd. 54 %) nutzen das Internet mehrmals im Monat. Die Entwicklung der Internetnutzer/innen in den letzten Jahren zeigt einen deutlichen Anstieg. Während im Jahr 1996 nur rd. 9 % der über 14 Jährigen Österreicher/innen zu den regelmäßigen Internetnutzer zählten, ist dieser Anteil bis zum Februar 2004 auf rd. 54 % angestiegen.[159]

Grafik 101 Entwicklung des Internet-Marktes in Österreich in Prozent der über 14-Jährigen, 1996 – II. Quartal 2004

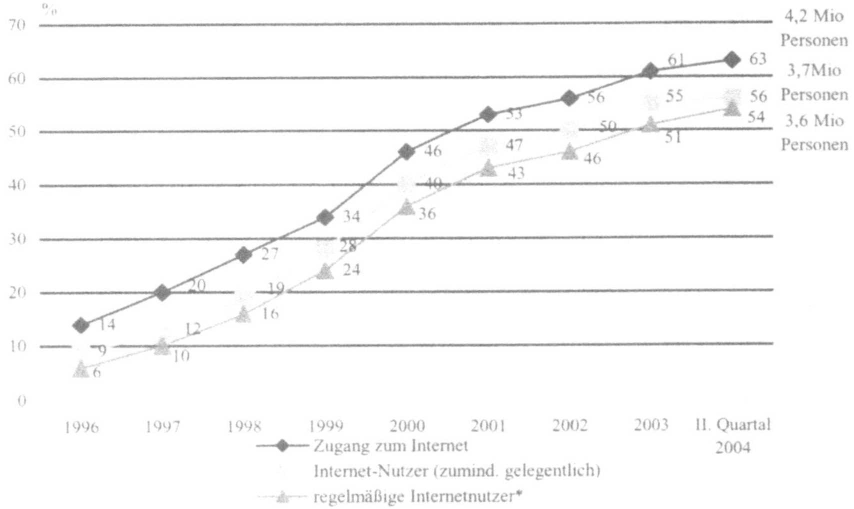

* zumindest mehrmals pro Monat
Quelle: Integral - Austrian Internet Monitor

Im europäischen Vergleich wird die Internetnutzung in Österreich (rd. 56 %) von den Ländern Dänemark, Schweden (je rd. 75 %), Finnland, Island (je rd. 72 %), Norwegen (rd. 69 %), Niederlanden (rd. 66 %), Schweiz (rd. 62 %) und Deutschland (rd. 57 %) übertroffen. In allen anderen europäischen Ländern liegt der Anteil der Internetnutzer/innen z. T. deutlich unter dem Österreichwert.[160]

159 Quelle: Integral – Austrian Internetmonitor, 2004

160 Quelle: Fessel-Gfk, 2004

Mehr als die Hälfte der Österreicher/innen über 14 Jahren, die über einen Internetzugang verfügen, nutzt diesen fast täglich. Der Anteil der Intensivnutzer/-innen (Zusammenfassung der Antwortkategorien „fast täglich" und „mehrmals pro Woche") liegt bei rd. 75 %. Dieser Anteil ist bei männlichen Usern höher als bei weiblichen. Rd. 9 % verfügen zwar de facto über einen Internetzugang, benutzen diesen aber nie.[161]

Grafik 102 Frequenz der Internetnutzung der Österreicher/innen ab 14 Jahren in Prozent der Personen mit Internetzugang, II. Quartal 2004

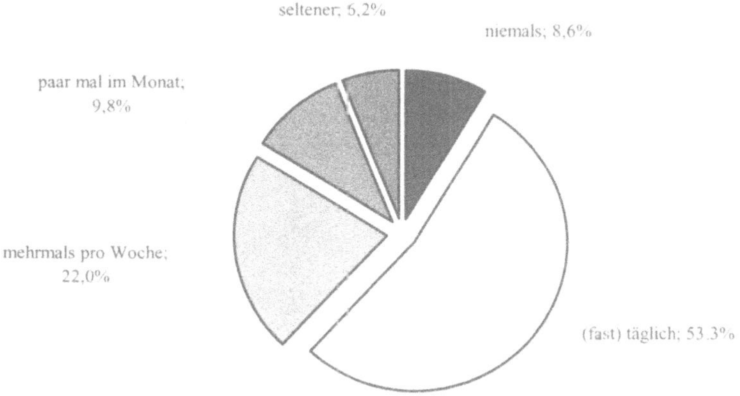

Quelle: Integral - Austrian Internet Monitor

Mehr als die Hälfte der Internetnutzer/innen nutzte dieses Medium bereits auch zum Einkauf. In absoluten Zahlen bedeutet dies, dass zum Zeitpunkt der Untersuchung (I. Quartal 2004) rd. 1,9 Mio Österreicher/innen über 14 Jahren bereits via Internet eingekauft haben. Männer nutzen das Internet zum Einkauf etwas öfter als Frauen.

Während rd. 55 % der männlichen Internetnutzer bereits im Netz eingekauft haben, waren dies rd. 48 % der Userinnen. Besonders beliebt ist das Einkaufen via Internet erwartungsgemäß in der Altersgruppe der 20 – 29-Jährigen.[162]

---

161 Quelle: Integral – Austrian Internetmonitor, 2004

162 Quelle: Integral – Austrian Internetmonitor, 2004

Grafik 103 Einkauf im Internet bereits getätigt in Prozent der Internetnutzer/innen, 1997 - 2004

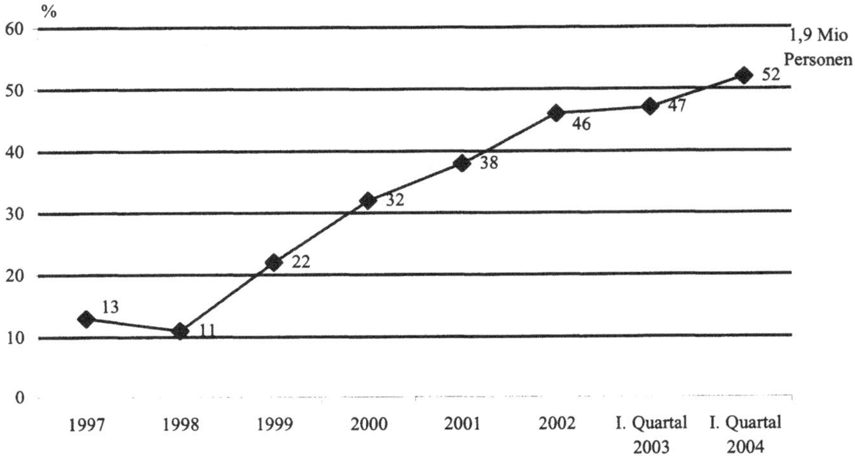

Quelle: Integral - Austrian Internet Monitor

Rd. 3 % der Internetuser/innen in Österreich kaufen regelmäßig im Internet ein und weitere rd. 17 % zumindest gelegentlich. Im Vergleich dazu nutzen rd. 23 % im Durchschnitt der EU-15-Länder regelmäßig oder gelegentlich das Internet zum Online-Shopping.[163]

[163] Quelle: Europäische Kommission, 2003

Grafik 104 Internetnutzer/innen, die regelmäßig oder gelegentlich via Internet einkaufen in den EU-15-Ländern in Prozent, 2002

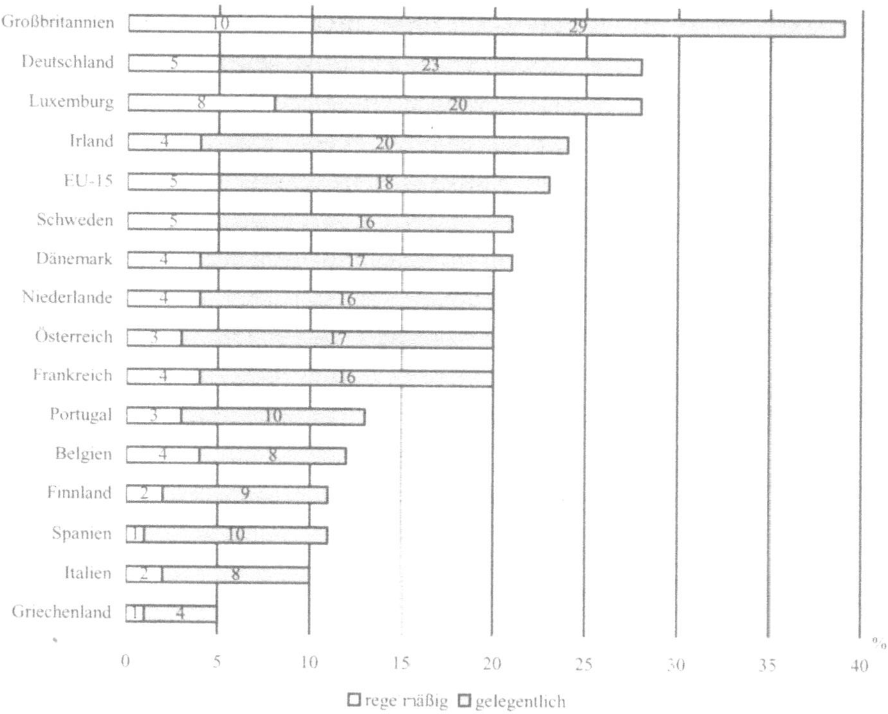

Quelle: Europäische Kommission

Nach AIM (Austrian Internet Monitor) gibt ein/e durchschnittliche/r Online-Einkäufer/in pro Quartal rd. € 200 für „klassische Produkte“ aus. Hingegen ist die Kaufbereitschaft für Internet-spezifische Angebote, wie etwa die Nutzung kostenpflichtiger Contents, nach wie vor sehr gering.[164]

Im Zeitraum März 2002 bis März 2003 haben rd. 26 % aller Internetnutzer/innen zumindest einmal über das Internet eingekauft. Diese Kundengruppe umfasst somit rd. 800.000 Österreicher/innen ab 16 Jahren (entspricht rd. 12 % der österreichischen Bevölkerung ab 16 Jahren).

Im I. Quartal 2003 gaben rd. 43 % der Online-Shopper/innen weniger als € 100 für Einkäufe via Internet aus, rd. 6 % mehr als € 1.000.[165] Im Durchschnitt wurden drei Käufe pro Monat getätigt.[166]

Grafik 105 Einkaufsvolumen der Internetkäufer/innen in Prozent nach Ausgabenkategorien, I. Quartal 2003

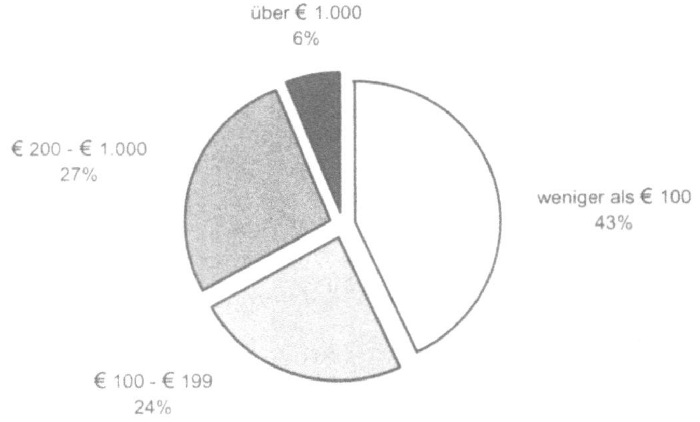

Quelle: Statistik Austria

[164] Quelle: Integral – Austrian Internetmonitor, 2004

[165] Quelle: Statistik Austria, 2003

[166] Quelle: Fessel-Gfk, 2004

Trotz des weiteren Vorherrschens von traditionellen Zahlungsformen beim Online-Shopping wird im österreichischen E-Commerce zunehmend online bezahlt: Rd. 37 % aller Internetkäufer/innen zahlen online per Kreditkarte.[167] Zu den beliebtesten Produkten, die via Internet gekauft werden, zählen nach wie vor Bücher, mit weitem Abstand folgen Kleidung/Schuhe und Audio-CDs.[168]

Grafik 106 Top 10 der via Internet gekauften Produkte* in Prozent, IV. Quartal 2003

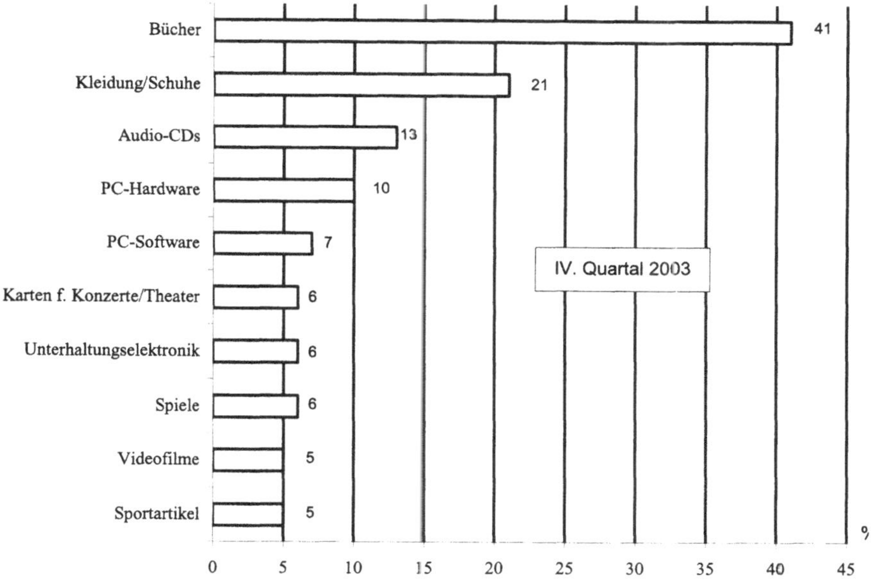

* Basis: Bestellung/Kauf über das Internet in den letzten 3 Monaten
Quelle: Fessel-Gfk

Die Bedeutung des Internetshoppings wächst bzw. wird auch in Zukunft weiter wachsen, wenngleich auch die Geschwindigkeit des Wachstums hinter den Erwartungen zurückliegt.[169]

167 Quelle: Statistik Austria, 2003

168 Quelle: Fessel-Gfk, 2004

169 Quelle: Kroeber-Riel, 2003

7.8 Anlasskäufe

Die Entwicklung des Konsumentenverhaltens am Beginn des 21. Jahrhunderts verstärkt die Polarisierung zwischen Versorgungskonsum und Erlebniskonsum. Beim Erlebniskonsum stehen Unterhaltung und Serviceorientierung im Vordergrund, während beim Versorgungskonsum[170] die Konsument/innen hauptsächlich auf den Preis achten und preisaktive Einkaufsorte favorisieren.[171]

In den Bereich Erlebniskonsum fallen die Einkäufe zu einem bzw. für einen bestimmten festlichen Anlass. Unter Anlasskäufe soll hier der Kauf von Produkten zu bestimmten Feiern wie Ostern oder Weihnachten bzw. zu Vater- und Muttertag, Valentinstag und Halloween verstanden werden.

Zu diesen Anlässen geben die Österreicher/innen (über 15 Jahren) insgesamt im Jahr rd. € 2,4 Mrd aus. Diese Konsumentenausgaben fließen nicht alle, aber zum Großteil in den österreichischen Einzelhandel. Der „ausgabenstärkste" Anlass ist Weihnachten mit rd. € 1,9 Mrd. Mit deutlichem Abstand folgt Ostern mit Gesamtausgaben von rd. € 188 Mio und der Muttertag (rd. € 134 Mio). Für den Valentinstag geben die Österreicher/innen gesamt rd. € 73 Mio und für den Vatertag rd. € 68 Mio aus. Halloween spielt in Österreich - gemessen an den Ausgaben zu diesem Anlass in der Höhe von rd. € 18 Mio - noch eine untergeordnete Rolle.

Zu Weihnachten 2004 kaufen rd. 85 % der Österreicher/innen Geschenke. Weit weniger nehmen den Muttertag (rd. 58 %) zum Anlass Geschenke zu besorgen. Noch nicht durchgesetzt hat sich der Brauch aus den USA - Halloween. Rd. 10 % der Österreicher/innen tätigen speziell zu diesem Anlass Käufe.[172]

---

170 Siehe Kapitel 7.9: Phänomen Diskont

171 Quelle: Market, 2001

172 Quelle: KMU FORSCHUNG AUSTRIA – Konsumentenbefragungen, 2004

Grafik 107 Anteil der Geschenke-Käufer/innen in Prozent der Österreicher/innen (ab 15 Jahren), 2004

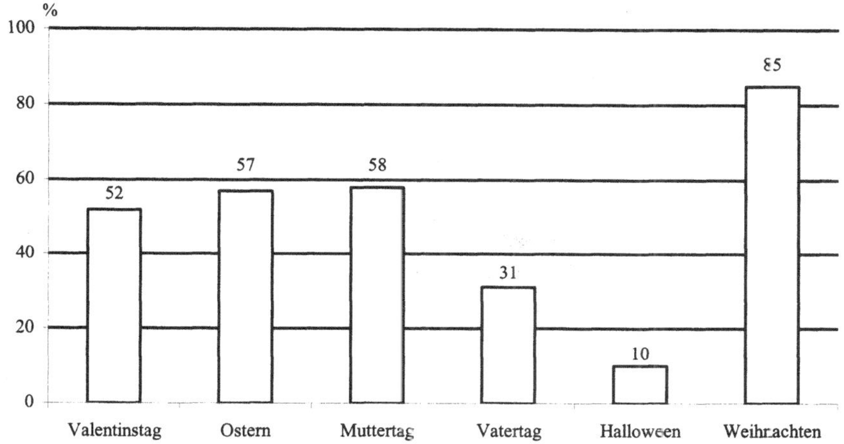

Quelle: KMU FORSCHUNG AUSTRIA

Die durchschnittlichen Ausgaben der Österreicher/innen, die zu Weihnachten Geschenke kaufen, beträgt 2004 rd. € 335. Für Ostern kann ein durchschnittliches „Geschenk-Budget“ von rd. € 49 pro Geschenkekäufer/in angegeben werden.[173]

[173] Quelle: KMU FORSCHUNG AUSTRIA – Konsumentenbefragungen, 2004

Grafik 108 Durchschnittliche Ausgaben, der Österreicher/innen (ab 15 Jahren), die aus diesem Anlass kaufen in € pro Person, 2004

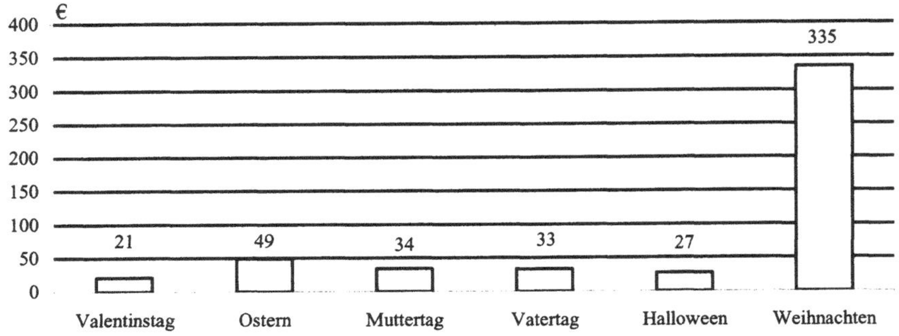

Quelle: KMU FORSCHUNG AUSTRIA

7.9 Phänomen Diskont

Die Bedeutung und Einwicklung der Diskonter im österreichischen Einzelhandel ist im Kapitel 1: „Die Österreichische Handelslandschaft“ ausführlich beschrieben worden. In folgenden Ausführungen soll das Phänomen Diskont von der Seite des Konsumentenverhaltens beleuchtet werden.

Einer der Haupttrends in der Entwicklung des Konsumentenverhaltens wird in dem Begriff „Hybrider Konsument“ subsumiert. D. h. die Konsument/innen suchen speziell bei Gütern des täglichen Bedarfs nach dem günstigsten Preis, um hierdurch das zur Verfügung stehende Budget zugunsten von Gütern des demonstrativen Konsums zu entlasten. Ein Verhalten daraus wird mit dem Begriff „Schnäppchenjagd“ beschrieben, das mittlerweile als Freizeitbeschäftigung vergleichsweise wohlhabender Verbrauchersegmente gesehen wird. Eine Folge davon ist das Ansteigen der Preissensibilität.[174]

Billig einkaufen ist nicht mehr mit negativen Assoziationen verbunden, sondern wird zunehmend als schick bezeichnet. Neben den Schnäppchenjäger/innen sind noch die so genannten „Smart Shopper“ zu nennen, die sich nicht mehr nur von reinen Lockvogelpreisen anziehen lassen.[175]

Der Preis spielt bei der Wahl des Geschäftes knapp hinter dem Entscheidungskriterium Preis-Leistungs-Verhältnis eine dominierende Rolle. Die Bedeutung des Preises nimmt mit zunehmendem Alter ab. Während für Konsument/innen unter 30 Jahren dieses Kriterium ausschlaggebend bei der Geschäftsstättenwahl ist, erachtet die Zielgruppe der über 60-Jährigen andere Kriterien wie z. B. die räumliche Nähe für wesentlich wichtiger.

Besonders preissensibel sind die Konsument/innen bei der Geschäftswahl in den Branchen Baumärkte und Lebensmitteleinzelhandel, während im Papier-, Büro- und Schreibwareneinzelhandel und im Spielwareneinzelhandel der Preis als Entscheidungskriterium als weniger wichtig beurteilt wird.[176]

---

174 Quelle: Schneider, 2004

175 Quelle: Bosshart/Nueno/Staib, 2004

176 Quelle: Markant Market Research, 2003

Grafik 109 Entscheidungskriterium Preis für die Geschäftswahl im Einzelhandel nach Branchen, 2003

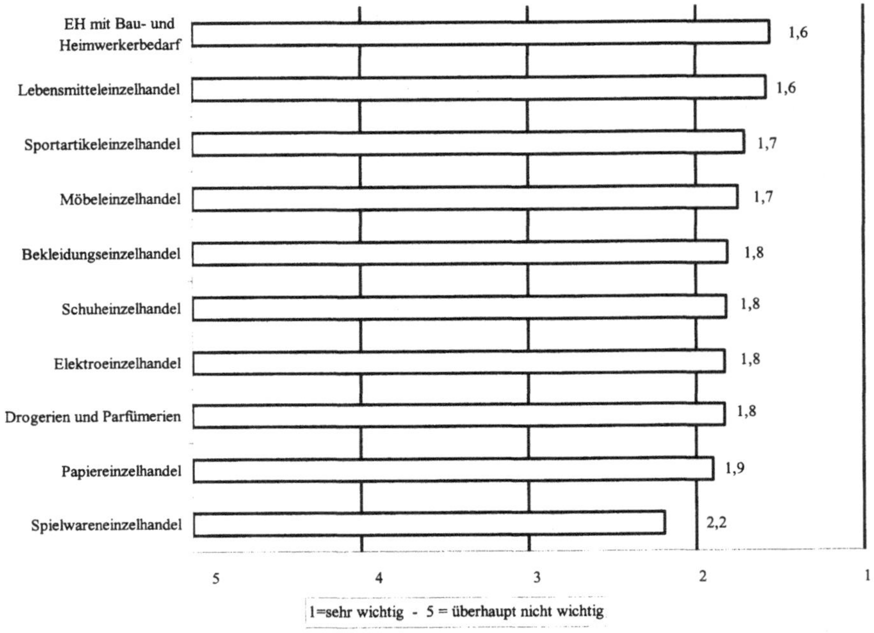

Quelle: Markant Market Research

Obwohl Preise relativ sind, gewinnen sie als Orientierungsgröße immer mehr an Bedeutung. Diese Entwicklung kann damit begründet werden, dass aus einer immer höheren Anzahl von Produkten ausgewählt werden kann und dies Konfusion bei den Konsument/innen erzeugt.[177] Die Konsument/innen können die differenzierenden Produktmerkmale einer Vielzahl von teilweise austauschbaren Produkten und Neueinführungen, gepaart mit einem Informationsüberhang z. B. durch Werbung und neuer Informationskanäle, nicht mehr selektiv wahrnehmen.[178] Preis ist somit zum einfachsten und zuverlässigsten Unterscheidungskriterium geworden und wird weiter an Bedeutung gewinnen. „Billig" entwickelt sich jedoch auch immer mehr zum Synonym für „gut".[179]

Über zwei Drittel der Österreicher/innen kauft bei Diskonter ein. Während die Nutzung der Vertriebsform Diskont für den Einkauf unabhängig von Alter und Geschlecht gesehen werden kann, steigt diese jedoch mit steigender Haushaltsgröße. Mit zunehmendem Bildungsniveau sinkt der Anteil der Konsument/-innen, die bei Diskonter einkaufen.[180]

Die Einkaufshäufigkeit beim Diskonter ist von Branche zu Branche unterschiedlich. Während rd. 81 % der Konsument/innen beim Einkauf im Lebensmitteleinzelhandel zumindest gelegentlich zum Diskonter gehen, ist es z. B. im Schuh- und Lederwareneinzelhandel rd. die Hälfte. Dies ist auf der einen Seite mit der Marktpräsenz von diskontorientierten Betrieben in den einzelnen Einzelhandelsbranchen zu erklären, auf der anderen Seite zeigt dies jedoch das unterschiedliche Einkaufsverhalten der Konsument/innen bei unterschiedlichen Produkten bzw. Produktgruppen.

Im Lebensmitteleinzelhandel kaufen rd. 19 % der Österreicher/innen (über 15 Jahre) nur beim Diskonter. Weitere rd. 25 % gehen öfters und rd. 21 % gleich oft zum Diskonter als in den Fachhandel. Hier zeigt sich im Branchenvergleich die höchste Akzeptanz der Konsument/innen. Ganz anders stellt sich die Situation beispielsweise im Schuh- und Lederwareneinzelhandel dar. Hier kauft fast die Hälfte der Konsument/innen nie beim Diskonter ein.[181]

---

177 Quelle: Bosshart, 2004

178 Quelle: Münzberg, 2004

179 Quelle: Bosshart, 2004

180 Quelle: Markant Market Research, 2004

181 Quelle: KMU FORSCHUNG AUSTRIA – Konsumentenbefragungen, 2004

Grafik 110 Einkaufshäufigkeit beim Diskonter im Vergleich zum Fachhandel nach Branchen in Prozent, 2004

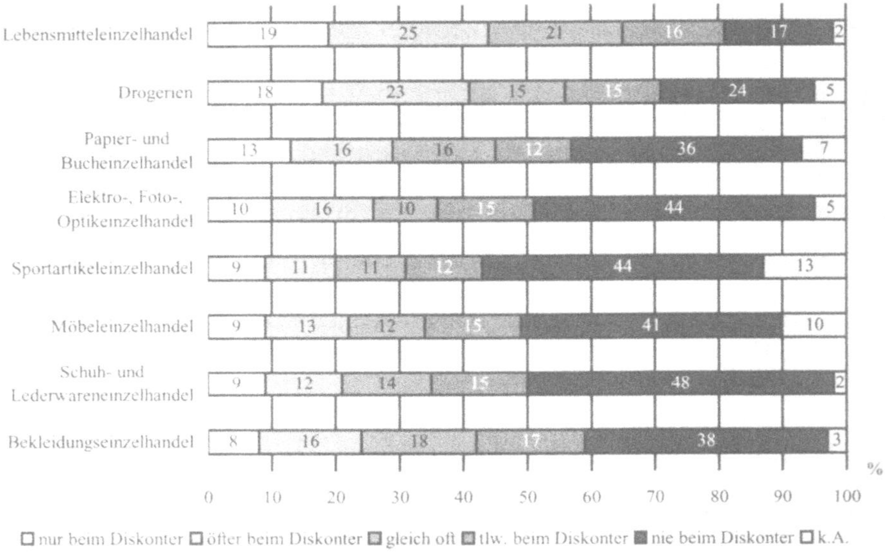

Quelle: KMU FORSCHUNG AUSTRIA

Der Fachhandel kann als Gegenstück zum Discounthandel gesehen werden.[182] Preisvergleiche werden von den Konsument/innen wesentlich häufiger zwischen Fachhandelsgeschäften durchgeführt als zwischen Diskonter. Während rd. 54 % der Konsument/innen angeben, oft bzw. sehr oft Preisvergleiche zwischen Fachhandelsgeschäften anzustellen, tun dies rd. 43 % zwischen Diskonter. Hingegen stellen rd. 24 % nie Preisvergleiche zwischen Diskonter an. Hier zeigt sich wiederum, dass einerseits die Diskonter durch das Vertrauen der Konsument/-innen in ihre Niedrigstpreise punkten können und andererseits, dass der Preis eine dominierende Rolle spielt.[183]

---

182 Quelle: Schmalen/Schachtner, 1999

183 Quelle: KMU FORSCHUNG AUSTRIA – Konsumentenbefragungen, 2004

Grafik 111 Häufigkeit der Preisvergleiche in Prozent, 2004

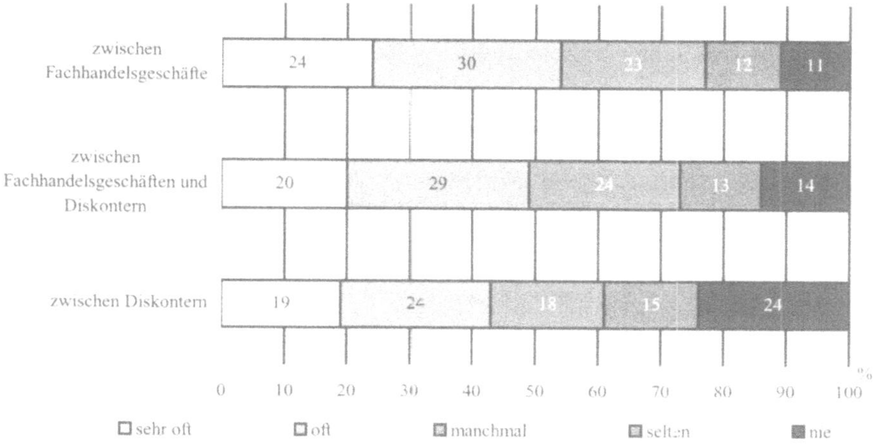

Quelle: KMU FORSCHUNG AUSTRIA

7.10 Bedeutung der Touristen für den Einzelhandel

Die Bedeutung der internationalen Touristen für den österreichischen Einzelhandel zeigen die aktuellen Daten von Global Refund.[184] Im Jahr 2003 stieg der Brutto-Tourismusumsatz der internationalen Touristen, die nicht aus damaligen EU(15)-Staaten stammten, gegenüber dem Vorjahr um rd. 1,4 % auf rd. € 243,1 Mio. Diese Steigerung konnte durch die zunehmende Zahl an Transaktionen von 966.592 auf 994.655 im Jahr 2003 realisiert werden. Einen wesentlichen Beitrag zum Anstieg des Brutto-Tourismusumsatzes haben die EU-Erweiterungsländer geleistet.

[184] Hier ist zu berücksichtigen, dass nicht alle Steuerrefundierungen von Global Refund abgewickelt werden und nur die internationalen Touristen aus Nicht-EU-Staaten (Zeitpunkt 2003) berücksichtigt wurden.

So sind beispielsweise die Umsätze der Gäste aus Slowenien im Vergleichszeitraum 2002 – 2003 um rd. 26 % gestiegen. Dies ist vor dem Hintergrund des Wegfalls der Ust-Refundierung mit 1. Mai 2004 zu sehen. Der Durchschnittseinkauf ist im Jahresvergleich 2002 – 2003 von rd. € 248 auf rd. € 244 gesunken.[185]

Grafik 112 Durchschnittseinkäufe nach Herkunftsländern in €, 2003

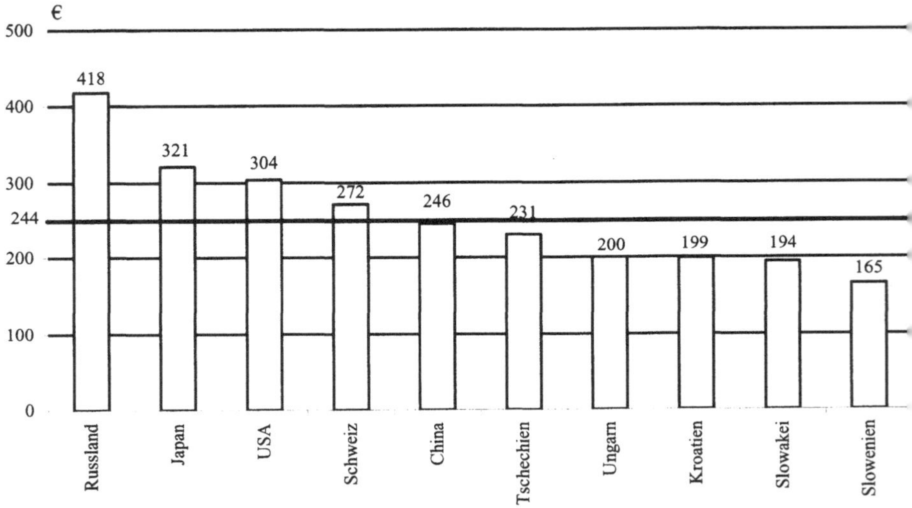

Quelle: Global Refund

Die Ausgabenverteilung nach Bundesländern zeigt, dass besonders der Wiener Einzelhandel von den internationalen Touristen aus Nicht-EU(15)-Staaten profitiert.

[185] Quelle: Global Refund, 2003

Grafik 113 Verteilung der Ausgaben der internationalen Tourist/innen* nach Bundesländer in Prozent, 2003

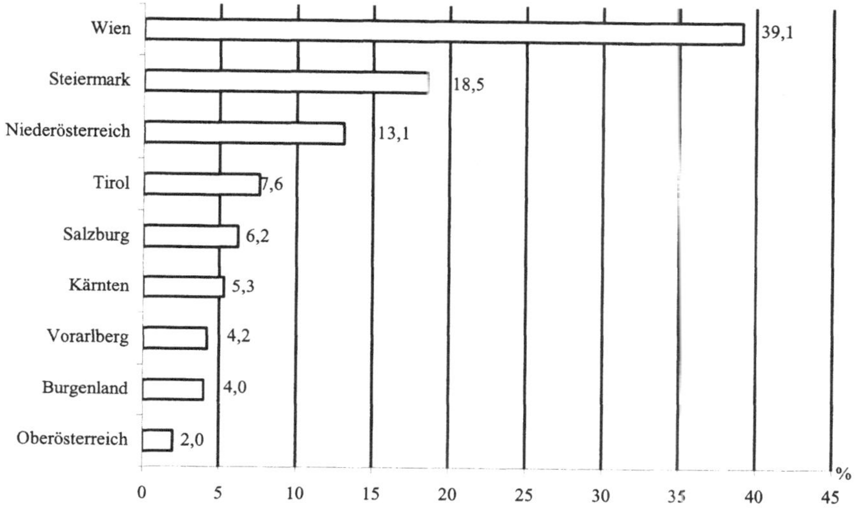

* aus Nicht-EU (15)-Staaten
Quelle: Global Refund

Hochrechnungen gehen davon aus, dass Tagesgäste, Urlauber/innen, Kongress- und Geschäftsreisende im Jahr 2002 in Wien rd. € 2,2 Mrd ausgaben. Die handelsrelevanten Ausgaben werden mit rd. 15 % der Gesamtausgaben angegeben und belaufen sich somit auf rd. € 330 Mio.[186]

186 Quelle: Wiener Tourismusverband, 2003

Grafik 114 Ausgaben der Tourist/innen in Wien nach Ausgabenkategorien in Prozent, 2002

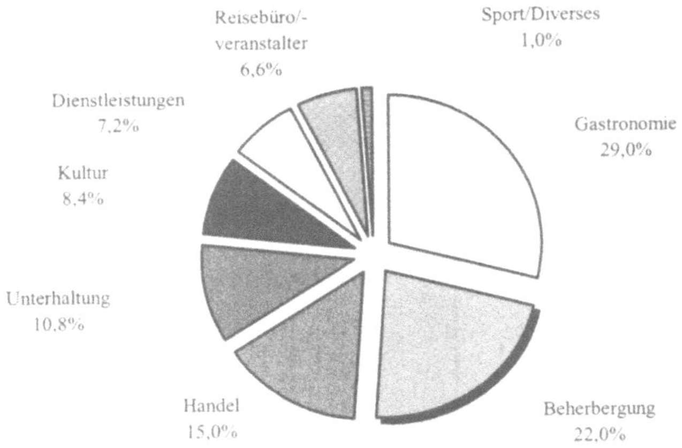

Quelle: Wiener Tourismusverband

Im Branchenvergleich hielt 2003 der Trend in Richtung Bekleidung als von Touristen aus Nicht-EU-15-Staaten meist gekauftes Produkt weiter an. So stiegen die Tourismusumsätze der Bekleidungseinzelhandelsbranche um rd. 5 % gegenüber dem Jahr 2002.[187]

[187] Quelle: Global Refund, 2003

Grafik 115 Ausgaben der internationalen Tourist/innen* in Österreich nach Produktgruppen in Prozent, 2003

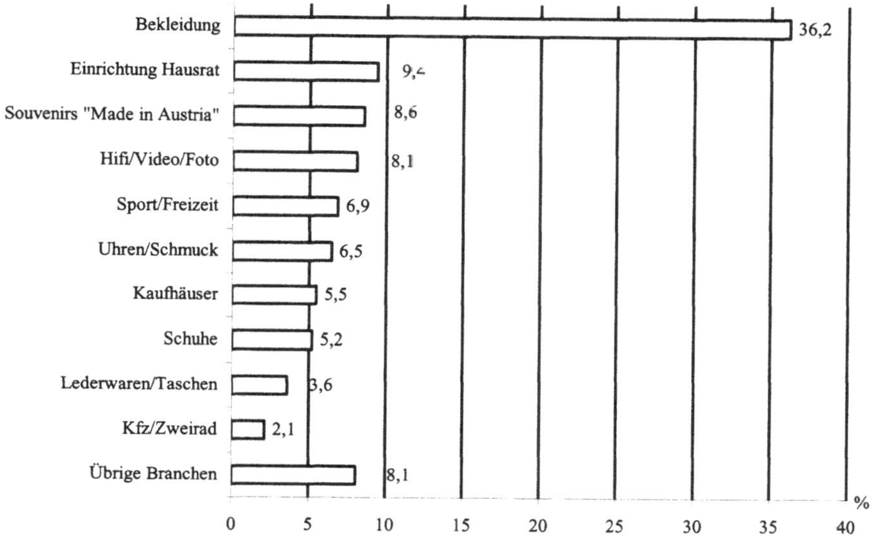

* aus Nicht-EU (15)-Staaten
Quelle: Global Refund

8 Ausgewählte rechtliche Aspekte im Handel

- **Neuregelung der Ladenöffnungszeiten**
  - **Konsument/innen** *(Jänner 2004)*:
    - Rd. 18% nutzen bereits verlängerte Öffnungszeiten
  - **Einzelhandelsunternehmen** *(in Wien November 2003)*
    - Polarisierung zwischen filialisierten und nicht filialisierten Unternehmen
  - **Handelsangestellte** *(in Wien November 2003)*
    - Rd. die Hälfte betroffen / Auswirkungen mehrheitlich negativ eingestuft
- **Investitionsersatz bei Vertriebsbindungssystemen**

Die Neuregelung der Ladenöffnungszeiten hat zweifelsohne eine kontroversielle Diskussion in Österreich ausgelöst. Der Fokus der folgenden Ausführungen liegt somit auf dem Öffnungszeitengesetz 2003 und dessen Auswirkungen.

Dargestellt werden neben den rechtlichen Rahmenbedingungen die Nutzung der neuen Ladenöffnungszeiten durch die österreichischen Konsument/innen sowie die Sichtweise der Einzelhandelunternehmen und der Mitarbeiter/innen in Einzelhandelsgeschäften, exemplarisch dargestellt anhand der Situation in Wien.

Darüber hinaus wird die neue Regelung des Investitionsersatzes bei Vertriebsbindungssystemen kurz umrissen.

8.1 Neuregelung der Ladenöffnungszeiten

Mit dem Öffnungszeitengesetz 2003, das Ende Juli verlautbart wurde, wurden die Öffnungszeiten neu geregelt; die wichtigsten Bestimmungen sind[188]:

- **Montag bis Freitag:** grundsätzlich von 5:00 Uhr bis 21:00 Uhr, es sei denn, der Landeshauptmann/-frau legt durch Verordnung andere Zeiten fest.
- **Samstag:** grundsätzlich von 05:00 Uhr bis 18:00 Uhr, es sei denn, der Landeshauptmann/-frau legt durch Verordnung andere Zeiten fest.
- **Wöchentlicher Öffnungsrahmen:** Die Geschäfte dürfen innerhalb der Öffnungszeiten von Montag 05:00 Uhr bis Samstag 18:00 Uhr (unabhängig davon, ob der/die jeweilige Landeshauptmann/-frau eigene früheste Aufsperr- bzw. späteste Zusperrzeitpunkte verordnet) maximal 66 Stunden offen gehalten werden. Der/Die Landeshauptmann/-frau hat die Möglichkeit, diesen Öffnungsrahmen auf maximal 72 Stunden zu erweitern. Für Verkaufsstellen von Bäckereibetrieben, Verkaufsstellen für Naturblumen, Süßwaren und Obst kann der Landeshauptmann (auch) eine 72 Stunden übersteigende wöchentliche Gesamtoffenhaltezeit festlegen.

188 Quelle: Wirtschaftskammer Österreich, 2003

Tabelle 34 Überblick über die Öffnungszeiten in den einzelnen Bundesländern an Werktagen, 2004

BL	Montag bis Freitag		Samstag		Gesamt-offenhaltezeit pro Woche
	von	bis	von	bis	
W	06:00	19:30, an einem Tag nach freier Wahl des Unternehmers bis 21:00	06:00	18:00	66 Stunden
NÖ	05:00	21:00	05:00	18:00	66 Stunden
OÖ	06:00	19:30	06:00	17:00	66 Stunden
S	06:00	19:30	06:00	17:00	66 Stunden
V	06:00	19:30, an einem Tag nach freier Wahl des Unternehmers bis 21:00	06:00	17:00	66 Stunden, in Kerngebieten: 72 Stunden
T	06:00	19:30	06:00	17:00	66 Stunden
K	06:00	19:30	06:00	17:00	66 Stunden
Stmk	06:00	19:30	06:00	17:00	66 Stunden
B	06:00 (Familienbetriebe: 05:00)	19:30 (Familienbetriebe:20:00), an einem Tag nach freier Wahl des Unternehmers bis 21:00	06:00 (Familien betriebe: 05:00)	18:00	66 Stunden (für Familienbetriebe: 72 Stunden)

Quelle: Landesverordnungen

Mit Ausnahme von Niederösterreich erlauben alle Landesverordnungen, dass Verkaufsstellen von Bäckereibetrieben an Werktagen von Montag bis Freitag (und in einigen Ländern auch samstags) bereits eine halbe Stunde früher öffnen dürfen. Verkaufsstellen von Süßwaren dürfen meist eine Stunde länger offen halten. Weiters bestehen in allen Landesverordnungen Sonderregelungen für Verkaufsstellen für Süßwaren, Naturblumen, Obst und sonstige genussfertige Lebensmittel im Gelände oder beim Eingang von Krankenanstalten. Des Weiteren findet man Sonderregelungen für bestimmte Tourismus- und Wallfahrtsorte.

8.1.1 Sichtweise der Konsument/innen[189]

Die Nutzung der verlängerten Öffnungszeiten steigt seit Inkrafttreten des neuen Öffnungszeitengesetztes bzw. der darauf aufbauenden Landesverordnungen stetig an. Dies zeigt die steigende Akzeptanz und den Wunsch der Konsument/innen, auch am Abend einkaufen gehen zu können. Während im Oktober 2003 rd. 13 % der Konsument/innen am Abend einkauften, sind dies im Jänner 2004 bereits rd. 18 %. Im September 2003 plante hingegen noch fast jeder Dritte, zu den verlängerten Öffnungszeiten einzukaufen.

[189] Quelle: Markant Market Research, 2004

Grafik 116 Einkauf zu verlängerten Öffnungszeiten (mind. ein Abend bis 21 Uhr) in Prozent, 2003 – 2004

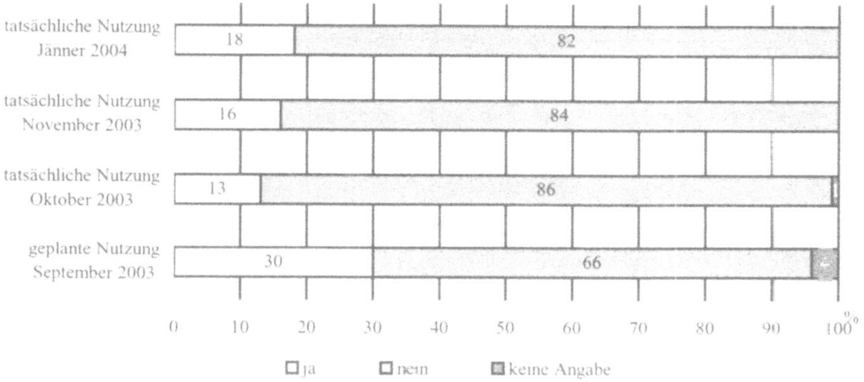

Anmerkung: nicht angeführte Prozentwerte auf 100 % beziehen sich auf die Antwortkategorie: keine Angabe
Quelle: Markant Market Research

Die Möglichkeit, später als bisher Einkaufen zu gehen, ergreifen vor allem die unter 30-Jährigen, während in der Altersgruppe 60+ nur mehr rd. 9 % zu den verlängerten Öffnungszeiten einkaufen.

Grafik 117 Einkauf zu verlängerten Öffnungszeiten (mind. ein Abend bis 21 Uhr) nach Altersgruppen in Prozent, Jänner 2004

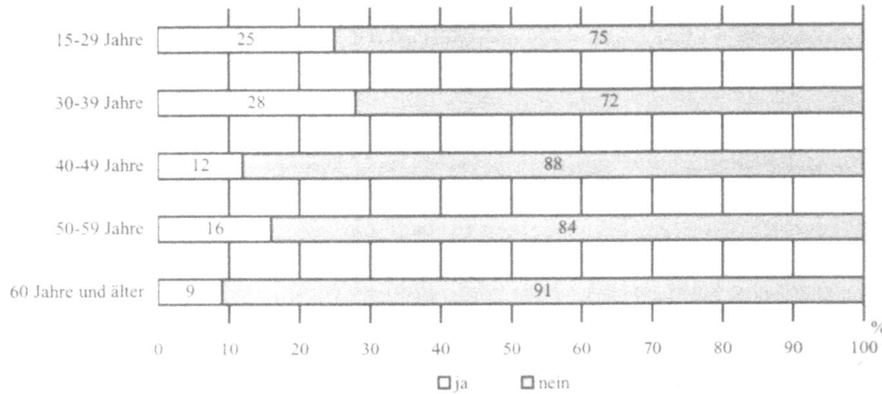

Quelle: Markant Market Research

Der Einkauf zu verlängerten Öffnungszeiten steigt tendenziell mit steigendem Haushaltseinkommen. Während rd. 29 % mit einem monatlichen Haushaltseinkommen über € 2.900 die neuen Öffnungszeiten nutzt, sind dies nur rd. 11 % der Konsument/innen in der Einkommensklasse bis € 1.400.

Grafik 118 Einkauf zu verlängerten Öffnungszeiten (mind. ein Abend bis 21 Uhr) nach monatlichem Netto-Haushaltsnettoeinkommen in Prozent, Jänner 2004

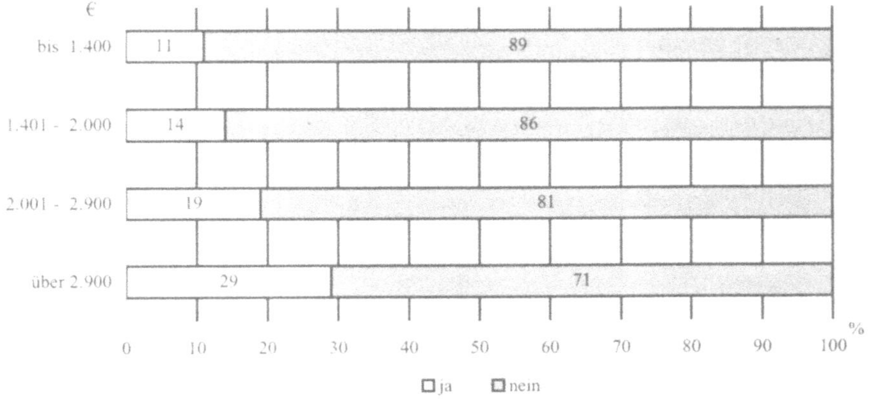

Quelle: Markant Market Research

Besonders beliebt ist das Shopping zu den neuen Öffnungszeiten in Wien. Hier hat bereits jeder Dritte am Abend eingekauft. Im Bundesländervergleich muss natürlich die jeweilige Landesverordnung und die tatsächliche Offenhaltedauer der Einzelhandelsgeschäfte mit berücksichtigt werden.

Grafik 119 Einkauf zu verlängerten Öffnungszeiten (mind. ein Abend bis 21 Uhr) nach Bundesländern in Prozent, Jänner 2004

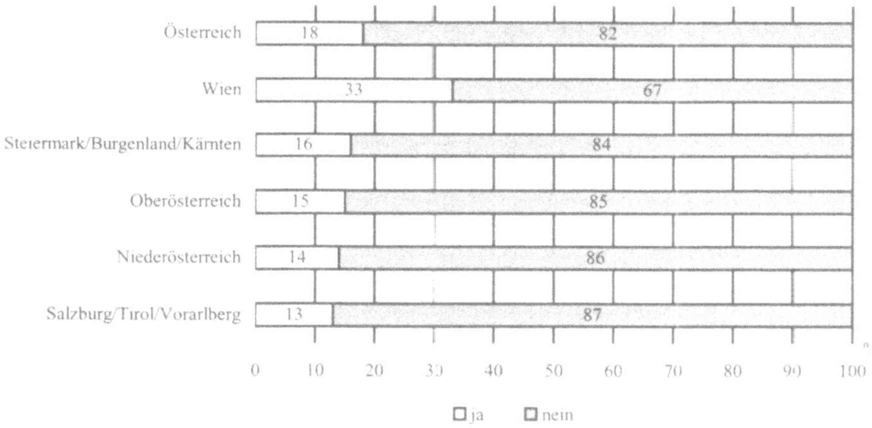

Quelle: Markant Market Research

Der hohe Anteil der Nutzung der verlängerten Öffnungszeiten in Wien spiegelt auch die hohe Zufriedenheit der Wiener/innen mit den neuen Regelungen wider. Rd. die Hälfte der Wiener Konsument/innen zeigte sich mit den Regelungen der Ladenöffnungszeiten zum Zeitpunkt der Erhebung (November 2003)[190] sehr zufrieden bzw. zufrieden. Differenziert nach Altersgruppen konnte eine signifikante Abnahme der Zufriedenheit mit steigendem Alter festgestellt werden.

Weniger zufrieden waren die Wiener/innen zur Zeit der Befragung 2003 mit den Auswirkungen auf die österreichische Wirtschaft durch die neuen Ladenöffnungszeiten. Negative Einflüsse wurden auch auf das soziale Leben befürchtet.[191]

---

190 Zeitpunkt der Erhebung: November 2003, gültige Verordnung in Wien: Nr. VO 35/2003: Samstag bis 18 Uhr, ein Wochentag bis 21 Uhr

191 Quelle: KMU FORSCHUNG AUSTRIA, 2003

Grafik 120 Generelle Zufriedenheit der Wiener/innen mit verschiedenen Aspekten mit der neuen Öffnungszeitenverordnung* in Prozent, 2003

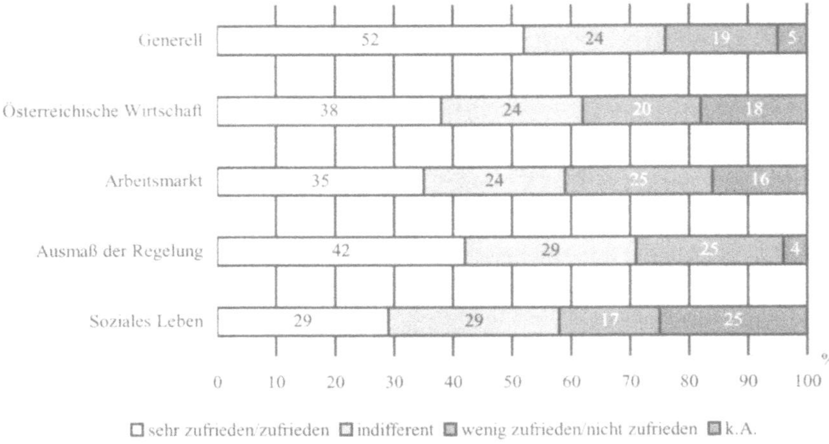

* Wiener Öffnungszeitenverordnung 35/2003
Quellen: KMU FORSCHUNG AUSTRIA/Markant Market Research

Knapp die Hälfte (rd. 44 %) der befragten Wiener/innen sprach sich im November 2003 für eine Beibehaltung der Regelungen gemäß der Wiener Öffnungszeitenverordnung Nr. 35/2003 aus. Rd. 26 % wünschten eine weitere Ausdehnung in Zukunft und rd. 24 % würden eingeschränktere Öffnungszeiten begrüßen.

Für eine weitere Ausdehnung der Öffnungszeiten sprach sich bei der Umfrage mehr als ein Drittel der 15 – 29-jährigen Wiener/innen aus (rd. 36 %). Der Wunsch nach liberaleren Öffnungszeiten in Wien sinkt signifikant mit zunehmendem Alter. Differenziert nach Haushaltsnettoeinkommens-Klassen zeigt sich, dass tendenziell der Wunsch nach liberaleren Öffnungszeiten mit zunehmendem Einkommen steigt. Ein weiterer Zusammenhang besteht zwischen dem Wunsch nach einer Ausweitung der Öffnungszeiten und der Schulbildung. Während die Wiener/innen mit Pflichtschul- und Lehrabschluss nur zu rd. 15 % bzw. rd. 14 % eine weitere Liberalisierung wünschten, sprachen sich rd. 39 % der Befragten mit Matura bzw. rd. 42 % mit Kolleg-/FH-/Universitätsabschluss dafür aus.

Die Möglichkeit, am Sonntag einkaufen zu gehen, wünschten sich rd. 4 bis 5 % der Wiener/innen. Diese Konsument/innen gaben zumeist auch als Präferenz eine völlige Liberalisierung der Öffnungszeiten an und bevorzugen die Möglichkeit, 24 Stunden am Tag einkaufen gehen zu können. D. h., aus Konsumentensicht stellt sich die Frage nach der Sonntagsöffnung der Einzelhandelsgeschäfte kaum.[192]

Zu den verlängerten Öffnungszeiten wird am häufigsten im Lebensmitteleinzelhandel eingekauft. In den Nennungen folgen mit Abstand der Bekleidungs- und der Schuheinzelhandel.

Grafik 121 Besuchte Branchen zu verlängerten Öffnungszeiten in Prozent der Konsument/innen, die die verlängerten Öffnungszeiten (mind. ein Abend bis 21 Uhr) bereits genutzt haben, Jänner 2004

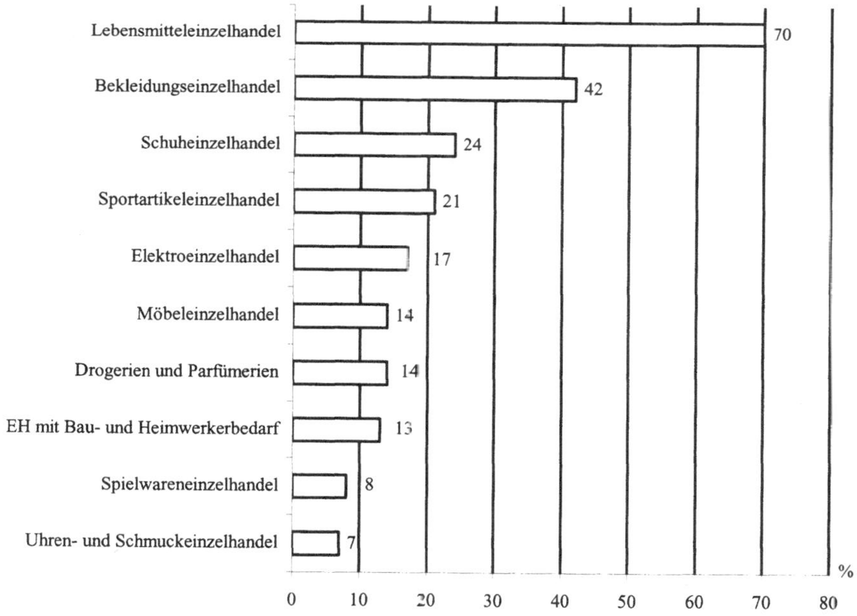

Mehrfachnennungen möglich
Quelle: Markant Market Research

8.1.2 Sichtweise der Einzelhandelsunternehmen[193]

Die Sichtweise der Einzelhandelsunternehmen wird exemplarisch anhand der Situation in Wien dargestellt. Hier zeigt sich eine Polarisierung zwischen nicht

[192] Quelle: KMU FORSCHUNG AUSTRIA, 2003

[193] Quelle: KMU FORSCHUNG AUSTRIA, 2003

filialisierten und filialisierten Einzelhandelsunternehmen. Nicht filialisierte Unternehmen sind mit den Öffnungszeiten (Wiener Öffnungszeitenverordnung Nr. 35/2003) nicht zufrieden, weil die Regelungen aus Sicht dieser Unternehmen zu liberal ausgefallen sind. Hingegen zeigen sich die filialisierten Unternehmen nicht zufrieden weil die neuen Bestimmungen weiterhin zu restriktiv sind.

Grafik 122 Zufriedenheit der Einzelhandelsunternehmen mit der Wiener Öffnungszeitenverordnung 35/2003 nach Vertriebsform in Prozent, November 2003

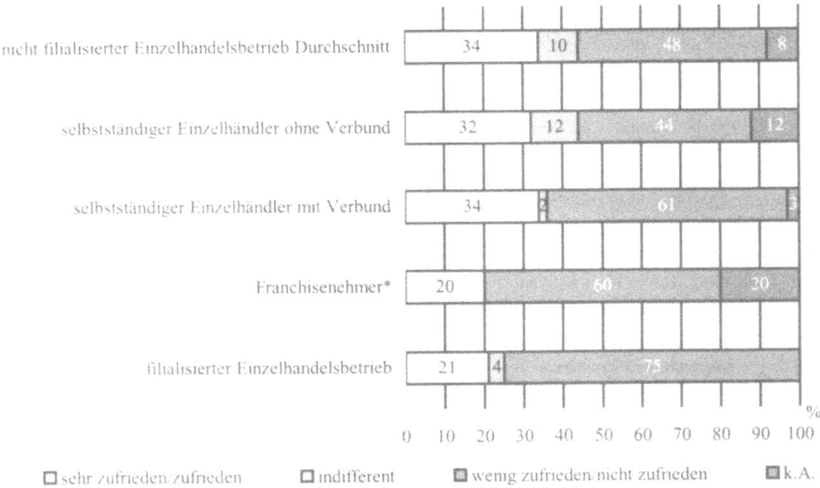

k.A.: keine Angabe
* Unter Berücksichtigung der Stichprobengröße und der Missing Values können hier lediglich Tendenzen aufgezeigt werden.
Quelle: KMU FORSCHUNG AUSTRIA

In den ersten vier Monaten nach Inkrafttreten der neuen Öffnungszeitenverordnung haben rd. 80 % der nicht filialisierten Einzelhandelsunternehmen in Wien ihre Öffnungszeiten nicht verändert. Als Gründe dafür werden mangelnder Bedarf (an verlängerten Öffnungszeiten), die erhöhten Kosten sowie mangelnde Personalressourcen angeführt. Nur rd. 6 % der Wiener Einzelhandelsunternehmen, die ausschließlich ein Geschäft betreiben, nutzten die Möglichkeit des Abendverkaufs bis 21 Uhr.

Hingegen nutzte rd. ein Drittel der befragten Filialunternehmen zum Zeitpunkt der Erhebung (November 2003) die Möglichkeit, die Mehrheit ihrer Wiener Filialen am langen Einkaufstag bis 21 Uhr zu öffnen. Weitere Filialunternehmen öffneten teilweise einzelne Filialen an bestimmten Standorten, wie z. B. in Einkaufszentren oder im 1. Wiener Gemeindebezirk wochentags bis 21 Uhr.

Der am häufigsten genannte Grund für längere Öffnungszeiten ist das Verhalten der Mitbewerber. Um keine Marktanteile zu verlieren, werden die längeren Öffnungszeiten genützt. Die nicht filialisierten Betriebe gaben zu über einem Drittel an, dass die Öffnungszeiten der Mitbewerber gleich lang sind. Der Anteil der Filialbetriebe, die gleich lange Öffnungszeiten im Vergleich zu ihren Mitbewerbern hatten, lag bei rd. zwei Drittel.

Eine Polarisierung zeigt sich ebenfalls bei den Einkaufsdestinationen: Alle größeren Einkaufszentren nutzten die neuen Möglichkeiten der Abendöffnung bzw. die eine zusätzliche Stunde am Samstag (fast alle nutzten auch die durch die geänderte Öffnungszeitenverordnung[194] mögliche Öffnung an 2 Tagen/ Woche). Hinsichtlich der Einkaufsstrassen ist vor allem die Mariahilfer Straße Publikumsmagnet Nummer 1 in Wien. Grundvoraussetzung dafür, dass geänderte Öffnungszeiten von den Konsument/innen angenommen werden, ist, dass fast alle Geschäfte in einer Einkaufsdestination geöffnet haben. In Einkaufszentren ist dies auf Grund der in der Regel vertraglich vereinbarten Betriebspflicht zu den vom Betreiber – gegebenenfalls mit einem Mieterbeirat – beschlossenen Öffnungszeiten gegeben; in Einkaufsstraßen ist dies nur durch freiwillige Absprachen der Unternehmen möglich. Die Erfahrungen zeigen, dass derartige Absprachen hinsichtlich der Öffnungszeiten kaum eingehalten werden.

Vor diesem Hintergrund dürfte die Konzentration im Einzelhandel – gemessen am Marktanteil der größten Unternehmen – weiter steigen, da die meisten filialisierten Betriebe die Öffnungszeiten adaptierten bzw. generell deutlich länger geöffnet haben als nicht filialisierte Einzelhandelsbetriebe. Darüber hinaus haben die Großunternehmen häufiger Geschäfte in den großen Einkaufsdestinationen. Weiters konnte eine positive Umsatzentwicklung infolge der geänderten Öffnungszeiten bei größeren Unternehmen per Saldo häufiger festgestellt werden als bei Kleineren.

Die Erwartungshaltung, dass längere Öffnungszeiten zu höheren Umsätzen und Erträge führen, hat sich in den ersten vier Monaten nach Inkrafttreten der neuen Wiener Öffnungszeitenverordnung nicht bestätigt. Tendenziell zeigt sich, dass positive Umsatz- und Ertragsauswirkungen bei filialisierten Einzelhandelsunternehmen festzustellen sind; selbst bei filialisierten Betrieben war jedoch zum Zeitpunkt der Erhebung (November 2003) dies nicht bei der Mehrheit der Betriebe der Fall.

---

[194] Wiener Öffnungszeitenverordnung 50/2003

Grafik 123 Auswirkungen* der veränderten Öffnungszeiten auf Umsatz, Ertrag und Kosten in Prozent, November 2003

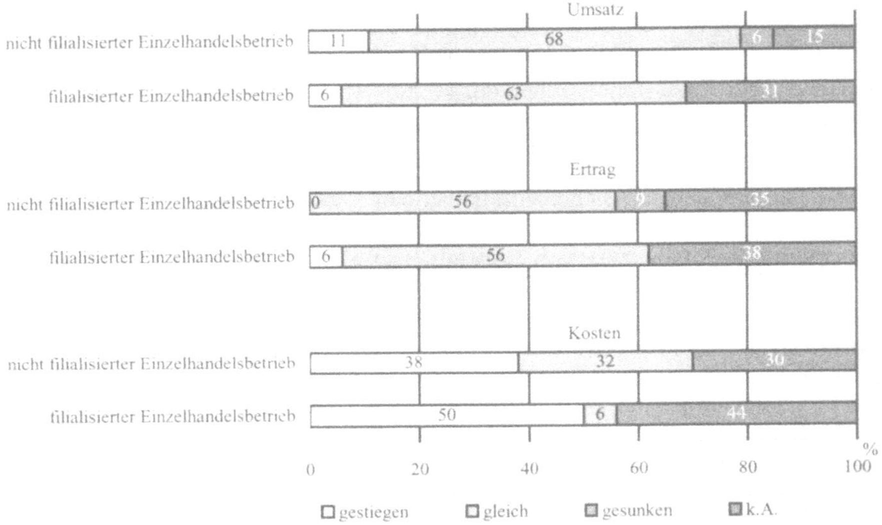

k.A.: keine Angabe
* Unter Berücksichtigung der Stichprobengröße und der Missing Values können hier lediglich Tendenzen aufgezeigt werden.
Quelle: KMU FORSCHUNG AUSTRIA

Rd. 29 % der nicht filialisierten Einzelhandelsbetriebe gaben in der Befragung an, eine höhere Kundenfrequenz auf Grund ihrer verlängerten Öffnungszeiten zu erwarten. Zu einer gestiegenen Kundenanzahl kam es in den ersten vier Monaten seit Inkrafttreten der neuen Verordnung jedoch lediglich in rd. 14 % der Betriebe. Die Mehrheit der Betriebe verzeichnete eine gleich hohe Kundenanzahl. Eine gleich bleibende Kundenfrequenz verzeichneten zum überwiegenden Teil auch die befragten filialisierten Einzelhandelsbetriebe.

Grafik 124 Auswirkung* der veränderten Öffnungszeiten auf Kundenzahl gesamt und Kundenzahl Touristen in Prozent, November 2003

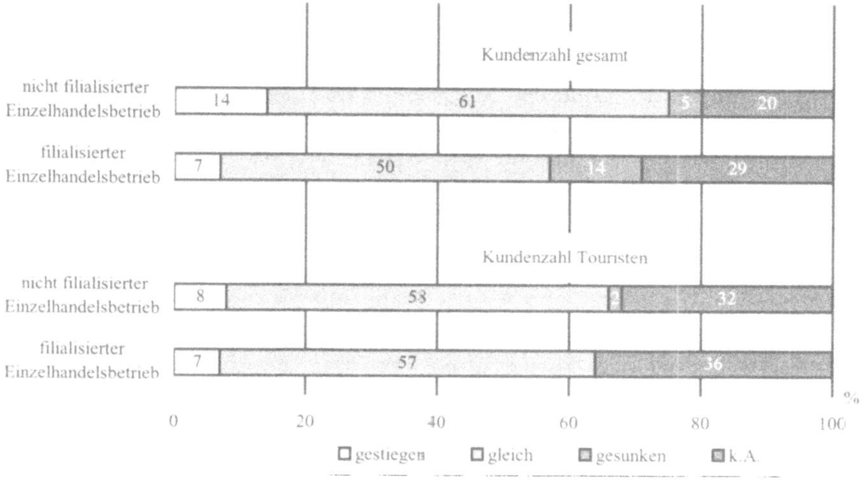

k.A.: keine Angabe

* Unter Berücksichtigung der Stichprobengröße und der Missing Values können hier lediglich Tendenzen aufgezeigt werden.

Quelle: KMU FORSCHUNG AUSTRIA

Nach den Plänen/Vorhaben hinsichtlich der Öffnungszeiten zeichnet sich ab, dass ein Teil der nicht filialisierten Unternehmen sowohl insgesamt als auch abends die Öffnungszeiten verlängern dürfte. Die Frage der Sonntagsöffnung ist für die Unternehmer/innen ebenso wie die Konsument/innen kein Thema. Lediglich rd. 3 % der nicht filialisierten Einzelhandelsunternehmen präferieren, am Sonntag zu öffnen. Die angegebene, gewünschte Offenhaltedauer für Sonntage würde dann im Durchschnitt rd. sechseinhalb Stunden betragen. Ebenfalls nur zu einem geringen Prozentsatz (rd. 6 %) ist die Sonntagsöffnung für die Filialetriebe ein Thema.

8.1.3 Sichtweise der Handelsangestellten[195]

Die Sichtweise der Mitarbeiter/innen in Einzelhandelsunternehmen wird ebenfalls anhand der Situation in Wien analysiert. Unmittelbare Betroffenheit hatten die geänderten Öffnungszeiten zum Zeitpunkt der Erhebung (November 2003) für insgesamt rd. die Hälfte der Angestellten im Einzelhandel – rd. 40 % sind davon bereits betroffen, knapp 10 % werden in naher Zukunft davon betroffen sein; etwas häufiger trifft dies auf Teilzeitkräfte und Mitarbeiter/innen in filialisierten Handelsbetrieben zu.

Grafik 125 Betroffenheit durch die verlängerten Ladenöffnungszeiten in Prozent, November 2003

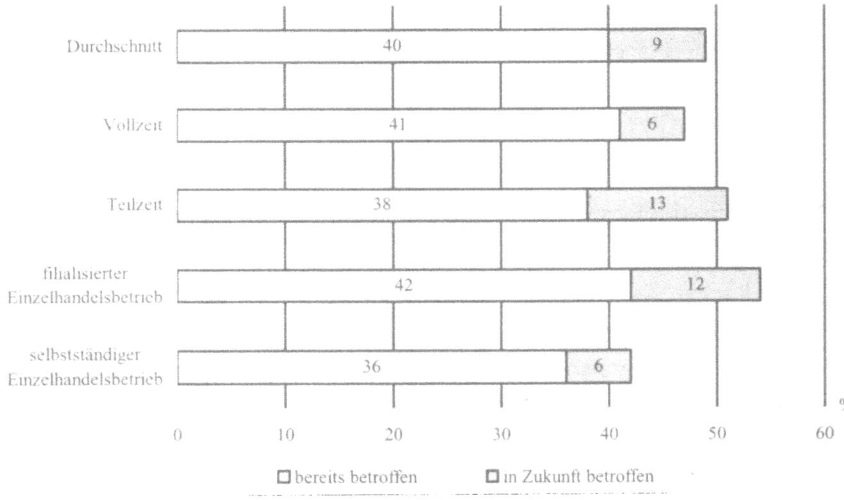

Quellen: KMU FORSCHUNG AUSTRIA/Markant Unternehmensberatung

Die geänderten Öffnungszeiten wurden von den betroffenen Handelsangestellten (entspricht rd. der Hälfte der Handelsangestellten) mehrheitlich negativ eingeschätzt. Aus der Befragung dieser Handelsangestellten geht klar hervor, dass fast alle Bereiche (z. B. Privatleben, Tagesablauf, Freizeit, Familiensituation, Kinderbetreuung) sehr stark von den geänderten Öffnungs- und damit Arbeitszeiten betroffen sind.

195 Quelle: KMU FORSCHUNG AUSTRIA, 2003

Rd. 92 % der betroffenen Wiener Handelangestellten vermuteten 2003 eine Auswirkung der neuen Öffnungszeiten auf ihr Privatleben, wobei davon rd. 6 % von positiven Veränderungen ausgingen und rd. 36 % negative Auswirkungen befürchteten. Ebenfalls rd. 92 % der betroffenen Verkäufer/innen nahmen einen Einfluss der verlängerten Ladenöffnungszeiten auf ihre persönliche Situation wahr. Davon empfanden rd. 11 % die Veränderungen als positiv, rd. 37 % als negativ.

Rd. 87 % der betroffenen Befragten nahmen einen Einfluss der verlängerten Öffnungszeiten auf ihre sozialen Kontakte wahr, wobei davon rd. 7 % von positiven Veränderungen ausgegangen sind und sich rd. 42 % mit negativen Aspekten in Zusammenhang mit der Pflege von sozialen Kontakten konfrontiert sahen. Mit einem Einfluss der neuen Ladenöffnungszeiten auf ihr Freizeitverhalten rechneten rd. 84 % der betroffenen Handelsangestellten. Lediglich rd. 4 % empfanden diese Veränderung als positiv, rd. 36 % als negativ und rd. 60 % nahmen sowohl positive als auch negative Auswirkungen auf ihre Freizeitgestaltung wahr.

Besonders häufig empfanden Handelsangestellte in nicht filialisierten Einzelhandelsbetrieben (rd. 44 %) die Veränderungen durch die Ausdehnung der Ladenöffnungszeiten als negativ.

Rd. 85 % der von den neuen Ladenöffnungszeiten betroffenen Handelsangestellten gingen von einem Einfluss der Öffnungszeitenverlängerung auf ihre Familiensituation aus, wobei rd. 43 % negative Auswirkungen befürchteten bzw. damit konfrontiert zu werden. Wiederum empfanden besonders betroffene Angestellte im nicht filialisierten Einzelhandel (rd. 52 %) die Veränderungen als negativ.

Rd. 63 % der betroffenen Handelsangestellten mit Kindern nahmen einen Einfluss der verlängerten Ladenöffnungszeiten auf die Kinderbetreuung wahr. Davon beurteilten diesen rd. 37 % als negativ. Rd. 61 % sahen sich diesbezüglich sowohl mit positiven als auch mit negativen Aspekten konfrontiert.

Einen Einfluss der verlängerten Ladenöffnungszeiten auf das Betriebsklima empfanden rd. 74 % der betroffenen Verkäufer/innen. Rd. 14 % nahmen positive Veränderungen wahr und rd. 52 % empfinden die Auswirkungen auf das betriebsinterne Klima als negativ.

Rd. 87 % gingen auch von Veränderungen des Tagesablaufs auf Grund der verlängerten Ladenöffnungszeiten aus, davon sahen sich rd. 45 % mit negativen Veränderungen konfrontiert und rd. 48 % nahmen sowohl positive als auch negative Veränderungen wahr. Vor allem männliche Angestellte und Verkäufer/innen in nicht filialisierten Einzelhandelsbetrieben empfanden negative Auswirkungen der verlängerten Öffnungszeiten auf ihren Tagesablauf (rd. 48 % bzw. rd. 49 %).

Grafik 126 Positive und negative Auswirkungen durch die Verlängerung der Ladenöffnungszeiten in Prozent*, November 2003

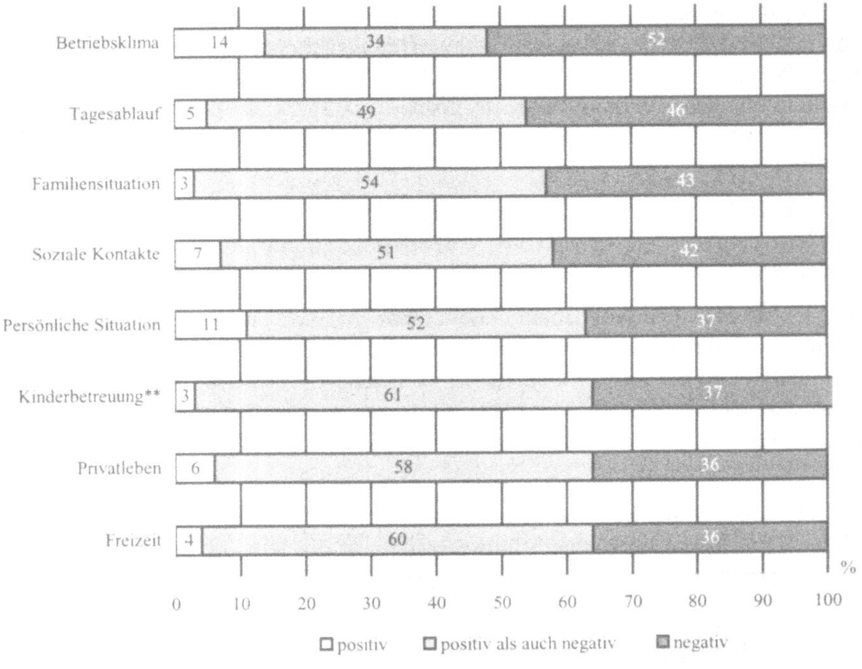

* in Prozent der betroffenen Handelsangestellten, die einen Einfluss durch die verlängerten Öffnungszeiten sehen

** in Prozent der betroffenen Handelsangestellten mit Kindern

Anmerkung: nicht angeführte Prozentwerte auf 100 % beziehen sich auf die Antwortkategorie: keine Angabe

Quellen: KMU FORSCHUNG AUSTRIA/Markant Unternehmensberatung

Auf Grund der hohen Betroffenheit und den Auswirkungen der längeren Öffnungszeiten standen die Wiener Handelsangestellten im Jahr 2003 den neuen Regelungen unzufrieden gegenüber. Sehr problematisch wurden die Faktoren

Kinderbetreuung bzw. Entlohnung und Arbeitszeitregelung eingestuft. Dass die Entlohnung trotz der kollektivvertraglich vorgesehenen Zuschläge (bei den Abendöffnungszeiten bzw. samstags nachmittags) Anlass zur Unzufriedenheit ist, dürfte wohl als genereller Wunsch der Handelsangestellten zu einer Verbesserung des individuellen Einkommens verstanden worden sein. In diesem Zusammenhang ist anzumerken, dass in vielen Branchen die Handelsangestellten zusätzlich zum kollektivvertraglichen Mindestgehalt Provisionen beziehen.

Grafik 127 Zufriedenheit mit folgenden Faktoren in Prozent*, November 2003

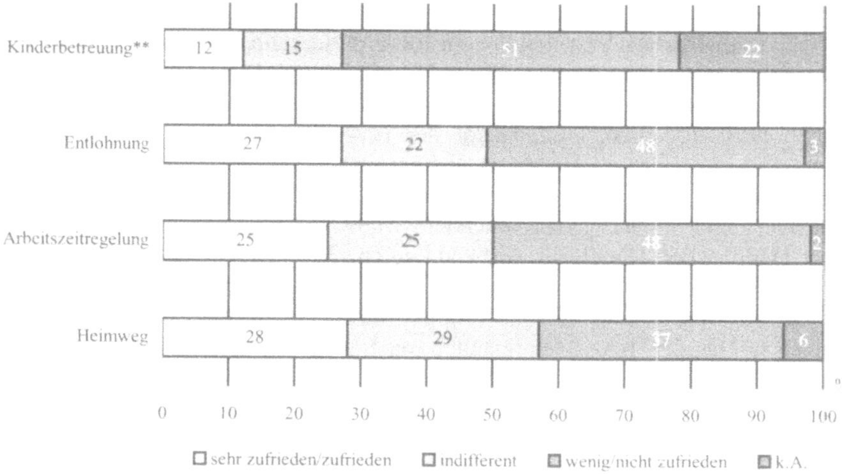

* in Prozent der Handelsangestellten, die von der neuen Öffnungszeitenverordnung betroffen sind
** in Prozent der betroffenen Handelsangestellten mit Kindern
k.A.: keine Angabe
Quellen: KMU FORSCHUNG AUSTRIA/Markant Unternehmensberatung

Eine weitere Ausdehnung der Ladenöffnungszeiten wurde nur von rd. 15 % der bereits betroffenen bzw. in Zukunft betroffenen Handelsangestellten mit gut bzw. sehr gut beurteilt, während rd. 63 % dieser negativ gegenüber standen. Insbesondere von den neuen Ladenöffnungszeiten betroffene Handelsangestellte in filialisierten Unternehmen stuften eine zusätzliche Erweiterung der Öffnungszeiten als schlecht bzw. sehr schlecht ein (rd. 72 %), während dies rd. 59 % der Verkäufer/innen in nicht filialisierten Einzelhandelsbetrieben angaben. Besonders negativ beurteilten die weiblichen Handelsangestellten eine weitere Ausdehnung der Öffnungszeiten (rd. 70 %).

8.2 Investitionsersatz bei Vertriebsbindungssystemen

Mit dem Budgetbegleitgesetz 2003 (BGBl. I 71/2003) wurde auch das Handelsgesetzbuch novelliert. Dessen § 454 sieht nun für Unternehmer/innen, die an einem vertikalen Vertriebsbindungssystem als gebundene Unternehmen oder selbstständige/r Handelsvertreter/innen teilnehmen, bei Vertragsbeendigung einen Anspruch auf Ersatz bestimmter Investitionen vor.

Zweck dieser neuen Regelung ist die Verringerung des wirtschaftlichen und finanziellen Risikos des gebundenen Unternehmers. Die Wirkungen kurzer Kündigungsfristen bzw. eines zu kurzen Vertragsverhältnisses sollen hiermit abgefedert werden.

Für ein einheitliches Vertriebssystem fordern Hersteller, Importeure oder Franchisegeber von ihren Vertragshändlern oft beträchtliche Investitionen. Trotz bestehenden wirtschaftlichen Interesses seitens der Händler/innen an Investitionen wird das finanzielle Risiko der Investitionen auf die Handelspartner abgewälzt, die diese im Vertrauen auf eine zur Amortisation ausreichende Vertragslaufzeit eingehen. Da sich Investitionen bei vorzeitiger Kündigung des Vertriebsvertrages nicht in ausreichendem Maße amortisieren können, entstehen dem Händler/der Händlerin Aufwendungen. Vor diesem Hintergrund ist die neue Regelung vor allem für die Kfz-Wirtschaft von hoher Bedeutung. Hier wurde der Gesetzgeber auf das Problem aufmerksam, dass insbesondere Vertrags-Kfz-Händler bzw. -Werkstätten nach den vertraglichen Vorgaben umfassende Investitionen tätigen müssen.

Der Geltungsbereich beschränkt sich nicht nur auf (Kfz-)Vertragshändler/innen und (Kfz-)Vertragswerkstätten, sondern die Gruppe der „gebundenen“ Unternehmen schließt auch z. B. Franchisenehmer/innen und Handelsvertreter/innen mit ein.

Voraussetzung für einen Investitionsersatz ist, dass nach dem Vertriebsbindungsvertrag eine Verpflichtung bestand, diese Investitionen zu tätigen. Ersatzfähige Investitionen müssen im Vertrag oder auf Basis des Vertrages durch den Importeur/Hersteller/Franchisegeber bestimmt worden sein. Das bedeutet, dass Investitionen ohne vertragliche Verpflichtung nicht ersatzfähig sind.

Weiters sind Investitionen nur dann ersatzfähig, wenn sie für ein einheitliches Vertriebssystem getätigt wurden; d. h. um ein spezifisches Erscheinungsbild des Vertriebssystems sicherzustellen. Investitionen sind nicht ersatzfähig, wenn sie sich bei Beendigung des Vertriebsvertrages bereits amortisiert haben. Wenn die Investitionen angemessen wirtschaftlich verwertet werden können, liegt ebenfalls kein Anspruch auf Ersatz vor.

Die Ansprüche auf Investitionsersatz können im Voraus durch Vereinbarung weder aufgehoben noch beschränkt werden. Das gebundene Unternehmen verliert seinen Anspruch aber, wenn er nicht innerhalb eines Jahres nach Vertragsbeendigung dem bindenden Unternehmen mitteilt, dass er seine Rechte geltend macht.

Hat das gebundene Unternehmen das Vertragsverhältnis allerdings selbst gekündigt oder vorzeitig aufgelöst, besteht kein Anspruch auf Ersatz getätigter Investitionen, es sei denn die Vertragsauflösung erfolgte aus wichtigen dem bindenden Unternehmen zurechenbaren Gründen. Ebenso wenig besteht ein Anspruch, wenn das bindende Unternehmen den Vertrag aus wichtigen Gründen, die dem gebundenen Unternehmen zurechenbar sind, gekündigt oder vorzeitig aufgelöst hat. Schließlich entfällt der Ersatzanspruch, wenn das gebundene Unternehmen seine Rechte und Pflichten aus dem Vertriebsvertrag auf Dritte übertragen hat.

9 Resumée

Die Bedeutung des Wirtschaftssektors Handels wird vielfach unterschätzt. Gemessen an den wichtigsten volkswirtschaftlichen Größen müsste eigentlich der Handel insgesamt als die „Leitbranche“ der österreichischen Wirtschaft angesehen werden; insbesondere dann, wenn man sich die weitere Entwicklung zur Dienstleistungsgesellschaft (mit einer rückläufigen Bedeutung der Sachgüterproduktion) vergegenwärtigt.

Andererseits befindet sich der Handel, vor allem der Einzelhandel, in einer Umbruchphase:

Seit Jahren ist ein Konzentrationsprozess feststellbar, der sich einerseits in einer sinkenden Unternehmenszahl und andererseits in einer steigenden Anzahl von Filialen der Marktführer ausdrückt; diese Entwicklung dürfte sich weiter fortsetzen. Dies geht einher mit steigenden Verkaufsflächen, sowohl insgesamt – im gesamten Einzelhandel – wie auch im Durchschnitt je Geschäft, denn die neuen Einzelhandelsgeschäfte weisen generell (und nicht nur beispielsweise im Möbelhandel) eine höhere durchschnittliche Verkaufsfläche auf.

Ein steigender Filialisierungs- bzw. Konzentrationsgrad bewirkt ein weiteres Ansteigen der Wettbewerbsintensität im Handel. Die Klein- und Mittelbetriebe des Einzelhandels werden sich voraussichtlich verstärkt zu Verbünden (z. B. hinsichtlich Einkauf und/oder Marketing/Werbung) zusammenschließen bzw. auch in zunehmendem Ausmaß als Franchisenehmer tätig werden, um so auch von der Zugkraft bekannter Marken profitieren zu können.

Nachdem der Handel, insbesondere abermals der Einzelhandel, einer jener Sektoren der marktorientierten Wirtschaft ist, die sehr unmittelbar mit den Wünschen und Anforderungen der Konsument/innen konfrontiert ist, bedingt dies regelmäßig Veränderungen bzw. Anpassungserfordernisse der Unternehmen.

Das Konsumentenverhalten hat sich in den letzten Jahren kontinuierlich verändert; dies hat nicht nur mit den demografischen Veränderungen (Stichwort: steigendes Durchschnittsalter der österreichischen Bevölkerung) oder geänderten Haushaltsstrukturen (Stichwort: Dynamik hinsichtlich der Singlehaushalte) zu tun, sondern auch mit dem Einkaufsverhalten der Konsument/innen (Stichwort: Hybrider Konsument). Das veränderte Konsumentenverhalten drückt sich u. a. in der Wahl der Einkaufsstätte bzw. des konkreten Geschäftes aus:

- In der letzten Dekade haben sich die Einkaufs- und Fachmarktzentren sehr dynamisch entwickelt. Dies zeigt sich einerseits in einer steigenden Zahl dieser Einkaufsagglomerationen aus, andererseits auch in der Umsatzentwicklung bestehender Zentren. Die nachfrageseitige Akzeptanz führt implizit auch zu einem weiteren Anstieg des Konzentrationsgrades im Einzelhandel, da zumeist die großen Flächen in diesen Zentren vielfach von den Marktführern gemietet werden. Diese fungieren in der Folge als „Ankermieter“ bzw. als Magnetbetriebe für die Konsument/innen.

Zudem zeigt sich eine Polarisierung der Einkaufsdestinationen: Top Einkaufsstrassen und viele Einkaufs- & Fachmarktzentren profitieren von dieser Entwicklung. Andererseits kommt es zu einem Bedeutungsverlust traditioneller Standorte bzw. von Zentren (z. B. von Bezirksstädten).

- Diskontorientierte Betriebe sind in den letzten Jahren in der Gunst der Konsument/innen gestiegen, es ist mittlerweile „schick“ oder „in“, zum Diskonter zu gehen; ein neuer „Konsumententyp“ wurde geprägt – der hybride Konsument: Hierbei handelt es sich um Konsument/innen, die sowohl bei Diskonter als auch in Luxusgeschäften einkaufen.

  Die Dynamik der Diskonter bzw. diskontorientierten Betriebe ist nicht ein Spezifikum im Lebensmitteleinzelhandel und auch nicht ausschließlich auf die EURO - Umstellung im Jahr 2002 zurückzuführen, die diesen Betriebstyp auf Grund der seitens der Konsument/innen vermuteten Preiskompetenz dieser Betriebe und der damaligen Unsicherheit der Konsument/innen hinsichtlich der neuen Preislagen (nach der EURO - Umstellung) begünstigen.

Um den Konsument/innen ein Einkaufserlebnis bieten zu können bzw. um resourcenschonend mit dem Faktor Zeit (der Konsument/innen) umzugehen, setzen viele Unternehmen auf ein immer breiteres Sortiment. Dies bedingt auch, dass die Branchengrenzen immer mehr verschwimmen, sowohl zwischen verschiedenen Branchen (z. B. im Einzelhandel), als auch zwischen verschiedenen Sektoren (z. B. Groß- und Einzelhandel; Einzelhandel und persönliche Dienstleistungen).

Ebenfalls verändert haben sich – nicht zuletzt durch die steigende Berufstätigkeit der Frauen – die Zeiten, zu denen die Einkäufe getätigt werden; diese Verlagerung der Kundenfrequenz erfordern Flexibilität – sowohl von den Unternehmen wie auch von den dort beschäftigten Mitarbeiter/innen. Bei durchschnittlichen Öffnungszeiten der Geschäfte jenseits der 50 Stunden / Woche bei nicht filialisierten Unternehmen bzw. über 60 Stunden bei filialisierten Unternehmen ergibt sich nahezu zwangsläufig, dass im Einzelhandel deutlich mehr Mitarbeiter/innen teilzeitbeschäftigt sind als in anderen Sektoren.

In der letzten Dekade gab es mehrere Liberalisierungsschritte hinsichtlich der Öffnungszeiten; zunächst im Jahr 1997 (mit der Möglichkeit des Einkaufs wochentags bis 19:30 Uhr bzw. Samstag nachmittags), zuletzt im Jahr 2003 (mit der Möglichkeit der Abendöffnung bzw. der Samstagsöffnung bis 18:00 Uhr). Diese Öffnungszeiten werden von den Konsument/innen – meist mit einem entsprechenden „time lag" zur Gewöhnung akzeptiert. Primär trifft dies auf die urbane Bevölkerung bzw. die jüngeren Bevölkerungsschichten zu.

Im langfristigen Vergleich sinkt die Bedeutung des Einzelhandels am privaten Konsum; diesem (relativen) Rückgang gilt es durch neue Handelskonzepte entgegenzuwirken. Dass der Einzelhandel ein chancenreicher Sektor für innovative und flexible Unternehmen ist, zeigt sich nicht zuletzt an den neuen Betriebstypen, die auf dem österreichischen Markt Fuß gefasst haben.

Wiewohl der Einzelhandel wohl jener Handelsbereich ist, der (noch) am meisten im Blickpunkt der Öffentlichkeit steht, sind auch der Großhandel und die Kfz-Wirtschaft von grundlegenden Veränderungen geprägt.

Der Großhandel ist einerseits von der steigenden Marktmacht der (filialisierten) Einzelhandelsunternehmen betroffen, was sich nicht zuletzt darin ausdrückt, dass vielfach direkt vom Hersteller bestellt wird bzw. sich auch in der steigenden Bedeutung der Handelsmarken zeigt. Andererseits ist im Großhandel die technologische Entwicklung – B2B – besonders relevant. In der Kfz-Wirtschaft generell, bzw. im Kfz-Einzelhandel im Besonderen, zeigen sich ebenfalls Strukturveränderungen; der Kfz-Handel ist geprägt von der „GVO-neu". Die konkreten Auswirkungen auf die Konsument/innen werden sich mittelfristig zeigen.

Bei allen Handelsbranchen, die als primären Adressatenkreis die Endverbraucher/innen haben, zeigt sich in den letzten Jahren eine zunehmende Häufigkeit von (Preis-)Aktionen. Preisaktionen sind derzeit sicherlich die vorherrschende – man könnte fast meinen die alleinige – Form der Verkaufsförderung. Dies kann dazu führen, dass zumindest ein Teil der Konsument/innen das Preisgefühl verliert. In vielen Fällen prägt der Handel die Konsument/innen – und dies ist jedenfalls eine große Verantwortung für alle Akteure.

Auf dem Weg zur weiteren Entwicklung der Dienstleistungsgesellschaft wird – wie sich bereits angesichts dieser rasanten Veränderungen zeigt – der Handel einen zentralen Stellenwert innehaben.

Ausblick auf aktuelle Ansätze der Handelsforschung

Objektive und subjektive Kosten als Entscheidungsgröße im Standortwettbewerb zwischen zentralen und peripheren Handelsagglomerationen

Gastbeitrag von:

Peter Schnedlitz
Wirtschaftsuniversität Wien
Abteilung für Handel und Marketing

Problemstellung und Ausgangsüberlegungen

Die subjektiven und objektiven Kosten sind kritische Entscheidungsgrößen im Standortwettbewerb zwischen zentralen und peripheren Handelsagglomerationen. Ein Forscherteam unter der Leitung von Christoph Teller setzt sich aktuell in einer groß angelegten empirischen Studie an der Wirtschaftsuniversität Wien mit dieser Problematik auseinander[196]. In der Folge werden die zentralen Perspektiven dieses Projektes vorgestellt.

Dazu kommen eine ethische Dimension und nicht zuletzt die Frage der „Corporate Social Responsibility“. Sind „every day low price“ und „every day low ethics“ nur zwei Seiten derselben Medaille? Das fragen sich seit Jahren kritische Beobachter der Entwicklung des Handelsriesen Wal-Mart. Zur Erinnerung: Nach einem eher gemächlichen Wachstum im ersten Jahrzehnt nach der Gründung breitet sich der „Gemischtwaren-Diskonter“ in den 80er Jahren dynamisch und unaufhaltsam in den USA und seit rund zehn Jahren auf der ganzen Welt aus. Mit eineinhalb Millionen MitarbeiterInnen erwirtschaftet man einen Umsatz von 250 Mrd. Euro (als Vergleich: der gesamte heimische Lebensmittelhandel erzielt rund 15 Mrd. Euro). Dazu kommen zahlreiche Zulieferfirmen, vor allem in China. Dies hat nicht zuletzt dazu geführt, dass heute jeder zweite Amerikaner Hosen „made in China“ trägt, mit massiven Konsequenzen für den amerikanischen Arbeitsmarkt. Noch eine Zahl zur Illustration: An einem guten Tag kaufen weltweit 20 Millionen Menschen bei Wal-Mart ein. Wal-Mart ist eine durchrationalisierte „Verkaufsmaschine“, die einerseits das Sonderangebot zur Regel gemacht hat, andererseits als „Torhüter des Konsums“ immer mehr den Alltag beeinflusst. Eine Musik-Richtung, die dort abgelehnt wird, hat eine geringere Chance, als CD produziert zu werden. Die Familie des Firmengründers Sam Walton ist bei allen Vermögens-Rankings ganz oben. Ähnliches gilt übrigens für viele Länder. Auch in Europa zählen die erfolgreichen Händler zu den reichsten Unternehmern ihrer Länder. Man denke an Kamprad (Ikea), Beisheim (Metro), Albrecht (Aldi/Hofer), Schlecker oder Wlaschek.

Wie verträgt sich das mit der Bezahlung der Handelsmitarbeiter/innen vor Ort? Neben dem Wareneinsatz sind die Personalkosten entscheidend für die Kostenstruktur eines Händlers. In so manchem Fachgeschäft liegen diese noch bei mehr als 20 Prozent vom Umsatz, bei den erfolgreichen Diskontern dagegen bereits unter 5 Prozent. Die unterschiedlichen Handelspannen sind zu berücksichtigen, doch es sollte auch nicht vergessen werden, dass die Tätigkeit im Verkauf anstrengend und psychisch fordernd ist, frei nach Max Frisch: „Wir

---

[196] vgl. Schnedlitz/Reutterer/Teller, 2004

haben Arbeitskräfte und Kunden gerufen, und es sind Menschen gekommen". Ohne den menschlichen Aspekt wird die Schnäppchenjagd nach hochwertigen Produkten zum besten Preis unter dem Motto „Geiz ist geil" zu einer „Billig-Un-Kultur" verkommen.

Den Wettbewerb zwischen Handelsagglomerationen auf der „Grünen Wiese" (synonym für periphere Lagen) und jenen in den zentralen städtischen Lagen entscheiden die Konsument/innen durch ihr Verhalten. Der Drang von Handelsunternehmen insbesondere -konzernen hin zu dislozierten Standorten weist auf eine Präferenz der Kund/innen zugunsten der Randlagen hin. Mit den Gründen dieses Trends aus Konsumentensicht befassen sich wenige wissenschaftliche Studien explizit. Das vorzustellende Projekt an der Wirtschaftsuniversität fokussiert auf die Kosten der Beschaffung bzw. des Einkaufs von Waren (Transport-, Planungs-, Lagerkosten etc.) als zentrale Parameter der Attraktivitäts- bzw. (Netto-)Nutzenwahrnehmung bei der Wahl von agglomerierten Einkaufsstätten. Dies interessiert vor allem vor dem Hintergrund der „Nearest-Center-Hypothese", welche einen inversen Zusammenhang zwischen der Entfernung des Bedarfsortes (Haushalt, Arbeitsplatz etc.) zum Beschaffungsort (Ort des Einkaufs) und der durch die Konsument/innen wahrgenommenen Attraktivität bzw. Nutzenstiftung von Geschäftsstätten unterstellt. Folgende Frage gilt es zu beantworten: Welche sind die subjektiv wahrgenommenen - im Gegensatz zu den objektiv messbaren - Kosten des Einkaufs und welche Bedeutung haben diese für die Attraktivitätsbeurteilung bzw. Nutzenwahrnehmung bei der Einkaufsstättenwahl von Konsument/innen? Eine entsprechende empirische Studie ist von unmittelbarer Relevanz für die Handelsforschung sowie -praxis, da diese Erklärungen für die zu beobachtende Standortentwicklung im Einzelhandel liefern. Nicht zuletzt können daraus Anhaltspunkte für Raumordnungsentscheidungen von Kommunen abgeleitet werden.

Wie eingangs angeführt, lässt sich in den vergangenen Jahrzehnten bei der Standortpolitik von Handelsunternehmen ein Prozess beobachten, der folgendermaßen charakterisiert werden kann: Weg von zentralen hin zu peripheren Standorten. Gründe dafür werden in der steigenden Mobilität der Bevölkerung und der Flächenexpansion von Geschäftsstätten im Rahmen der Betriebstypenentwicklung gesehen. Als Folge daraus entstand eine Wettbewerbsbeziehung zwischen der „Innenstadt" und der „Grüne Wiese". Der Gesamtumsatz der Einkaufs- und Fachmarktzentren (inkl. Factory Outlet Centers), die Handelsagglomerationen auf der „Grünen Wiese" darstellen, entsprach 2003 annähernd 16,7 % der einzelhandelsorientierten Kaufkraft der Österreicher/innen,[197] wobei

[197] Quelle: Standort und Markt, 2004

im Zeitverlauf eine dynamischere Entwicklung im Vergleich zu historisch gewachsenen Standorten beobachtet werden kann. Aus Handelssicht wird von einer Kosten- im Gegensatz zu einer Absatzorientierung im Rahmen der Standortwahl gesprochen.[198] Bei ersterem Entscheidungskriterium dominiert das Ziel der Minimierung von Raumkosten. Insbesondere periphere Lagen mit guter Verkehrsanbindung entsprechen diesen Anforderungen. Im Rahmen der Absatzorientierung rückt die Nähe zu den Konsument/innen, z. B. Wohngebiete (Innenstädte), in den Mittelpunkt der Standortwahl.

Betrachtet man die Kosten des Einkaufs (Beschaffung der Waren) aus der Kundenperspektive, so zeigt sich im Standortvergleich ein scheinbar klares Bild. Durch die Dislozierung des Beschaffungsortes vom unmittelbaren Verfügungsbereich der Konsument/innen (synonym: Wohnort, Haushalt, Point of Consumption) wird ein wesentlicher Teil der Handelsleistung – die Raumüberwindung der Waren – auf den Kunden übergewälzt.[199] Dies führt zu einer Erhöhung der fixen Kosten, i. e. unabhängig vom Umfang des Einkaufskorbs, und der variablen Kosten des Einkaufs, i. e. abhängig vom Umfang des Einkaufskorbs. Unter ersterem können vor allem die Transportkosten, z. B. Treibstoff, Vorhalten von Transportkapazitäten (Auto, Motorrad etc.) und der Zeitaufwand für den Transport verstanden werden. Als variabel werden Planungskosten, Lagerkosten (Vorhalten von Lagerkapazitäten), Kommissionierkosten (Zusammenstellung des Warenkorbs) und Zinskosten angesehen[200]. Wären eben diese Kosten des Einkaufs das zentrale Entscheidungskriterium bei der Einkaufsstättenwahl, so bliebe zu vermuten, dass Geschäftsstätten an peripheren Standorten vergleichsweise zu zentralen (Nahe beim Ort des Konsums) unattraktiv wären. Der Erfolg von peripheren Lagen spricht gegen diese Hypothese (auch „Nearest-Center-Hypothese“ genannt). Zwei wesentliche Gründe lassen sich dafür aus der Literatur anführen: Erstens führen Konsument/innen ihre (vom Handel übergewälzten) Aufwendungen beim Einkauf nicht in Kosten über, da dieser Prozess entweder als zu komplex, zu zeitintensiv oder als nicht notwenig betrachtet wird.[201] Zweitens stehen den Kosten subjektiv wahrgenommene Nutzenkriterien (z. B. Anfahrbarkeit, Ambiente, Auswahl, Freizeitmöglichkeiten etc.) gegenüber. Es lässt sich festhalten, dass die Fiktion des „Homo Oeconomicus“ (=ausschließlich rational handelnder und nach Nutzenmaximierung strebender Mensch) nicht dem typischen Bild der Einzelhandels-

198 vgl. Liebmann/Zentes, 2001

199 vgl. Schnedlitz/Kotzab/Teller 2004

200 vgl. Kotzab/Teller 2003

201 vgl. Barth et al. 2002

kund/innen entspricht. Irrationale und subjektive Entscheidungskriterien im Sinne von Nutzenempfindungen scheinen die Einkaufsstättenwahl und damit die Standortkonkurrenz zu entscheiden. Tang/Bell/Ho (2001) illustrieren dieses Spannungsfeld zwischen Kosten und Nutzen des Einkaufs vor dem Hintergrund des für Unternehmen wahrnehmbaren Auswahlprozesses.

Abbildung 1 Zusammenfassung zwischen Kosten und Nutzen des Einkaufs für Kunden vor dem Hintergrund der Einkaufsstättenwahl

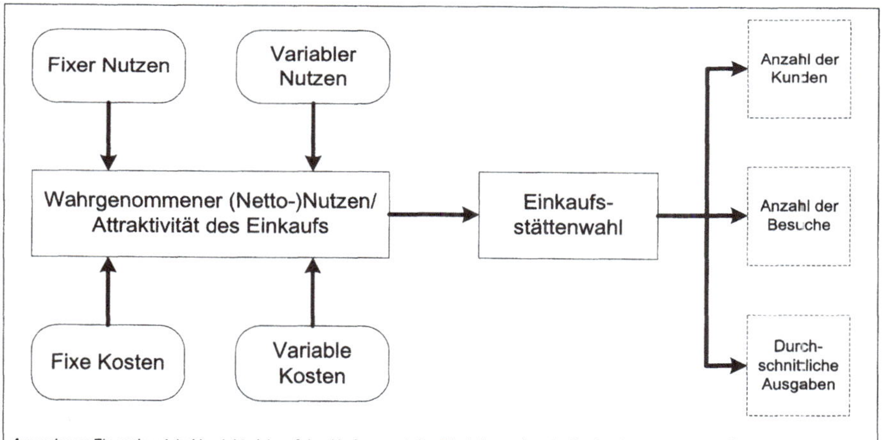

Anmerkung: Fix und variabel bezieht sich auf den Umfang und den Wert des zu beschaffenden bzw. des beschafften Warenkorbs

Quelle: adaptiert aus Tang/Bell/Ho 2001

Tatsächlich finden sich in der wissenschaftlichen Literatur kaum reliable und valide Ansätze, welche die objektiven den subjektiv wahrgenommenen Kosten des Einkaufs gegenüberstellen und in deren Gesamtstruktur untersuchen.[202] Entsprechend fehlt auch eine Einordnung in den Prozess der Einkaufsstättenwahl – also auch als Gegenstück zu den oben erwähnten Nutzenkriterien. Vor dem Hintergrund der Tatsache, dass Einzelhandelsunternehmen vielfach in Agglomerationen angesiedelt sind (Plätze, Cities, Straßen, Zentren) und entsprechend der Kauf von Waren geschäftsstättenübergreifend (multistore shopping) stattfinden kann[203], gilt es, die peripheren und zentralen Standorte in deren Gesamtheit aus Sicht der Kunden zu begreifen. Entsprechende Überlegungen sucht man ebenso vergeblich in den Auseinandersetzungen der Handels- und

202 vgl. Schnedlitz/Reutterer/Teller, 2004

203 vgl. Arentze/Timmermans, 2001

Konsumentenforschung. Das Thema der Leistungs- und damit Kostenübernahme durch die Konsument/innen bei der Distribution von Waren zum Ort des Konsums wird jedoch in naher Zukunft eine steigende Bedeutung erlangen. Als Gründe dafür kann das Vordringen des internetbasierten Distanzhandels (E-Commerce - B2C), wo durch Liefergebühren eine den Einkauf betreffende Kostenwahrheit entsteht, und die international angedachten sowie z. T. bereits implementierten Mautsysteme, z. B. die „Congestion Charge" in London, die auch für Konsumenten beim Einkauf kostenwirksam werden können, genannt werden.

Es lässt sich zusammenfassen, dass die Bedeutung der Kosten des Einkaufs für die Konsument/innen vor dem Hintergrund der Wahl agglomerierter Geschäftsstättenstandorte tatsächlich als Forschungslücke identifiziert werden kann. Das gegenständliche Projektvorhaben versucht eben diese zu schließen.

Stand der Forschung

Das oben dargestellte Thema fällt in den Bereich der konsumentenorientierten Standortforschung. Die Standortforschung im Allgemeinen hat im Handel eine lange Tradition, da die Standortpolitik als eines der wichtigsten Handelsmarketing-Instrumente angesehen wird.[204]

Schon in frühen Jahren der Handelsforschung finden sich Modelle und Techniken, die sich mit der Beschreibung und dem Einfluss von unterschiedlichen Faktoren auf die Attraktivität (Nutzen) von Standorten aus Sicht der Konsument/innen beschäftigen. Neben Punktebewertungsverfahren und Analogiemethoden zählen vor allem die so genannten Gravitationsmodelle (sowie deren Weiterentwicklungen) zu den wichtigsten Erklärungsversuchen. Zwar spielt die Entfernung des Kunden zum Ort der Warenbeschaffung eine zentrale Rolle, jedoch fehlen dabei die Kostenbetrachtungen aus Sicht der Kund/innen gänzlich. Solche Ansätze haben mit dem Problem zu kämpfen, dass diese die Wirkungszusammenhänge lediglich zwischen einer geringen Anzahl an Einfluss- und Erfolgsgrößen untersuchen. Die Einfachheit der Modelle trägt der Komplexität der Entscheidungsfindung unter Berücksichtigung der Kosten des Einkaufs auf Seiten der Konsument/innen kaum Rechnung. Verhaltenswissenschaftliche Aspekte bleiben dabei weitgehend ausgeklammert.

Eben diese werden gezielt in Publikationen über Multiattribut-Modelle zur Einkaufsstättenwahl berücksichtigt, wobei Anleihen aus dem Forschungsfeld der Produkt- und Markenwahlverhalten genommen werden und mit Hilfe derer

---

204 vgl. Berekoven, 1995

Attraktivitätsvariablen im Rahmen von Nutzenfunktionen gewichtet werden.[205] Betrachtet werden zum Teil auch die Aufwendungen des Einkaufs – zumeist operationalisiert durch zurückgelegte Entfernung. Eine kalkulatorische Überführung in finanzielle Größen sucht man jedoch vergeblich.[206] Aufwendungen und Kosten des Einkaufs werden auch hier (wenn überhaupt) nur oberflächlich betrachtet.

Hervorzuheben ist vor allem die Publikation von Bell/Ho/Tang (1998), die sich explizit mit den Kosten des Einkaufs im Rahmen der Einkaufsstättenwahl auseinandersetzt und deren Bedeutung in einem Entscheidungsmodell illustriert. Tatsächlich ist auch hier der Fokus, wie in den meisten Untersuchungen, auf den Lebensmitteleinzelhandel gelegt, wobei Verbundeffekte zwischen Geschäftsstätten in Handelsagglomerationen unberücksichtigt bleiben.

Resümee

Resümierend kann festgehalten werden, dass das Thema der konsumentenorientierten Einkaufsstättenwahl umfangreich in der Literatur behandelt wird. Explizite Berücksichtigung der Kosten des Einkaufs für Konsument/innen als nutzenreduzierender Faktor bei der Beschaffung von Waren in Handelsagglomerationen findet sich bestenfalls am Rande.

Flankierend zu diesen Überlegungen soll für das gegenständliche Projekt jene Kritik von Müller-Hagedorn (2002) am Status Quo der Standortforschung als zentrale Ausgangspunkte dienen:

- Berücksichtigung des „Multipurpose Multistore Shopping“ als distanzreduzierender Faktor
- Einbeziehung der Wechselwirkung zwischen Einkauf und sonstigen Tätigkeiten
- Einfluss von am Kauf teilnehmenden Personen (Mehrpersonenkauf als Kostenreduktion/Attraktivitätssteigerung)
- Differenzierung nach Einkaufsanlässen, Kaufabsichten und Güterarten

Das der Erhebung zugrunde liegende theoretische Modell der Einkaufsstättenwahl[207] lehnt sich z. T. an jenem vom Müller-Hagedorn (2002) an. Dieses erfährt eine umfangreiche Erweiterung im Bereich der nutzenreduzierenden

---

205 vgl. Reutterer/Kousek, 2000

206 vgl. Kousek,2002; Schnedlitz/Kotzab/Cerha, 2000; Zhu, 2002

207 vgl. Abbildung 2

Wahrnehmungs-, Beurteilungs- bzw. Entscheidungsfaktoren, i. e. die objektiven und subjektiven Kosten des Einkaufs.

Als Erhebungsmethode wird die mündliche persönliche Befragung im Eingangsbereich (Einkaufszentren) bzw. zentralen Punkten (Magnetbetriebe in Einkaufsstrassen) von Handelsagglomerationen gewählt. Zur Rechtfertigung für diesen vergleichsweise zu anderen Erhebungsmethoden zeit- und damit kostenaufwendigen Zutritt kann die intensive Interaktion zwischen Interviewer/innen und Proband/innen im Rahmen des Untersuchungsprozesses genannt werden. Beispielsweise sollen Wegzeit und Entfernung mithilfe eines Routenplaners exakt in Zusammenarbeit mit den Interviewt/innen errechnet werden. Weiters erfährt die Befragung eine Zweiteilung (in Einkaufszentren) in eine Vorher- und Nachher-Befragung, im Rahmen derer auch die Verweildauer und der Umfang bzw. Wert des eingekauften Warenkorbs beobachtet wird.

Die Befragung setzt entsprechend in einer zeitechten, realen Einkaufssituation an. Dies wird als wesentlicher Vorteil im Gegensatz zu jenen in der vorliegenden Literatur vorzufindenden Untersuchungsmethoden, vor allem die schriftliche Befragung bzw. die Aufarbeitung von sekundärstatistischem Material (Paneldaten), gesehen. Der zentrale Befragungsgegenstand umfasst die Einstellungen zum Beschaffungsort (Handelsagglomerationen) vor dem Hintergrund der errechneten Kosten des Einkaufs. Ergänzend dazu werden die aus der Literatur extrahierten Nutzenkriterien (Geschäftsstättenmix, Sortimente, Personal, Service, Atmosphäre, handelsfremde Reizsetzungen (Gastronomie, Kino etc.) und andere institutionelle Gegebenheiten (Parkplätze, Anfahrbarkeit, Kinderhorte etc.) erhoben, um die Parameter der Einkaufsstättenwahl umfassend zu berücksichtigen. In Abbildung 2 findet sich eine Zuordnung der Befragungsinhalte innerhalb des gewählten Modells der Einkaufsstättenwahl.

Abbildung 2 Modell der Einkaufsstätte

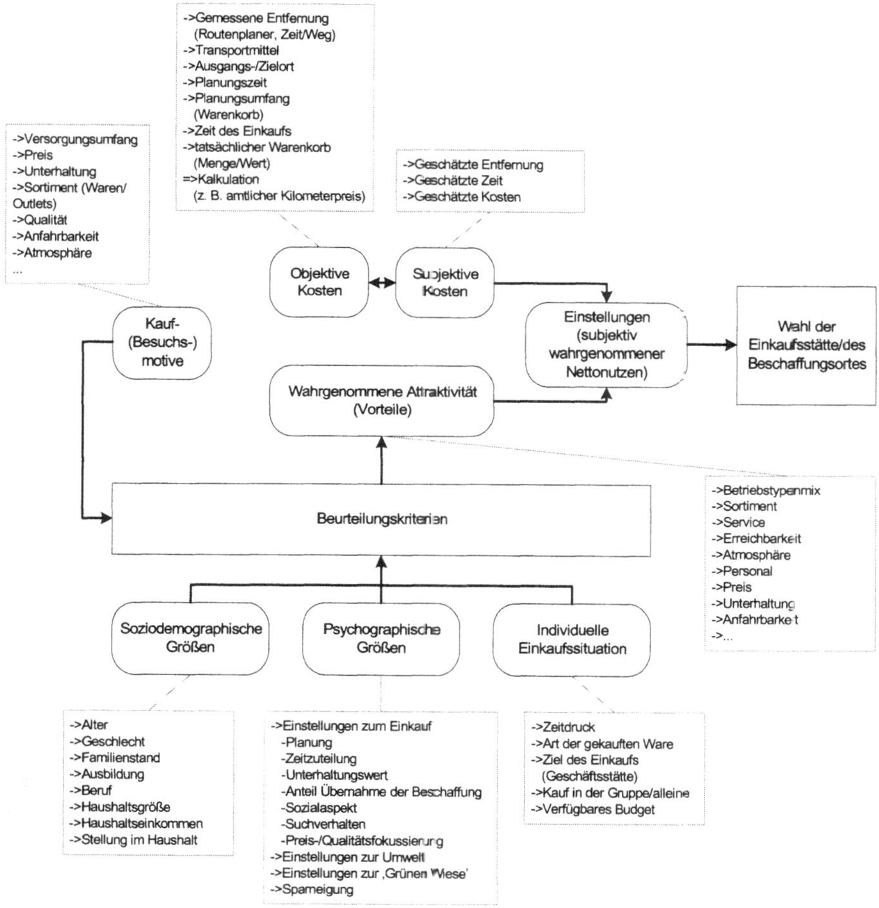

Literaturverzeichnis

Arbeitsmarktservice Österreich (2003): Lehrlinge und FacharbeiterInnen am Arbeitsmarkt, Wien

Beinstein/Maurer/Horx (2002): Die Zukunft des Handels, Zukunftsinstitut, Kelkheim

Biffl (2001): Die Zukunft der österreichischen Berufs- und Qualifikationslandschaft bis 2005, Arbeitsmarktservice Österreich, Wien

Bosshart (2004): Billig – Wie die Lust am Discount Wirtschaft und Gesellschaft verändert, Ueberreuter, Wien

Bosshart/Nueno/Staib (2004): Age of Cheap, Gottlieb-Duttweiler-Institut für Wirtschaft und Gesellschaft, Studie Nr. 13, Zürich

Diller/Haas/Hausruckinger (1997): Discounting – erfolgreich nicht nur im Handel. In: Harvard Business Manager, Heft 4/1997, 19-28

Diller (1999): Discounting: Erfolgsgeschichte oder Irrweg?, In: Besheim (1999): Distribution im Aufbruch, Vahlen, München

Diller (2003): Preis- und Konditionenpolitik – Discounting ohne Ende? In: Meffert/Backhaus/Becker (2003): Preis- und Konditionenmanagement – Auf dem Weg in die Discount-Gesellschaft, Diskussionspapier Nr. 169, Wissenschaftliche Gesellschaft für Marketing und Unternehmensführung e.V., Münster

Eggert (2001): Der Handel im 21. Jahrhundert, Metropolitan, Berlin

Eggert (2003): Harter Wettbewerb im Handel, Metropolitan, Berlin

Ernst & Young (2003): Händler am Scheideweg: Chancen und Risiken auf dem Weg aus der Krise, Düsseldorf, Heilbronn

Europäische Kommission (2003): Information society statistics, Theme 4 Industry, trade and services, Edition 2003, Luxemburg

Eurostat (2004): Euroindikatoren, Luxemburg

Global Refund (2004): Die Zukunft des Tourismus-Shopping, Vortrag anlässlich des 1. Global Refund Symposiums für den österreichischen Einzelhandel, Wien

Haas (2000): Discounting – Konzeption und Anwendbarkeit des Discount als Marketingstrategie. In: Schriften zum innovativen Marketing Band 4, Nürnberg

Hauptverband der österreichischen Sozialversicherungsträger (2004): Statistisches Handbuch der österreichischen Sozialversicherung, Wien

Infrapool (2003): Wochenfrequenzen 2002. In: Immobilien Magazin 4/2003, Wien

Judt (2003): Bargeldloser Zahlungsverkehr – quo vadis, Vortrag vom 22.10.2003, Wirtschaftsuniversität Wien

KMU FORSCHUNG AUSTRIA (2004): Bilanzkennzahlen – Handbuch für Praktiker, Wien

KMU FORSCHUNG AUSTRIA (2003): Evaluierung der Wiener Ladenöffnungszeiten, Wien

KMU FORSCHUNG AUSTRIA/Wirtschaftsuniversität Wien/Wirtschaftskammer Österreich/Institut für höhere Studien (2003): Perspektiven für den österreichischen Handel, Wien

Kotzab/Madlberger (2002): Internet-basierte Distribution im stationären Handel. In: Ahlert/Dietrich (2002): Jahrbuch Handelsmanagement 2002 - Electronic Retailing, Frankfurt am Main

Kreditschutzverband von 1870 (2004): Auf Unternehmen gibt es keine Garantie – Insolvenz - Ursachen 2003, Wien

Kreditschutzverband von 1870 (2004): Insolvenzstatistik, Wien

Kroeber-Riel (2003): Konsumentenverhalten, 8. Auflage, Vahlen, München

Liebmann/Zentes (2001): Handelsmanagement, Vahlen, München

Market (2001): Die Zukunft ist sinnlich, Studienblatt 44/2001, Linz

Müllner (2003): Überlebenschancen und Scheiterursachen von Franchise-Betrieben im Vergleich zum nicht-franchisierten Unternehmertum in Österreich. In: Schnedlitz (Hrsg.): Schriftenreihe Handel und Marketing, Band 48, Wien

Münzberg (2004): Hersteller und Handel leiden unter Reformstau, Cap Gemini Ernst & Young

Oehme (2001): Handels-Marketing, Vahlen, München

Österreichischer Franchise-Verband (2004): Basispressemappe - Franchise-Statistik 2002, Wien

Österreichisches Institut für Gewerbe- und Handelsforschung (2002): Unternehmensübergaben und -nachfolgen in Österreich, Wien

Österreichisches Institut für Wirtschaftsforschung (2004): Beschäftigung im Handel, Wien

Österreichisches Institut für Wirtschaftsforschung (2004): Prognose für 2004 und 2005: Boom der Weltwirtschaft strahlt allmählich auf Euro-Raum und Österreich aus, Wien

Reinshagen (2003): Preis- und Konditionenmanagement aus Sicht des Handels. In: Meffert/Backhaus/Becker (2003): Preis- und Konditionenmanagement – Auf dem Weg in die Discount-Gesellschaft, Diskussionspapier Nr. 169, Wissenschaftliche Gesellschaft für Marketing und Unternehmensführung e.V., Münster

Schmalen/Schachtner (1999): Discount- vs. Fachhandel im Zeichen des hybriden Konsumenten. In: Dichtl/Lingenfelder (Hrsg.): Meilensteine im deutschen Handel. Erfolgsstrategien – gestern, heute und morgen, Deutscher Fachverlag, Frankfurt

Schnedlitz/Kotzab/Teller (2004): Die Kunden als Erfüllungsgehilfen des stationären Einzelhandels bei der physischen Distribution von Waren. In: Trommsdorff (Hrsg.): Handelsforschung 2004, BBE Verlag, Köln

Schnedlitz/Madlberger (2002): Multi-Channel-Retailing: Herausforderungen an die Logistik durch Hauszustellung. In: Ahlert/Olbrich/Schröder (Hrsg.): Jahres Handelsmanagement 2002 Electronic Retailing, Deutscher Fachverlag, Frankfurt

Schneider (2004): Marketing und Käuferverhalten, Oldenbourg Wissenschaftsverlag GmbH, München

Standort + Markt (2004): S+M Dokumentation Einkaufszentren Österreich, Wien

Statistik Austria (1998): Nichtlandwirtschaftliche Bereichszählung, Wien

Statistik Austria (2001): Verbrauchsausgaben – Hauptergebnisse der Konsumerhebung, Wien

Statistik Austria (2003): E-Commerce – Ergebnisse der Europäischen Erhebung über E-Commerce 2002/03, Wien

Statistik Austria (2004): Integrierte Statistik der Lohn- und Einkommenssteuer 2001, Wien

Statistik Austria (2004): Konjunkturerhebung Handel, Wien

Statistik Austria (2004): Leistungs- und Strukturerhebung, Wien

Statistik Austria (2004): Statistik der Körperschaftssteuer 1999, Wien

Tietz (1993): Der Handelsbetrieb, Vahlen, München

Wirtschaftskammer Österreich (2003): Die Öffnungszeiten an Werktagen nach dem Öffnungszeitengesetz. Online: http://wko.at/bshandel/Positionen/Oeffnungszeiten/OeZGUeberblick.htm

Wirtschaftskammer Österreich (2004): Unternehmensneugründungen in Österreich 1993 – 2003, Wien

Wirtschaftsuniversität Wien/Abteilung für Handel und Marketing (2004): Zahlungsverhalten der Österreicher im Handel, Seminararbeit Wintersemester 2003/2004, Wien

Gastbeitrag:

Arentze, T. A./Timmermans H. J. P. (2001): Deriving performance indicators from models of multipurpose shopping behavior. In: Journal of Retailing and Consumer Services. Vol. 8 (2001), 325-334.

Barth, K./Hartmann, M./Schröder, H. (2002): Betriebswirtschaftslehre des Handels. Wiesbaden.

Bell, D. R./Teck-Hua, H./Tang, C. S. (1998): Determining where to shop: fixed and variable costs of shopping. In: Journal of Marketing Research, Vol.35 (1998), 352-369.

Berekoven, L. (1995): Erfolgreiches Einzelhandelsmarketing. München.

Heinemann, M. (1976): Einkaufsstättenwahl und Firmentreue des Konsumenten. Wiesbaden.

Kotzab, H./Teller, C. (2003): A Consumer Response to the Home Delivery of Groceries. In: Manachof, D. (Hrsg.): Proceedings of the Logistics Research Network Annual Conference 2003: Enhancing Global Trade through Supply Chain Solutions in London 2003.

Kousek, H. (2002): Einkaufsstättenwahl im Lebensmitteleinzelhandel. In: Schnedlitz, P. (Hrsg.): Schriftenreihe Handel und Marketing. Band 38, Wien.

Krafft, M./Albers, S. (1996): Verbund von Produkt- und Betriebsformenwahl beim Einkaufen in der City, in Subzentren und auf der „Grünen Wiese“. In: Trommsdorff, V. (Hrsg.): Handelsforschung 1996, Wiesbaden, 125-143.

Liebmann, H.-P./Zentes, J. (2001): Handelsmanagement. München.

Müller-Hagedorn, L. (2002): Handelsmarketing. 3. Auflage, Stuttgart/Berlin/Köln.

Reutterer, T./Kousek, H. (2000): Determinants of store choice: an empirical study of consumers' grocery shopping trip behavior. In: Retailing and Distribution in Europe. Proceedings of the 3rd AFM French-German Conference, Saint-Malo, France 2000.

Schnedlitz, P./Kotzab, H./Cerha, C. (2000): Betriebstypenspezifische Einkaufsstättenwahl und Nahversorgung – Ergebnisse einer empirischer Studien. In: Trommsdorff, V. (Hrsg.): Handelsforschung 1999/00 – Verhalten im Handel gegenüber dem Handel. Wiesbaden, 195-213

Schnedlitz, P./Kotzab, H./Teller, C. (2004): Die Kunden als Erfüllungsgehilfen des stationären Einzelhandels bei der physischen Distribution von Waren – Eine Empirische Bestandsaufnahme der Wahrnehmung und Bedeutung von Transportleistungen vor dem Hintergrund der Hauszustellung von Lebensmittel. In: Trommsdorff, V. (Hrsg.): Handelsforschung 2004. Wiesbaden, 87-106

Schnedlitz, P./Reutterer, T./Teller, C. (2004): Ist der Käufer Opfer oder Täter? Kosten des Einkaufs für Konsumenten als Entscheidungsgröße im Standortwettbewerb zwischen zentralen und peripheren Handelsagglomerationen. Projektantrag für den Jubiläumsfond der Stadt Wien. Wien.

Standort + Markt (2004): S+M Dokumentation Einkaufszentren Österreich. Wien

Tang, C. S./Bell, D. R./Ho, T.-H. (2001): Store Choice and Shopping Behaviour. How Price Format Works. In: California Management Review, Vol. 43 (2001), 56-74.

Zhu, R. (2001): Die Einkaufsstättenwahl chinesischer Konsumenten. Eine kausalanalytische Untersuchung des Kaufverhaltens im Lebensmittelsektor. Wiesbaden.

Datenquellenverzeichnis

Datenquelle	Daten	Jahr*
AC Nielsen	Marktanteile der Diskonter im österreichischen Lebensmitteleinzelhandel	2003
ASB Schuldnerberatungen	Anzahl überschuldeter Haushalte	2003
Arbeitsmarktservice Österreich	Anzahl der vorgemerkten Arbeitslosen	2004
	Lehrlingsprognose	2003
EHI Retail Network	Quadratmeterumsätze im Einzelhandel in Deutschland, Frankreich und Großbritannien	2002
Elsevier Food International	Marktanteile der Diskonter im europäischen Lebensmitteleinzelhandel	2003
Europay Austria	Anzahl Maestro-Karteninhaber	2004
	Transaktionen/Zahlungsvolumen mit Maestro-karten	2004
Europäische Kommission	Online-Shopping in den EU-15 Ländern	2003
Europäische Kommission – BACH -Datenbank	Gewinn/Verlust aus normaler Geschäftstätigkeit im Handel in ausgewählten europäischen Ländern	2004
Eurostat	Armutsgefährdungsquoten (Österreich – EU)	2001
Eurostat - Online Datenbank	Anteil der unselbstständig Beschäftigten (an der marktorientierten Wirtschaft) in den EU-25 Ländern	2004
	Anteil der Unternehmen (an der marktorientierten Wirtschaft) in den EU-25 Ländern	2003
	Beschäftigtenquote EU-25 Länder	2004
	Umsatz, Bruttowertschöpfung EU-25 Länder	2004
Eurostat / UN / OECD	Anteil der Bevölkerung nach Altersgruppen international	2004
Fessel-GfK	Kaufkraftindex ausgewählter europäischer Länder	2002
	Internetnutzung in Europa	2004
	Top 10 via Internet gekaufter Produkte	2004
Gesellschaft für Markt- und Absatzforschung und Metro AG	Verkaufsflächen im Einzelhandel in ausgewählten europäischen Ländern	2003
Global Refund	Durchschnittseinkäufe von internationalen Touristen aus Nicht-EU-Staaten	2003
	Verteilung der Ausgaben der internationalen Touristen nach Bundesländer	2003
	Ausgaben der internationalen Touristen nach Produktgruppen	2003

* Erscheinungsjahr

Datenquelle	Daten	Jahr*
Hauptverband der österreichischen Sozialversicherungsträger	Monatliches Bruttoeinkommen der Österreicher/innen	2004
Interdisziplinäres Forschungszentrum Sozialwissenschaften	Armutsgefährdungs- und Armutsrisken	2002
Integral	Austrian Internet Monitor (AIM)	2004
	Ausgabenbereitschaft der Österreicher/innen	2004
KMU FORSCHUNG AUSTRIA	Anteil der Übergabefälle in Unternehmen im Zeitraum 2004 – 2013	2004
KMU FORSCHUNG AUSTRIA - Bilanzdatenbank	Ertrags- und Rentabilitäts-, Finanzierungs- und Liquiditätskennzahlen	2004
KMU FORSCHUNG AUSTRIA – Konjunkturdatenbank	Umsatzentwicklung im Einzelhandel	2004
KMU FORSCHUNG AUSTRIA – Konsumentenbefragungen (in Kooperation mit Markant Market Research)	Anteil der Geschenke-Käufer bei Anlasskäufen	2004
	Durchschnittliche Ausgaben bei Anlasskäufen	2004
	Einkaufshäufigkeit bei Diskonter nach Einzelhandelsbranchen	2004
	Häufigkeit von Preisvergleichen im Einzelhandel	2004
KMU FORSCHUNG AUSTRIA – Regionaldatenbank	Kaufkraftkennzahlen (Kaufkraft der Österreicher/innen nach Bezirken)	2004
	Wohnbevölkerung in ländlichen und städtischen Gemeinden	2004
	Anzahl der Unternehmen im Handel (Hochrechnungen)	2004
	Anzahl der Geschäfte im Einzelhandel	2004
	Verkaufsfläche im Einzelhandel	2004
	Filialisierungsgrad im Einzelhandel	2004
	Quadratmeterumsätze im Einzelhandel	2004
	Diskonter im Einzelhandel (Anzahl, Verkaufsfläche)	2004
Kreditschutzverband von 1870	Insolvenzen privater Haushalte	2004
	Insolvenzen im Handel	2004
Markant Market Research	Verwendung von Zahlungsmitteln	2003
	Kaufhäufigkeit/Produkte nach Einkaufsorten	2004
	Entscheidungskriterien bei der Geschäftswahl	2004
	Nutzung der verlängerten Ladenöffnungszeiten	2004
Österreichischer Franchiseverband	Entwicklung und Anzahl der Franchise-Nehmer	2002

* Erscheinungsjahr

Datenquelle	Daten	Jahr*
Österreichisches Institut für Wirtschaftsforschung	Sparquote der privaten Haushalte	2004
	Veränderung der privaten Konsumausgaben	2004
	Beschäftigten-Daten	2004
	Arbeitsreallokation	2004
	Einkommensverteilung	2004
Österreichische Nationalbank	Zahlungstransaktionen und –volumen mit Quick	2003
	Marktwert der finanziellen Vermögenswerte der privaten Haushalte	2003
Standort + Markt	Einkaufszentren in Österreich: Anzahl, Umsatz, Verkaufsfläche	2004
Statistik Austria	Monatliche Verbrauchsausgaben der privaten Haushalte	2001
	Einkaufsvolumen der Internetkäufer/innen	2003
	Neu- und Gebrauchtwagenzulassungen	2004
	Verbraucherpreise	2004
	Großhandelspreise	2004
Statistik Austria - Integrierte Statistik der Lohn- und Einkommenssteuer	Umsatzsteuerdaten	2004
Statistik Austria – Leistungs- und Strukturerhebung	Anzahl der Unternehmen im Handel	2004
	Umsatz im Handel	2004
	Bruttowertschöpfung	2004
	Unselbstständig Beschäftigte	2004
Statistik Austria – Mikrozensus	Labour Force	2004
Statistik Austria – Nichtlandwirtschaftliche Bereichszählung	Anzahl der Unternehmen im Handel	1998
	Umsatz im Handel	1998
	Bruttowertschöpfung	1998
	Unselbstständig Beschäftigte	1998
Statistik Austria – Statistik der Körperschaftssteuer	Körperschaftssteuerdaten	2004
Statistik Austria – Volkszählung und Prognose	Wohnbevölkerung, Ein- und Mehrpersonenhaushalte, Haushaltsgrößen, Pendler/innen	2004
Wiener Tourismusverband	Ausgaben der Touristen in Wien	2003
Wirtschaftskammer Österreich	Lehrlingsstatistik	2004

* Erscheinungsjahr

FSC
www.fsc.org
MIX
Papier | Fördert gute Waldnutzung
FSC® C083411

Kolibri 360 GmbH
Ferdinand-Jühlke-Straße 7
99095 Erfurt, Deutschland
produktsicherheit@kolibri360.de

Druck:
CPI Druckdienstleistungen GmbH
im Auftrag der
Kolibri 360 GmbH
Ferdinand-Jühlke-Str. 7
99095 Erfurt